# 卓越班组长的五项修炼

## ——企业班组长安全技能提升

中国海油安全生产培训中心　组织编写

焦权声　谭志强　马　林　薛立勇　主　编

气象出版社
China Meteorological Press

## 内容简介

本书详细介绍了班组长安全管理的整个脉络框架以及在管理过程中需要注意的细节，为班组长提供了切实可行的安全管理方法和不断提升管理技能的有效工具。本书将班组长安全技能提升分为五个标准模块，包括“管理素养篇”“现场管理篇”“风险管控篇”“事故管理篇”“应急救援篇”，并附录了相关的法律法规标准文件。为使班组长更好地理解其中的要点，书中的有些内容还附上典型案例以及扩展性的思考问题，引导班组长对比自己的言行举止、总结自己的所思所悟。


图书在版编目（CIP）数据

卓越班组长的五项修炼 ： 企业班组长安全技能提升 / 中国海油安全生产培训中心组织编写 ； 焦权声等主编. -- 北京 ： 气象出版社， 2024.6（2025.9重印）
ISBN 978-7-5029-8206-5

Ⅰ. ①卓… Ⅱ. ①中… ②焦… Ⅲ. ①班组管理一安全管理 Ⅳ. ①F406.6

中国国家版本馆CIP数据核字（2024）第106981号


Zhuoyue Banzuzhang de Wuxiang Xiulian
——Qiye Banzuzhang Anquan Jineng Tisheng

**卓越班组长的五项修炼——企业班组长安全技能提升**

中国海油安全生产培训中心 **组织编写**

焦权声 谭志强 马 林 薛立勇 **主编**


**出版发行**：气象出版社

**地　　址**：北京市海淀区中关村南大街 46 号　　**邮政编码**：100081

**电　　话**：010-68407112（总编室） 010-68408042（发行部）

**网　　址**：http://www.qxcbs.com　　**E-mail**：qxcbs@cma.gov.cn

**责任编辑**：彭淑凡　　**终　　审**：张　斌

**责任校对**：张硕杰　　**责任技编**：赵相宁

**封面设计**：传奇书装

**印　　刷**：三河市君旺印务有限公司

**开　　本**：710 mm×1000 mm 1/16　　**印　　张**：18.75

**字　　数**：410 千字

**版　　次**：2024 年 6 月第 1 版　　**印　　次**：2025 年 9 月第 2 次印刷

**定　　价**：68.00 元

# 本书编审委员会

## 编写委员会

**主　任**：肖茂林

**副主任**：杨东棹　谭海涛　赵红玲　王志强　章　焱
陈　戎　司念亭　孙万岭　刘英凡　焦权声

**委　员**（按姓氏笔画排序）：

马　林　马彦金　王　恒　王文东　王文华
王方鲁　王世坤　王旭辉　王熙龙　王磊国
元少平　方　毅　邓高升　史　芳　丛彦涛
伊　祥　刘　杰　刘　凯　刘　佳　刘　健
刘　强　刘伟帅　刘学富　刘莉峰　齐景智
汤　君　祁高升　许朝旭　苏　亮　李东妹
李松杰　李梦迪　何玉宗　余文培　张　杰
张　群　张志华　张利军　陈义年　苗玉超
欧阳慧进　金　鑫　屈　植　赵　航　段国喜
洪维新　耿铁兵　高立伟　唐明真　陶思亮
陶津徽　黄凯荣　曹晓林　薛立勇

## 审定委员会

**主　任**：王　伟

**副主任**：王大勇　朱荣东　白文元　颜志华　任登涛

**委　员**（按姓氏笔画排序）：

马海峰　王　智　王玉珏　王青宇　王顺红
毛力建　吕松松　朱海龙　乔　娜　伍桂光
刘正礼　安　卿　李　强　李仲洋　杨　平
邱大庆　张绍广　陆　军　陈　强　陈保川
邵诗军　赵宝剑　秦　鹏　徐小虎　隋浩辰
栗　驰　曾　建　谢俊成　谭四周　潘云柯

**主　编**：焦权声　谭志强　马　林　薛立勇

**副主编**：洪维新　刘学富　刘伟帅

# 前言

班组是企业的细胞，是企业从事生产经营活动的基层管理组织，是企业各项工作的落脚点。班组管理是企业管理的基础，是搞好安全生产、减少伤亡和各类灾害事故的关键。班组沟通，是班组成员之间思想和信息的交换，是信息逐渐广泛传播的过程。如何通过培训来提升班组长的素质和能力，进而带动班组这个企业细胞健康活跃起来，为企业生产服务提供强大的支持，是政府部门、企业以及社会各界都非常关心和努力破解的课题。只有班组充满勃勃的生机，企业才会产生旺盛的活力，才能在激烈的市场竞争中长久地立于不败之地。

现代的工业生产，保证安全生产是一项极为重要的任务，要认真贯彻安全生产工作方针，建立健全安全规章制度，设置专职安全管理机构，进行安全教育，组织安全检查等。但许多经验教训告诉我们，在所有的工作中，最基础最关键的工作就是搞好班组的安全生产，因为班组是企业最基层的组织，是企业直接进行生产的机构。班组长作为班组第一安全责任人，在工作中应做到“以人为本”，坚持“安全第一、预防为主、综合治理”的方针，加强班组员工的安全意识和班组现场安全工作的监督检查。为此，我们编写了这本《卓越班组长的五项修炼——中海油班组长安全技能提升》教材。

本书详细讲解了班组安全管理的整个脉络框架，以及在管理过程中需要注意的细节，为班组长提供了切实可行的安全管理方法和不断提升管理能力的有效工具。为了便于企业内训或培训机构开展培训，本书将班组长安全技能提升培训分为五个标准模块，包括“管理素养篇”“现场管理篇”“风险管控篇”“事故管理篇”“应急救援篇”。为使读者更好地理解其中的问题，书中的个别条目还附上案例以及扩展性的思考问题，引导读者对比自己的言行举止、总结自己的所思所悟。

本书还摘录了相关法律法规文件，供读者阅读参考，以帮助企业班组长认真贯彻执行相关要求、提升安全管理能力，并提高全体从业人员的安全技能水平。

希望这本书能够为战斗在企业一线的广大班组长解决工作困惑，提供启发和帮助。书中如有不妥之处，敬请谅解，期望专家和读者批评指正。

编　者

2024 年 4 月

# 目录

前言

# 习近平总书记关于安全生产重要论述

人命关天，发展决不能以牺牲人的生命为代价。这必须作为一条不可逾越的红线。

要始终把人民生命安全放在首位，以对党和人民高度负责的精神，完善制度、强化责任、加强管理、严格监管，把安全生产责任制落到实处，切实防范重特大安全生产事故的发生。

——习近平对吉林省宝源丰禽业"6·3"特别重大火灾爆炸事故作出的指示（2013 年 6 月 6 日）

所有企业都必须认真履行安全生产主体责任，做到安全投入到位、安全培训到位、基础管理到位、应急救援到位，确保安全生产。中央企业要带好头做表率。各级政府要落实属地管理责任，依法依规，严管严抓。安全生产，要坚持防患于未然。要继续开展安全生产大检查，做到"全覆盖、零容忍、严执法、重实效"。要采用不发通知、不打招呼、不听汇报、不用陪同和接待，直奔基层、直插现场，暗查暗访，特别是要深查地下油气管网这样的隐蔽致灾隐患。要加大隐患整改治理力度，建立安全生产检查工作责任制，实行谁检查、谁签字、谁负责，做到不打折扣、不留死角、不走过场，务必见到成效。

要做到"一厂出事故、万厂受教育，一地有隐患、全国受警示"。各地区和各行业领域要深刻吸取安全事故带来的教训，强化安全责任，改进安全监管，落实防范措施。

冬季已经来临，岁末年初历来是事故高发期。希望大家以对党和人民高度负责的态度，牢牢绷紧安全生产这根弦，把工作抓实抓细抓好，坚决遏制重特大事故，促进全国安全生产形势持续稳定好转。

——习近平在青岛黄岛经济开发区考察输油管线泄漏引发爆炸事故抢险工作时的讲话要点（2013 年 11 月 24 日）

落实安全生产责任制，要落实行业主管部门直接监管、安全监管部门综合监管、地方政府属地监管，坚持管行业必须管安全，管业务必须管安全，管生产必须管安全，而且要党政同责、一岗双责、齐抓共管。

要强化中央企业的安全生产责任。央企是起带头作用的，履行安全生产责任方面应该走在最前列。

要严格事故调查，严肃责任追究。要审时度势、宽严有度，解决失之于软、失之于宽的问题。对责任单位和责任人要打到疼处、痛处，让他们真正痛定思痛、痛改前非，有效防止悲剧重演。

——习近平在党的十八届中央政治局常委会第二十八次会议上关于安全生产工作的讲话（2013 年 7 月 18 日）

生产安全对老百姓来说是关乎身家性命的大事，要坚持守住底线、突出重点、完善制度、引导舆论的基本思路，更加重视社会大局稳定。有事都是从没事中来的，各级领导干部要防患于未然，宁防十次空，不放一次松。要加强监管，完善隐患排查治理体系和安全预防控制体系，坚决遏制重特大安全事故。

——习近平在陕西考察时对安全生产工作的指示（2015 年 2 月 15 日）

组织强有力力量，全力救治伤员，搜救失踪人员；尽快控制消除火情，查明事故原因，严肃查处事故责任人；做好遇难人员亲属和伤者安抚工作，维护好社会治安，稳定社会情绪；注意科学施救，切实保护救援人员安全。国务院速派工作组前往指导救援和事故处理。各地要汲取此次事故的沉痛教训，坚持人民利益至上，认真进行安全隐患排查，全面加强危险品管理，切实搞好安全生产，确保人民生命财产安全。

——习近平对天津港"8·12"瑞海公司危险品仓库特别重大火灾爆炸事故作出的指示（2015 年 8 月 13 日）

强化企业主体责任。明确企业对本单位安全生产和职业健康工作负全面责任，建立健全自我约束、持续改进的内生机制，做到安全责任、管理、投入、培训和应急救援"五到位"，并对生产经营全过程实行安全责任追溯。对被追究刑事责任的生产经营者依法实施相应的职业禁入，对事故发生负有重大责任的社会服务机构和人员依法严肃追究法律责任，并依法实施相应的行业禁入。企业要定期开展风险评估和危害辨识。针对高危工艺、设备、物品、场所和岗位，建立分级管控制度，制定落实安全操作规程。树立隐患就是事故的观念，建立健全隐患排查治理制度、重大隐患治理情况向负有安全生产监督管理职责的部门和企业职代会"双报告"制度，实行自查自改自报闭环管理。严格执行安全生产和职业健康"三同时"制度。

——习近平针对 2016 年 11 月 24 日江西丰城发电厂三期在建项目冷却塔施工平台坍塌特别重大事故作出的重要指示（2016 年 11 月）

树立安全发展理念，弘扬生命至上、安全第一的思想，健全公共安全体系，完善安全生产责任制，坚决遏制重特大安全事故，提升防灾减灾救灾能力。

——习近平在中国共产党第十九次全国代表大会上的报告（2017 年 10 月 18 日）

全力抢险救援，搜救被困人员，及时救治伤员，做好善后工作，切实维护社会稳定。要加强监测预警，防控发生环境污染，严防发生次生灾害。要尽快查明事故原因，及时发布权威信息，加强舆情引导。近期一些地方接连发生重大安全事故，各地和有关部门要深刻吸取教训，加强安全隐患排查，严格落实安全生产责任制，坚决防范重特大事故发生，确保人民群众生命和财产安全。

——习近平对江苏响水天嘉宜化工有限公司“3·21”爆炸事故作出的指示(2019年3月22日)

当前，全国正在复工复产，要加强安全生产监管，分区分类加强安全监管执法，强化企业主体责任落实，牢牢守住安全生产底线，切实维护人民群众生命财产安全。

从2019年的情况看，全国安全生产事故总量、较大事故和重特大事故实现“三个继续下降”，安全生产形势进一步好转，但风险隐患仍然很多，这方面还有大量工作要做。

生命重于泰山。各级党委和政府务必把安全生产摆到重要位置，树牢安全发展理念，绝不能只重发展不顾安全，更不能将其视作无关痛痒的事，搞形式主义、官僚主义。要针对安全生产事故主要特点和突出问题，层层压实责任，狠抓整改落实，强化风险防控，从根本上消除事故隐患，有效遏制重特大事故发生。

——习近平总书记就安全生产作出重要指示(2020年4月)

从忧患意识把握新发展理念。“不困在于早虑，不穷在于早豫。”随着我国社会主要矛盾变化和国际力量对比深刻调整，我国发展面临的内外部风险空前上升，必须增强忧患意识、坚持底线思维，随时准备应对更加复杂困难的局面。“十四五”规划《建议》[①]把安全问题摆在非常突出的位置，强调要把安全发展贯穿国家发展各领域和全过程。如果安全这个基础不牢，发展的大厦就会地动山摇。要坚持政治安全、人民安全、国家利益至上有机统一，既要敢于斗争，也要善于斗争，全面做强自己，特别是要增强威慑的实力。宏观经济方面要防止大起大落，资本市场上要防止外资大进大出，粮食、能源、重要资源上要确保供给安全，要确保产业链供应链稳定安全，要防止资本无序扩张、野蛮生长，还要确保生态环境安全，坚决抓好安全生产。在社会领域，要防止大规模失业风险，加强公共卫生安全，有效化解各类群体性事件。要加强保障国家安全的制度性建设，借鉴其他国家经验，研究如何设置必要的“玻璃门”，在不同阶段加不同的锁，有效处理各类涉及国家安全的问题。

——习近平总书记在省部级主要领导干部学习贯彻党的十九届五中全会精神专题研讨班上的讲话(2021年1月)

共同富裕本身就是社会主义现代化的一个重要目标，要坚持以人民为中心的发展思想，尽力而为、量力而行，主动解决地区差距、城乡差距、收入差距等问题，让群众看到变化、得到实惠。要落实就业优先战略和积极的就业政策，突出解决好教育、养老、医疗、住房等问题，加强疾病预防控制体系建设，推进民法典实施，加强预防和化解社会矛盾机制建设，深化扫黑除恶专项斗争，加强安全生产工作。要支持少数民族和民族地区发展特色优势产业，繁荣发展少数民族文化。

——习近平总书记在贵州省毕节、贵阳等地考察调研时的讲话(2021年2月)

---

① “十四五”规划《建议》，即《中共中央关于制定国民经济和社会发展第十四个五年规划和二〇三五年远景目标的建议》。

事故发生后，党中央、国务院高度重视。中共中央总书记、国家主席、中央军委主席习近平立即作出重要指示，湖北十堰市燃气爆炸事故造成重大人员伤亡，教训深刻！要全力抢救伤员，做好伤亡人员亲属安抚等善后工作，尽快查明原因，严肃追究责任。习近平强调，近期全国多地发生生产安全事故、校园安全事件，各地区和有关部门要举一反三、压实责任，增强政治敏锐性，全面排查各类安全隐患，防范重大突发事件发生，切实保障人民群众生命和财产安全，维护社会大局稳定，为建党百年营造良好氛围。

——习近平对湖北十堰市张湾区艳湖社区集贸市场燃气爆炸事故作出重要指示（2021 年 6 月）

惊悉东航 MU5735 航班失事，要立即启动应急机制，全力组织搜救，妥善处置善后。国务院委派领导同志靠前协调处理，尽快查明事故原因，举一反三，加强民用航空领域安全隐患排查，狠抓责任落实，确保航空运行绝对安全，确保人民生命绝对安全。

——习近平对东航客机坠毁作出重要指示（2022 年 3 月）

会议强调，这次事故导致机上 132 名人员不幸遇难，我们深感痛心。要坚持人民至上、生命至上，深入细致做好善后处置工作，再接再厉、善始善终。要继续做好遇难者遗骸遗物整理、移交等工作，给逝者以尊严、给家属以慰藉。要加大遇难者家属帮扶救济工作力度，让遇难者家属安心。各有关方面要科学有序开展事故调查，组织各方面专家综合分析飞机数据和各类物料证据，尽快查明事故原因和性质。要平稳有序做好后续信息发布工作，按照及时、准确、公开、透明原则，持续发布信息，积极回应社会关切。

会议指出，要坚持统筹发展和安全，发展决不能以牺牲安全为代价，各方面一定要深刻吸取教训、举一反三，进一步健全安全生产责任制，抓好安全生产责任落实，在全国全面开展安全生产专项大检查，全面排查整治风险隐患，最大限度防范遏制各类事故发生，保持社会大局稳定。因责任不落实、措施不到位、排查整治流于形式等导致发生事故的，不仅要追究直接责任人员的责任，对相关领导也要严肃追责问责。

——习近平在中共中央政治局常务委员会上的讲话（2022 年 3 月）

习近平强调，安全生产要坚持党政同责、一岗双责、齐抓共管、失职追责，管行业必须管安全，管业务必须管安全，管生产经营必须管安全。从实际工作看，仍有一些地方和行业安全责任没有压紧压实，工作措施没有抓实抓到位。各级党委和政府要坚持以人民为中心的发展思想，坚持人民至上、生命至上，统筹发展和安全，始终保持如履薄冰的高度警觉，做好安全生产各项工作，决不能麻痹大意、掉以轻心。对在安全生产上不负责任、玩忽职守出问题的，要严查严处、严肃追责。各级党政主要负责同志要亲力亲为、靠前协调，其他负责同志要认真履行各自岗位的安全职责，层层落实到基层一线，坚决反对形式主义、官僚主义。要在全国深入开展安全大检查，严厉打击违法违规行为，采取有力措施，清除各类风险隐患，坚决遏制重特大事故，确保人民生命财产安全。

会议部署了进一步强化安全生产责任落实、坚决防范遏制重特大事故的15条措施，主要包括严格落实地方党委安全生产责任、严格落实地方政府安全生产责任、严格落实部门安全监管责任、严肃追究领导责任和监管责任、企业主要负责人必须严格履行第一责任人责任、立即深入扎实开展全国安全生产大检查、牢牢守住项目审批安全红线、严厉查处违法分包转包和挂靠资质行为、切实加强劳务派遣和灵活用工人员安全管理、重拳出击开展“打非治违”、坚决整治执法检查宽松软问题、着力加强安全监管执法队伍建设、重奖激励安全生产隐患举报、严肃查处瞒报谎报迟报漏报事故行为以及统筹做好经济发展、疫情防控和安全生产工作。

——习近平在全国安全生产电视电话会议上的讲话(2022年4月)

提高公共安全治理水平。坚持安全第一、预防为主，建立大安全大应急框架，完善公共安全体系，推动公共安全治理模式向事前预防转型。推进安全生产风险专项整治，加强重点行业、重点领域安全监管。提高防灾减灾救灾和重大突发公共事件处置保障能力，加强国家区域应急力量建设。强化食品药品安全监管，健全生物安全监管预警防控体系。加强个人信息保护。

——习近平在中国共产党第二十次全国代表大会上的报告(2022年10月)

河南等地接连发生火灾等安全生产事故，造成重大人员伤亡，教训十分深刻！要全力救治受伤人员，妥善做好家属安抚、善后等工作，查明事故原因，依法严肃追究责任。临近年终岁尾，统筹发展和安全，各项工作任务较重，各地区和有关部门要始终坚持人民至上、生命至上，压实安全生产责任，全面排查整治各类风险隐患，坚决防范和遏制重特大事故发生。

——习近平对河南安阳市凯信达商贸有限公司火灾事故作出重要指示(2022年11月)

要坚持底线思维，加强对极端恶劣天气的监测和预警，深入开展安全隐患排查治理，坚决遏制重特大安全事故发生。

——习近平在春节前夕重要讲话(2023年1月18日)

内蒙古阿拉善左旗新井煤业有限公司露天煤矿坍塌事故造成多人失联和人员伤亡，要千方百计搜救失联人员，全力救治受伤人员，妥善做好安抚善后等工作。要科学组织施救，加强监测预警，防止发生次生灾害。要尽快查明事故原因，严肃追究责任，并举一反三，杜绝管理漏洞。当前全国两会召开在即，各地区和有关部门要以时时放心不下的责任感，全面排查各类安全隐患，强化防范措施，狠抓工作落实，更好统筹发展和安全，切实维护人民群众生命财产安全和社会大局稳定。

——习近平2023年2月22日对内蒙古阿拉善盟阿拉善左旗新井煤业有限公司露天煤矿发生大面积坍塌事故作出重要指示(2023年2月)

宁夏银川市兴庆区富洋烧烤店发生燃气爆炸事故，造成多人伤亡，令人痛心，教训深刻。要全力做好伤员救治和伤亡人员家属安抚工作，尽快查明事故原因，依法严肃追究责任。当前正值端午假期，各地区和有关部门要牢固树立安全发展理念，坚持人民至上、生命至上，以“时时放心不下”的责任感，抓实抓细工作落实，盯紧苗头隐患，全面排查风险。近期有关部门要开展一次安全生产风险专项整治，加强重点行业、重点领域安全监管，有效防范重特大生产安全事故发生，切实保障人民群众生命财产安全。

——习近平对宁夏银川市兴庆区富洋烧烤店燃气爆炸事故作出重要指示(2023 年 6 月)

第一部分

# 管理素养篇

# 第一章　角色认知

作为最基层的管理者，班组长要清楚自己在组织中的位置，认知自己在公司中的角色，如此才能真正做好班组管理工作，忠实履行自己的职责。

班组长在职场中对下代表经营者，对上代表生产者，对其他单位代表班组。为此，作为管理者，班组长是“将尾”；作为员工，班组长是“兵头”。因此，班组长需要明确自己在组织中的角色定位，明确自己的工作职责，即班组长要完成的工作目标和任务，以及为达成这一目标所需采取的行动。

## 第一节　班组长的角色定位

### 一、什么是班组长

现代企业的管理结构一般都是采用三角形样式，根据人员类别基本上可以分为四层，即决策层（高层）、管理层（中层）、执行层（基层）、作业层（基层）（图 1-1）。高层“动脑”，中层“动口”，基层“动手”，也正是如此，基层因管理需要而形成的班组最为普遍。

**决策层：**决策层的工作是作决策，解决企业战略方向的问题，需要识别哪些是正确的事，哪些该做，哪些不该做，所以决策层要学会选择。一般来说，决策层指的是企业的高层，如老总、副总。

**管理层：**管理层是一个承上启下的层级，既要把企业高层的思想传达给下属，也要把下属的要求、呼声汇报给上级，所以管理层的工作是解决一些具体的管理方法或流程的问题。一般而言，管理层指的是企业的中层管理者，比如主管、经理、部门负责人。

**执行层：**从字面上讲，执行层的工作是执行，解决“落地”的问题，把文件的要求、公司领导的意愿和要求转化为实际行动。班组长主要处于执行层面，这就要求班组长的执行力要强，身先士卒，同时要求下属具有较强的执行力。

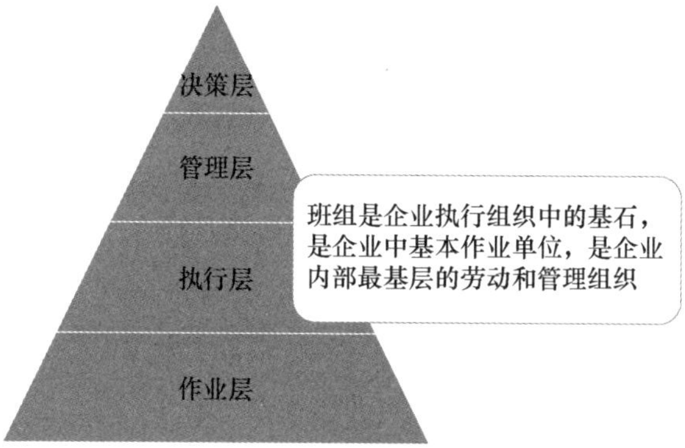


图 1-1　现代企业管理结构

**作业层**：执行层的下属是广大的作业层，也就是说，班组长面对的是广大员工，人数较多，比较难管。

班组作为执行组织的基础，是企业一切工作的落脚点。一个班组中的领导者就是班组长，是班组生产管理的直接指挥和组织者，也是企业中最基层的负责人，属于“兵头将尾”，是一支数量非常庞大的队伍。每个企业因行业区别对其有不同的定义，其称呼也有班长、领班、组长、主管、线长、工长等各种称谓。

## 二、班组长的管理认知

班组管理是指为完成班组生产任务而必须做好的各项管理活动，即充分发挥全班组人员的主观能动性和生产积极性，团结协作，合理地组织人力、物力，充分利用各方面信息，使班组生产均衡有效地进行，产生“1＋1＞2”的效应，最终做到按质、按量、如期、安全地完成上级下达的各项生产计划指标。

在实际工作中，一个单位的决策做得再好，如果没有班组长的有力支持和密切配合，没有一批领导得力的班组长来组织开展工作，那么单位的决策就很难落实。班组长的特殊地位决定了他要对三个阶层的人员采取不同的立场：面对部下应站在代表经营者的立场上，用领导者的声音说话；面对经营者他又应站在反映部下呼声的立场上，用部下的声音说话；面对他的直接上司又应站在部下和上级辅助人员的立场上讲话。因此，班组长既是产品生产的组织领导者，也是直接的生产者。

管理是一个系统工程，目前很多企业都存在基层管理问题。一般来说，基层人员被称为企业的第一竞争力，他们的职业精神、工作能力直接影响到产品的质量水平。所以，一般企业看高层，优秀企业看中层，卓越企业看基层。但由于很多基层管理者是从员工中提拔起来的，对现场、工艺要求、产品特性等方面很了解，但没有管理经验和管理信心，可能出现会干不会管的情况。

## 三、班组长的角色定位

角色是指人们对某一职位所期望的一系列行为。班组长作为最基层的管理者，要明确自己在组织中的位置，认知自己在公司中的角色。

（一）班组长角色有什么独特性

班组长的角色是由其在组织结构中的地位和作用决定的，具有以下特点：

（1）班组长直接负责产品生产或劳动服务；

（2）班组长的工作富于操作性和技术性；

（3）班组长处于管理层与员工的中间位置，是管理层与作业层之间的桥梁，既代表管理层面对员工，又代表员工面对管理层。

（二）班组长如何准确把握自己的角色

班组是企业“最小行政单元”，班组长不算“干部”，但实际上，班组长基本具备了“干部”的管理职能。班组长要代表三个立场：对下代表经营者，对上代表生产者，对其他单位代表班组。为此，班组长必须做到以下几点。

1. 了解上级的期望

作为班组长，必须清楚地了解上级的指示，以及上级指示的背景、环境和上级的风格。否则，有时候作为班组长的你费了很大的力气做某事，但并不是上级所希望的，结果费了力气反而没有达到本该有的效果。

2. 了解员工的期望

一般来说，员工对上级有以下六个方面的期望：①做事公平合理；②关心下属；③明确目标；④准确发布命令；⑤及时指导；⑥分享荣誉。

作为班组长，既要了解上级的期望，又要了解员工的期望，这样才能把工作做得更好。

**四、班组长的角色扮演**

作为优秀的班组长，需要具备很多能力，尤其要扮演好以下角色。

（一）全能工

班组长要成为一个全能工，既要了解产品结构和产品性能，也要了解工艺特性和工艺要求。很多班组长是从基层提拔起来的，往往是对某一段工艺、某个特性比较了解，但不了解所有工序，所以仍需学习。如果班组长是“空降兵”，可能对新任职公司的产品、工艺缺乏了解，要想取得好的学习效果，就要降低姿态向老员工请教。

（二）员工的导师

班组长要有能力成为员工的导师，慢慢建立威信。管理者有“三服”：德服为上，才服为中，力服为下。首先，班组长要让员工觉得自己有价值，能够快速解决员工不能解决的问题；其次，班组长要有很强的执行力，只有这样，才能使员工的执行力增强。

（三）员工的榜样

班组长要成为员工的榜样，发挥自身的影响力，用自己的行动影响、感染员工。有句话说“讲一万遍，不如做给他看”，就是这个道理。通常而言，员工都很反感“说一套、做一套”的领导，他们在严格要求员工的同时却放任自己的行为，使员工感觉受到愚弄。

(四)员工的兄长

现代企业管理有三种方式:家庭式管理、军队式管理、学校式管理。学校式管理强调学习力,军队式管理强调执行力,班组长要进行家庭式管理。

家庭式管理是亲情管理,要求班组长对待下属要带着感情管理,营造一个和谐的氛围,让员工进到作业现场后没有压力,感觉很舒服、很愉悦。如果员工进入作业现场后感觉压力极大,这是很难留住员工的。很多企业员工流失率高的原因不是工资低,而是管理氛围不好或者员工对领导不满。由此可见,家庭式管理也是一种留人的手段。此外,班组长除了关心员工 8 小时以内,让员工做好工作,也要关心员工 8 小时以外,以赢得员工的信任。

需要特别指出的是,班组长不要使自己成为如表 1-1 所示的几种偏向角色类型。

表 1-1　班组长的几种偏向角色类型

| 类型 | 具体表现 |
| --- | --- |
| 生产技术型 | 技术业务能手,但缺乏人际关系协调能力,工作方法简单,常常用对待机器的方法对待员工 |
| 唯命是从型 | 强调绝对服从,对上级忠心耿耿,而且毫不怀疑与抗拒,但也绝不会主动做事,一切听从上级的指示,不求有功但求无过,往往缺乏创新和管理能力 |
| 大撒把型 | 不乐意做班组长,做一天和尚撞一天钟,工作得过且过,没有责任心,采取无为而治的做法,徒有虚名 |
| 劳动模范型 | 工作踏踏实实,勤勤恳恳,只知道自己做事,但不会管理员工,不适合担任领导工作 |
| 哥们义气型 | 对待员工常常称兄道弟,讲哥们义气,在工作中感情用事,缺乏原则性,不能发挥班组长应有的作用 |
| 强迫压制型 | 固执守旧,过分压制员工,害怕员工威胁他的地位 |
| 教练型 | 既有技术又懂管理,注重培训员工和班组团队的建设,有明确的目标意识,主动发现并解决问题 |

## 案　例

**案例一:**“几年前,我在一名‘铁腕’班长手下工作。在那里的工作痛苦不堪,以至于我连班都不想去,更不要说在那儿做什么事情了。每逢周一,他就会批评某个人上周的工作;下一个星期,又会轮到别的什么人。”

**案例二:**“我碰到的组长是个小心眼,常常打听员工向主管说了什么,毫无主见、凡事求稳,好像从来不会尝试任何新的东西,当遇到主管责备时,他从来不会站出来为你讲话。”

**案例三:**“一天,我正在工作,遇到一个技术问题。我去找组长帮忙,可是在车间内不见他的影子,后来知道他在仓库聊天,当我把这个技术问题告诉组长时,他只说了一句'没有出事就行'。"

**案例四**:"白天我陪组长玩了一天,上晚班时,我就在车间睡觉了,组长也没说什么,后来机器发生故障,由于未及时停机,出现很多不良品,我偷偷当报废品处理了。"

1. 你认为这些班组长对其员工的绩效有何影响?

2. 你能从上述四个案例中学到什么?

**五、班组长的角色转换**

班组长在企业中既有上司,又有下属和同事,要面对不同的人,所以需要学会进行角色转换。通俗来说,就是"见人说人话,见鬼说鬼话"。面对不同的人,班组长要用不同的方式讲话,确保讲话内容和沟通对象匹配,考虑他们的职位特点,内容要有侧重点。

(一)面对班组成员

班组长大部分时间面对的是直接下属——广大员工,这时班组长要站在管理者的立场做好监督管理工作,充当企业高层管理的代言人。

人们在阐述观点的时候,往往习惯于从一己之利出发,站在自己的立场上进行沟通。所以,为了使广大员工的想法达成一致,班组长就要站在管理者的立场上考虑问题。

(二)面对中层管理者

面对直接上司时,班组长要站在下属的立场,接受指令,汇报工作。需要注意的是,班组长要认可上司,即便不认可其人,也要认可其职位。中、高层管理者很少进入生产现场,通过下属实事求是、准确及时的汇报,才能了解问题,所以班组长除了要充分了解上司的要求、意图外,还要将基层员工生产现场的问题准确、及时地汇报给上司,作为上司决策的依据。

班组长和上司沟通时需要技巧,要培养沟通的氛围。

(三)面对高层管理者

当班组长有机会面对企业的高层,与其进行沟通时,要站在下级以及班组成员的立场,在服从领导的同时,主动提供基层的信息。一方面,班组长要认可高层,因为人的职位越高、年龄越大,往往也越爱面子,认可高层管理者可以让他感觉到自己对企业的忠诚度;另一方面,班组长要主动提供基层的信息,反映员工的呼声,把基层的问题准确、及时地反映给领导。

(四)面对同级人员

班组长面对其他部门的基层管理者时,不能只站在自己班组的角度考虑问题,还要站在合作的立场、全局的高度,做好协同工作,要有同理心,经常进行换位思考。

(五)面对企业外部人员

面对企业外部人员时,班组长要做好企业的宣传者,站在企业的立场做好服务工作。这里的外部人员不仅是指上游客户、供应商和下游客户,也包括其他一切外部的人员。面对这些人员时,班组长给他们的感觉应该是积极进取、忠诚可靠,但这并不意味着不正视企业的问题。总之，对外，维护企业形象，呈现积极向上的面貌；对内，要正视存在的问题，并积极解决问题，这就是班组长面对企业内外部人员的一种立场。

## 第二节　班组长的岗位职责

### 一、班组长的岗位使命

班组长的使命可以概括为四个字母——S、Q、C、D。

（一）S(Safety，安全）

安全永远是第一位的，员工需要在安全的生产环境中工作、生活。以制造业为例，班组长的首要任务是创造一个安全的生产环境。

对于安全的要求，企业要结合行业特点、企业特点、产品特点投入资源。如果安全隐患较少，这方面投入的资源可以相应少一些；如果安全隐患较多，投入的资源就要多一些。

（二）Q(Quality，品质）

品质要好，就是说班组长做任何事都要又好又快。作为基层管理者，好的工作体现就是产品品质高、一次性合格率高、产品的直通率高。

（三）C(Cost，成本）

企业经营的最终目的是实现利润最大化，利润与成本息息相关，节约成本与提高利润具有杠杆效应，降低成本就等于贡献利润。

（四）D(Delivery，交货期）

现代企业的竞争也是效率的竞争，产品不但要做得好，还要做得快，生产效率要高，这就对交货期提出了要求。

在具体工作中，班组长要识别一切安全隐患，并预防、消除这些隐患，建立一套高品质的质量管理体系，学会识别浪费，降低成本。成本是一种投资，降低成本应在保证产品质量的前提下，合理合规地进行。

最后，班组长还要提高员工的技能、提高生产效率。这是一个系统工程，随着社会的发展，企业的自动化程度越来越高，设备在企业中的作为和价值也越来越大，所以减少设备停机率也是管理的重要因素。

**示　例**

海洋石油 941 平台钻井班组，现有员工 37 人，泵工平均海上工作经验两年左右，钻工一年左右，在核心岗位缺编的情况下，钻井班组在 BZ19-6 凝析油气田国家重点开发项目中，传承发扬以“苦干实干”“三老四严”为核心的石油精神，主动出击，把创新优化作业程序作为提质增效的"主干道",以创新思维打破时效瓶颈,制定精准提效目标,作业时效较以前有了显著提升。在2020年第二季度中国海油四海自升式钻井平台时效评比中,941平台取得第一名的佳绩,并多次得到甲方表扬。

该班组在安装井口作业(图1-2)中,打破常规、主动创新,优化流程,使整个拆装接口节约30小时以上。

图1-2 海洋石油941平台钻井队队长王永生组织人员安装井口作业

在队伍建设、安全管理上,钻井班组狠下功夫,充分利用STEP手册,结合平台现场作业开展技能培训,定期开展专业问答和现场实操考核。在用工方式上,班组采用新老搭配原则,进行强弱互补,同时核心岗位采取一对一、点对点精准帮扶,加大对平台人员的培训力度,强化培训及验证,增强培训效果。

**二、班组长的基本任务**

班组长的基本任务可以概括为三句话:事务管理,生产管理,辅助上级。

所谓事务管理,就是班组长做一些例行工作方面的管理,比如员工是否准时上下班、员工是否按要求穿着工装、员工是否准时打卡等事务性的、琐碎的事情。以制造业为例,生产管理就是指管理生产现场的人、机、料、法、环这五方面。所谓辅助上级,就是班组长要及时向上司汇报现场的问题,给上司提出管理的建议。班组长要想获得上司的认同与满意,就要当好军师,及时汇报。

具体来说,班组长的基本任务可以详细分为以下八个方面。

(一)完成目标

完成目标是班组长的首要使命,例如,绩效管理的核心内容就是KPI,即关键绩效指标。

(二)作计划

很多班组长不善于作计划,特别是在中国的社会背景下,很多人不重视计划,因为社会发展太快,计划不如变化快。然而,凡事预则立、不预则废,作计划永远是有必要的。计划的时间不要太长,与企业的现实相匹配即可。

(三)调动资源

人、机、料、法、环都是资源,班组长要善于调动、利用各种资源,调动员工的工作积极性。

(四)上情下达

班组长要善于向上汇报信息,向下传达要求,做好“传声筒”,起到纽带作用。

(五)开会

班组长要学会开会,这是一种能力,是最常见的沟通方式之一。对于那些管理经验较少,不知道如何给员工开会的班组长来说,不要害怕开会,可以先模仿他人如何开会,在尝试和实践中提升自己的能力。

(六)培训员工

培训是一种领导方式,班组长要做好领导,就要学会培训员工。

(七)监督指导

班组长要监督和指导员工的工作,发现问题后及时指导。

(八)营造班组氛围

班组长要营造一个良好的班组氛围——企业文化。

总之,班组长的性格特点和作业方式对整个班组的影响很大,言传不如身教,班组长要求下属时首先要做好自己。

## 示例

2016 年 7 月 26 日至 8 月 31 日,海洋石油 255 船在广州菠萝庙船厂进行坞修,在坞修期间班组所有成员根据修船计划安排,积极地投入到紧张有序的船舶修理工作中。这个时期正是南方高温多雨季节,为保证船舶如期完成坞修,班组成员冒风雨、抗高温,发扬吃苦耐劳的精神,加班加点地工作,对船厂的修理项目严格把关验收,体现了班组成员对工作一丝不苟的精神。在全体班组人员的共同努力下,顺利完成了本次坞修,为船舶的平稳营运提供了有力保证。

### 三、班组长的现场管理职责

现场是企业从事生产、销售及研发等生产增值活动的场所。现场管理,是指为了有效地实现企业的经营目标,对生产过程诸要素进行合理配置和优化组合,使之有机结合达到一体化,以达成质量优良、交货期可靠、成本低廉、产品适销对路的综合管理。

(一)生产控制

1. 执行每月生产计划

(1)安排作业人员,使生产流畅;

(2)训练及协助作业人员的工作。

2. 准备每日的生产活动

(1)检验机器设备、工具、零件和材料;

(2)执行主管所交付的工作任务;

(3)启动机器并确认其能运作正常。

3. 跟催作业

(1)调查出现异常的原因;

(2)向主管报告;

(3)采取临时措施;

(4)设计永久对策;

(5)依指示协助主管。

4. 作业完成后的工作

(1)准备下一班工作,如发现异常,要通知下一班人员;

(2)确认所管辖区域内的每一个开关均在“关闭”状态下;

(3)填写班组日报表。

5. 处理窝工事务

(1)调查外部窝工事件;

(2)调查内部窝工事件;

(3)确定原因及采取对策。

6. 准备新产品导入生产线

(1)协助主管;

(2)学习新产品生产工艺和指导作业人员正确作业。

(二)成本控制

1. 成本改进计划

(1)向主管提出口头意见并提出改进计划;

(2)准备并提出“成本降低计划”进度表;

(3)从事本单位内各项改善活动的协调,并请求其他协助改善事项(如新工具等);

(4)监督及跟催“成本降低进度表”的进展情况。

2. 降低人工成本

(1)提出构想及协助上司以执行人工成本降低的措施;

(2)监督每月工数降低活动事项,并且跟催其进展情况;

(3)若未达成目标,则需研究其原因,并采取相应的行动。

3. 降低直接成本

(1)记录原料、物料耗用量;

(2)研究原料、物料用量增加的真正原因及其对策;

(3)监督原料、物料实际耗用量与计划耗用量的差异;

(4)就超过原计划耗用量的原因及采取相应的对策写出提案。

4. 节约能源

(1)确定有无泄漏之处,如气压、供水等,并采取措施阻止泄漏;

(2)在确定之后,再决定是否由自己来处置或寻求他人协助;

(3)监督作业人员在设备使用完后随手关闭电源。

5. 日常改进事务

(1)改善的准备;

(2)准备监督工况改善的活动事项;

(3)依据问题的状况,给予改善活动的指示;

(4)协助主管指导班组人员改善工作。

6. 其他

(1)与班组人员开会,说明成本降低的成果;

(2)把握每一个机会,以强化每一个作业人员的成本意识。

(三)质量控制

1. 维持和改进质量水平

(1)对班组内成员说明清楚质量现状水平、将要达到的目标及相应的要求;

(2)监督及控制流程的质量输入信息;

(3)分析原因,以及采取相应的对策。

2. 坚决贯彻“质量是制造出来的”的信念

(1)检查每日生产的第一个产品和最后一个产品;

(2)执行定期检查,以防止不合格品发生;

(3)监督作业人员是否遵守作业标准来工作。

3. 发现质量不合格时,能采取相应的对策

(1)属于内部造成的不合格品,要修理好,并向主管报告及提出建议与对策;

(2)属于外部造成的不合格品,向主管报告,并请求修理的指示。

4. 班组内成员每日开会

告知有关质量的问题,并加以讨论,同时还要评估班组成员的质量认知水准。

(四)安全运行

(1)认真执行各项制度,对违反工艺操作规程及安全生产规程的行为加以制止,直至停止其工作;

(2)做好本班组的安全运行工作,杜绝重大人身、设备、火灾、爆炸事故,并减少一般事故;

(3)一旦发生事故,立即组织抢救,采取果断措施,防止事故扩大,并及时向有关部门报告;

(4)展开事故调查,进行事故分析,吸取教训。

## 示例1

为了更好地为甲方提供优质服务,促使公司管理提升活动的各项工作全面落实,促进各项工作上水平,在采油公司实施船舶标准化管理活动中,海洋石油255船班组结合“提高船舶管理,细化工作标准”的主题,在积极组织学习的基础上,就本船

现状深入检查，并以最快的速度、极大的热情投入到本船的标准化工作中，成果显著。班组成员工作生活场所以及个人仪容仪表均有显著改善，同时，好的工作生活环境也带给255船班组轻松愉快的心情，使班组成员更加积极努力地投入到工作之中。2016年海洋石油255船被评为采油服务公司船舶管理标准化达标船舶，同时在第三方审核时被评为优秀。

## 示例2

海洋石油255船班组面对持续的油价“寒冬”形势，响应总公司“质量效益年”活动号召，认真开会研讨，积极采取有效措施，取得良好的成效。

(1)采取经济航速航行，合理利用风流因素，降低船舶油耗，进行航次油耗统计分析，提高燃油使用率。

(2)加强与海上平台之间的积极沟通，合理安排船舶停靠平台的计划，在保证作业的同时，尽量缩短作业时间，减少船舶油耗。

(3)完善设备自查制度，杜绝跑、冒、滴、漏的现象，避免不必要的浪费。

(4)配合标准化管理，提高船舶自检自修执行力度，提升保养质量，充分利用船舶非作业时间，2016年海洋石油255船开展自检自修239次，降本增效费用节约66.9万元，综合船舶营运费比上一年度降低10%。

## 示例3

作为船舶生产的“尖兵”队伍，海工安装事业部海洋石油202船轮机二班始终秉承“海工铁军”精神。疫情期间，班组所有成员连续在尼日利亚Dangote项目施工长达9个月，但是轮机二班却在安全和质量方面始终保持着超高标准，这是班组全体成员按照QHSE(质量、健康、安全、环境)体系要求开展工作、识别风险、规避隐患的结果。通过QHSE管理标准化建设，轮机二班已成为一支责任分工明确、奖惩制度公平、管理规章完善的专业性团队(图1-3)。

图1-3　海工安装事业部海洋石油202船轮机二班

# 第三节 班组长的素质模型

班组长应该具备三大素质：技能、文化、素养。素质模型如图 1-4 所示。

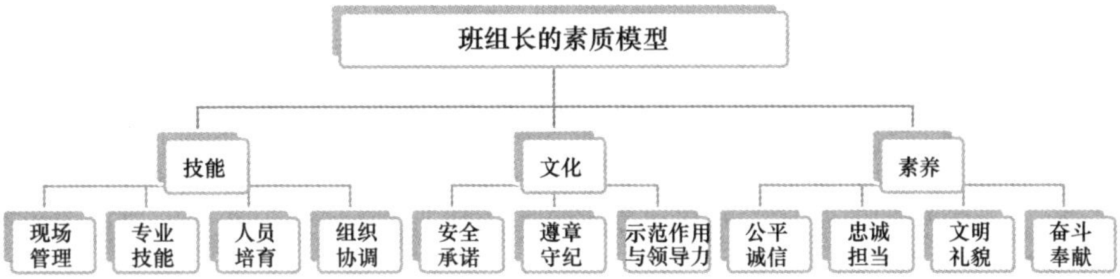


图 1-4 班组长的素质模型

## 一、技能

### 1. 现场管理

现场管理是班组长的主要任务，班组长要做优秀的现场管理者，包括人、机、料、法、环。班组长应该具有革新意识，善于改进创新，不断做现场改善，提高生产效率。

### 2. 专业技能

指班组长对所辖范围内的业务纯熟，设备设施操作熟练，能够做业务/操作能手。

### 3. 人员培育

对员工能够适时提供指导和帮助，助其成长。

### 4. 组织协调

班组长能够计划组织资源，知人善用，合理分配工作，高效沟通协调，如期保质完成工作任务。

## 二、文化

### 1. 安全承诺

班组长应对安全承诺的实施起到示范和推进作用，形成严谨的制度化工作方法，营造有益于安全的工作氛围，培育重视安全的工作态度。

### 2. 遵章守纪

班组长应明确各岗位人员在安全生产工作中的职责与权限，细化有关安全生产的各项规章制度和操作程序，行为规范的执行者应熟知自己在组织中的安全角色和责任。

引导员工理解和接受建立行为规范的必要性，知晓由于不遵守规范所引发的潜在不利后果，应建立必要的程序，以实现对与安全相关的所有活动进行有效控制的目的。

3. 示范作用与领导力

班组长应积极推进企业安全文化建设，规范行为和操作程序。将安全理念和安全价值观表现在决策者和管理者对安全生产的态度及行动中，落实在企业的管理制度中，将安全管理深入企业整个管理的实践中，将安全法规、制度落实在行为方式中，将安全标准落实在生产的工艺、技术、过程中。

**三、素养**

1. 公平诚信

有品有德是班组长素质的根本要求，做正直、讲诚信的人，这样的人就有资格带领班组。

2. 忠诚担当

对组织忠诚，为单位效力，能吃苦耐劳，有担当精神，是班组长的一项重要修养。

3. 文明礼貌

这也是班组长的素养之一，谦虚谨慎，关心别人，团结同事。

4. 奋斗奉献

讲求奉献是班组长的一项素质，不能斤斤计较，不能计较个人得失。

## 第四节　中海油安全文化与理念

安全发展是科学发展、构建和谐社会的必然要求。要树立安全发展理念，弘扬生命至上、安全第一的思想，始终把人民生命安全放在首位，切实维护人民群众生命安全。

**一、中海油安全文化**

中国海洋石油集团有限公司(简称中海油)是1982年2月15日经国务院批准成立的特大型国有企业，是中国最大的海上油气生产运营商。中海油成立以来，逐步形成了独特的中海油企业文化：以体系化管理为手段；以“五想五不干”为作业现场安全行为准则；强调“执行文化”等。海洋石油开发是高风险作业，这决定了要保证本集团公司持续快速健康发展，就必须有完整的制度体系、坚决的贯彻执行和持续改进。

(一)国家层面安全发展理念

1. 红线意识

人命关天，发展决不能以牺牲人的生命为代价。这必须作为一条不可逾越的红线。

2013年6月6日，习近平总书记就做好安全生产工作作出重要指示，首次提出“安全生产红线意识”，要求我们要始终把人民生命安全放在首位，以对党和人民高度负责的精神，完善制度、强化责任、加强管理、严格监管，把安全生产责任制落到实处，切实防范重特大安全生产事故的发生。

2016 年 7 月，习近平总书记对加强安全生产和汛期安全防范工作作出重要指示，强调“各级党委和政府特别是领导干部要牢固树立安全生产的观念，正确处理安全和发展的关系，坚持发展决不能以牺牲安全为代价这条红线”。

2. 底线思维

从最坏处着眼，做最充分的准备，朝好的方向努力，争取最好的结果。

——习近平总书记在 2021 年 2 月 20 日党史学习教育动员大会上的讲话

2013 年初，习近平总书记在一次重要会议上首次强调，要善于运用底线思维的方法，凡事从坏处准备，努力争取最好的结果，做到有备无患、遇事不慌，牢牢把握主动权。

3. 安全生产工作方针

安全第一、预防为主、综合治理。

4. 安全生产工作机制

生产经营单位负责、职工参与、政府监管、行业自律、社会监督。

5. 安全生产基本原则

坚持安全发展、坚持改革创新、坚持依法监管、坚持源头防范、坚持系统治理。

6. 两个至上

人民至上，生命至上。

2020 年 5 月 22 日，习近平总书记在十三届全国人大三次会议内蒙古代表团审议时发表重要讲话时第一次提出要坚持“人民至上、生命至上，保护人民生命安全和身体健康可以不惜一切代价”。

7. 两个根本

从根本上消除事故隐患、从根本上解决问题。

从根本上消除事故隐患、从根本上解决问题，是习近平总书记对做好应急管理工作提出的新的两项根本性要求，既是重要理念，又是重要原则，也是重要方法，必须深刻领会，认真抓好贯彻落实。

8. 两个切实

切实提高风险隐患排查治理质量、切实提升发现问题和解决问题的强烈意愿和能力水平。

2023 年 5 月 31 日，在全国“安全生产月”活动启动仪式上，国务院副总理张国清指出，要结合重大事故隐患专项排查整治行动，聚焦违法转包分包、违规电焊切割、冒险施工作业、现场管理混乱等重大隐患，强化第一责任人责任，层层压实地方和部门责任，切实提高风险隐患排查整改质量，切实提升发现问题和解决问题的强烈意愿和能力水平。

9. 双重预防机制

安全风险分级管控和隐患排查治理。

2015年12月24日，习近平总书记在中共中央政治局常委会会议上发表重要讲话：必须坚决遏制重特大事故频发势头，对易发重特大事故的行业领域采取安全风险分级管控、隐患排查治理双重预防性工作机制，推动安全生产关口前移，加强应急救援工作，最大限度减少人员伤亡和财产损失。

安全风险分级管控，包括危险源辨识、风险评价分级、风险管控，即辨识风险点有哪些危险物质及能量，在什么情况下可能发生什么事故，全面排查风险点的现有管控措施是否完好，运用风险评价准则对风险点的风险进行评价分级，然后由不同层级的人员对风险进行管控，保证风险点的安全管控措施完好。

隐患排查治理就是对风险点的管控措施通过隐患排查等方式进行全面管控，及时发现风险点管控措施潜在的隐患，及时对隐患进行治理。

10. 三管三必须

管行业必须管安全、管业务必须管安全、管生产经营必须管安全。

11. 三变

准确识变、科学应变、主动求变。

2019年7月5日习近平总书记在深化党和国家机构改革总结会议上强调：形势在变、任务在变、工作要求也在变，必须准确识变、科学应变、主动求变，把解决实际问题作为制定改革方案的出发点，把关系经济社会发展全局的改革、涉及重大制度创新的改革、有利于提升群众获得感的改革放在突出位置，优先抓好落实。

《中国海油安全生产专项整改提升行动方案》(中国海油安〔2022〕203号)要求：准确识变把握阶段性风险特征，科学应变提升风险管控能力，主动求变确保整改提升到位，以党的建设为引领，有效落实各层级安全生产责任；以重大风险专项治理为抓手，有效整改各类风险隐患；以人防物防技防为保障，有效提升本质安全水平，进一步采取有力措施消除各类安全风险隐患，坚决遏制各类事故发生，确保人民生命财产安全。

12. 三违

违章指挥、违规作业和违反劳动纪律。

违章指挥主要是指生产经营单位的生产经营管理人员违反安全生产方针、政策、法律、条例、规程、制度和有关规定指挥生产的行为，具体包括：生产经营管理人员不遵守安全生产规程、制度和安全技术措施或擅自变更安全工艺和操作程序；生产经营管理人员指挥工人在安全防护设施或设备有缺陷、隐患未解决的条件下冒险作业等。

违规作业主要是指工人违反劳动生产岗位的安全规章和制度的作业行为，具体包括：不正确使用个人劳动保护用品，不遵守工作场所的安全操作规程，不执行安全生产指令。

违反劳动纪律主要是指工人违反生产经营单位劳动纪律的行为，具体包括：不履行劳动合同及违约承担的责任，不遵守考勤与休假纪律、生产与工作纪律、奖惩制度及其他纪律等。

13. 安全三同时

生产经营单位新建、改建、扩建工程项目的安全生产设施，必须与主体工程同时设计、同时施工、同时投入生产和使用。

14. 四不两直

安全检查不发通知、不打招呼、不听汇报、不用陪同和接待，直奔基层、直插现场。

2013 年 10 月 30 日，原国家安全监管总局印发《转变作风开展安全生产暗查抽查工作制度》指出，暗查抽查工作采取“四不两直”方式进行，即：不发通知，不向地方政府打招呼，不听取一般性工作汇报，不用当地安全监管局、煤矿安监局人员陪同，直奔基层，直插现场，开展突击检查、随机抽查。

15. 四不放过

事故原因未查清不放过、责任人员未处理不放过、整改措施未落实不放过、有关人员未受到教育不放过。

16. 四不伤害

不伤害自己、不伤害他人、不被他人伤害、保护他人不受伤害。

17. 安全生产五到位

企业安全生产主体责任到位、安全管理到位、安全培训到位、安全投入到位、应急救援到位。

18. “1222”海洋石油安全风险防范工作机制

建设应用一个系统（海洋石油安全风险监测预警系统）、落实两个包保责任（有人值守平台陆地负责人和海上负责人的安全包保责任）、开展两项评估（有人值守平台安全风险评估和老龄化设施主结构安全评估）、实施两轮督导核查（海油安监办各分部每年组织两轮督导核查）。

（二）中海油安全文化发展进程

1. 1965 年成立至 20 世纪 70 年代末典型的前国企安全文化

1965 年 2 月，原石油部六四一厂成立海洋勘探室，开始了中国海洋石油开发的筹创时期。从 1965 年成立到 20 世纪 70 年代末，中国海洋石油企业的文化是典型的前国企文化。在那个时代背景下，在大庆精神的鼓舞下，在服从大局、无私奉献、艰苦奋斗等前国企文化优秀成分作用下，中国海洋石油企业走过了从无到有、从小到大的艰难创业历程。当时，安全文化并未得到健康发展，仅凭政府热情，靠精神鼓励，忽视科学、不怕死、冒险为荣的言行占了上风。

2. 20 世纪 70 年代末至 90 年代中后期变革中的国企安全文化

20 世纪 70 年代末，改革开放的政策使中国海洋石油企业成为第一批受益者，埕北油田的成功合作开发，不但为中国海洋石油培训输送了许多高层管理人才，获得了中国海洋石油“黄埔军校”的美誉，而且也使中国海洋石油人真正接触到了现代石油开采的先进技术。此时，中国海洋石油的企业文化充满了强烈的学习变革精神，在新、旧文化体系激烈的碰撞和冲击下，各种思维方式和理念也在发生着革命性改变。此时，企业安全文化已蕴藏在企业文化中，开始出现模仿和学习国外企业文化构建行为。因未能摆脱前国企文化的影响，只是吸收了部分适用的安全文化，在不断总结成功经验和惨痛教训中，开始重视、回避或减少政治色彩过强、缺乏科学精神、效率意识差、缺乏个性化等典型的前国企文化的不良成分，但忽视职工个人利益、对政府的依赖性强等国企文化的特色并没有改变，前国企文化仍占据着重要地位。

3. 20 世纪 90 年代末至今，正在健康发展的企业安全文化

随着市场经济体系的建立，在不断学习掌握国外的先进管理经验和现代先进科技，在不懈努力并成功在海外分拆上市的推动下，为走出国门，中海油不得不在取得诸如 ISO9000（质量管理体系）、ISO14000（环境管理体系）、ISO18000（职业安全健康管理体系）、DNV（挪威船级社）第三方认证等各种国内、国际资格认定证书的同时，强制改变了许多根深蒂固的旧思想理念和管理模式。不断运用各种现代安全管理技术和手段（如正在大力推行的 HSE 管理体系，即“健康安全环境管理体系”等），为安全生产保驾护航。在不断总结和改进完善各项规章制度的过程中，中海油的安全管理工作不断向现代化发展，企业安全文化的现代理念正慢慢渗透到企业生产的各个层面、各个角落。

2000 年随着中国海洋石油有限公司资本市场的运作，在与国际石油公司接轨的管理要求下，本公司首先提出明确健康安全环保管理理念和政策的必要性，经过一年多的酝酿，本公司健康安全环保管理理念和政策经过董事会批准正式颁布。

2004 年在《中国海洋石油总公司生产经营型投资活动健康安全环保管理规定》中以管理文件的方式确定了本公司的健康安全环保管理理念。

之后几年来，随着国家安全生产的方针政策强化，海洋石油业务发展扩大，集团公司管理层对安全的重视程度及广大员工对安全的认识都有了较大的提高。2006 年健康安全环保工作会上，集团公司领导提出重新修订 HSE 理念的要求。2006 年，在集团公司范围内征求意见的基础上，着手修订。2007 年，健康安全环保会上和会后，又进一步征求了意见，并吸取了新加入的中国化工建设总公司从新的视角上提出的建议，形成新的版本。

2007 年 5 月 17 日，集团公司颁布了重新修订的健康安全环保理念。修订后的理念与以前的版本在核心思想和基本内容上保持一致，但依据近年来国家安全生产方针政策的变化和海洋石油业务发展的实际，增加了少量内容，理念上更细化，文字上更精练。

新理念强化了具有中海油特色的健康安全环保文化，突出了安全发展、以人为本、持续改进、社会责任和环境保护等中心内容。环境友好型的提法、以人为本的新观念等，加入了协调发展、清洁发展、安全发展和社会责任等内容，强调了科学发展观；还将集团公司领导关于“健康安全永远是我们管理的薄弱环节”“健康安全环保

是企业整体素质的综合反映”等代表中海油对 HSE 基本认识的论述，补充进理念。它从公司生存基础角度，强调健康安全环保的重要性，明确体系化管理是公司 HSE 管理的基本方法。除此之外，新理念融入了“五想五不干”安全行为准则，强调了执行文化，体现中海油重视现场管理、注重细节、控制风险的 HSE 管理思想；增加了“承包商管理”的相关要求，体现了中海油把对承包商的管理作为一种社会责任、实现双赢的理念。

在形成和建立中海油安全文化的过程中，企业贯彻以人为本的思想，关心员工的工作条件和生活，营造一个舒畅、宽松、和谐的工作生活环境，塑造良好的员工精神面貌，以饱满的热情全身心地投入到工作中。海洋石油开发行业是高危险性行业，安全生产在企业可持续发展中占有极其重要的地位。企业在通过制度管理的同时，利用安全文化对员工进行潜移默化的熏陶，以规范员工的安全行为，保障安全生产，一些安全管理规范、安全绩效优良的企业都树立了良好的安全文化。

历经四十多年的发展与实践，“五想五不干”现场安全行为准则和《中国海油安全标志行为》全面贯彻实施，“集团公司推动、所属单位负责、基层班组落实、全体员工参与”的安全文化建设格局基本形成，自我约束、持续改进的安全文化建设长效机制初步建立，以“人本、执行、干预”为特色的中海油安全文化蔚然成风。

（三）中海油特色安全文化

1. 人本

也就是“以人为本”，它既是安全文化建设的立足点，也是安全生产工作的价值观。在安全生产各个环节中，人既是管理者，又是被管理者；既是实施安全防护的主体，又是被防护的主体。人是一切安全管理活动的核心，人的安全是一切安全管理活动的本质目标。“人本”至少有两层含义：第一，始终把保护人的生命安全放在首位；第二，在安全文化建设中，要充分认识到人的重要地位和作用。

2. 执行

执行是把企业安全规划转化为实践、成果的关键。安全生产执行力包含完成安全任务的意愿、能力、程度。对个人而言，执行力就是操作能力；对团队而言，执行力就是战斗力；对企业而言，执行力就是经营能力。执行是中海油特色安全文化里最重要的一部分，在中海油十项 HSE 管理理念中已明确“设定目标，只有执行才能实现”。

3. 干预

干预是对不安全行为及时提醒、劝阻、制止，以自身的积极行为影响身边的人，在不伤害自己、不伤害他人、不被他人伤害的基础上，进一步做到保护他人不被伤害。干预是由人这个主体对企业是否合法合规运营、体系文件是否被有效执行、规章制度是否被遵守等情形的一种纠错方式，是中海油十项 HSE 管理理念中“体系化管理，持续改进，坚信没有最好只有更好”的有力抓手。推广行为安全观察卡、推进安全标志行为是对人的行为进行干预；开展形式多样的培训是对人的安全意识的干预；预防性维保、隐患排查等活动是对设施设备的干预；各个层级的检查、审核是对安全管理体系运作的干预。

## 二、中海油安全理念

(一)HSE 核心价值理念

安全第一、环保至上，人为根本、设备完好。HSE 即健康、安全、环境。在任何生产经营活动的任何环节，要牢牢把握住人和设备两大要素，通过有效管理手段减少人的不安全行为和设备的不稳定运行，以确保人的安全，最大限度实现对环境的保护。

(二)质量健康安全环保理念

(1)质量健康安全环保是公司生存的基础、发展的保障；

(2)加强质量健康安全环保管理，是央企履行三大责任的必然要求；

(3)员工是公司最宝贵的资源和财富，以人为本，关爱生命；

(4)设定目标，只有“执行”才能实现；

(5)体系化管理，持续改进，坚信“没有最好，只有更好”；

(6)安全行为“五想五不干”，注重细节、控制风险；

(7)管理承包商，分享信息和经验，实现双赢；

(8)尽量使用清洁无害的材料和能源，保护环境和资源；

(9)不仅遵守法规标准，更要争先创优、努力提高行业水平；

(10)质量健康安全环保是企业整体素质的综合反映。

(三)五想五不干

一想安全风险，不清楚不干；

二想安全措施，不完善不干；

三想安全工具，未配备不干；

四想安全环境，不合格不干；

五想安全技能，不具备不干。

(四)安全生产“六个责任”

1. 企业安全生产主体责任

企业安全生产主体责任，是指法律、法规规定的安全生产法定职责和义务，既包括平时的物质保障、资金投入、机构设置和人员配备、规章制度建设、教育培训、风险隐患排查治理、承包商管理等方面的责任，也包括事故发生后的事故报告和应急救援责任，还包括事故的调查、处理、统计和责任追究。必须端正认识，既要本着对企业负责、对生产负责、对员工负责的态度开展工作，又要按照对事故负责的原则追究责任。

2. 党政主要领导第一责任

从国家安全生产监管的角度来说，企业是安全生产第一责任主体，而对于每一个单位来说，党政主要领导就是安全生产的第一责任人。《中华人民共和国安全生产法》第二十一条对企业主要负责人的安全生产责任作了明确规定：建立责任制、建立规章制度、教育培训、保证投入、消除隐患、制定预案、报告事故，这七项就是各单位党政主要领导的第一责任。要对照这七项要求，细化具体的行动方案，明确作为主要领导在工作中必须采取什么样的行为才是真正履行了安全生产第一责任。

3. 业务分管领导和业务部门管理责任

业务分管领导和部门没有身临一线、没有直接面临安全生产的各项风险，但是一定要认识到履职行为是本单位整体应对安全生产风险的有机组成，就是要控制基层可能面临的安全生产风险，从这个意义上，管理部门的责任要远远大于基层单位和员工。这也进一步说明，安全生产不只是安全管理部门的责任，而是生产经营活动不可分割的重要基础性工作。抓好安全才能平稳生产，抓好安全才能健康经营，抓好安全才能保证业务的顺利开展。要继续坚持“管行业必须管安全、管业务必须管安全、管生产经营必须管安全”和“谁主管谁负责”的原则，各业务分管领导和部门要认真分析和把握自己职责范围内可能存在的安全生产风险，要着力通过自己的履职行为去防范化解这些风险，形成安全生产“齐抓共管”的良好局面。

4. 安全管理部门监督责任

安全管理部门虽然不直接从事生产，但在公司安全管理中承担着监督、支持、指导生产的任务，是最重要也是最关键的一个环节。各级安全管理部门要按照“严实快新”作风建设要求，切实负起监督责任，对待制度必须板起面孔、严格执行，把制度优势转化为治理效能；对待事故首先要查清事故的原因，不仅是事故的直接原因，更重要的是查清事故的深层次原因。对违规、渎职、懈怠者必须严肃追究、严厉追责，以铁的纪律和硬的作风抓好安全生产管理。

5. 基层班组直接责任

基层班组是集团公司最基本的生产作业单位，是整体功能最基本的组成部分。基层班组战斗在一线，直接组织各项生产活动，直接完成各项生产任务，直接面临各类安全生产风险，同时也承担着安全生产的直接责任。基层班组的安全生产事关集团公司全局，基础不牢，地动山摇，如果基层班组的安全生产搞不好，集团公司的安全生产形势持续稳定也只能是空中楼阁、无本之木。安全是碗、效益是饭，失去了安全，效益也就无从谈起。正确处理好安全和生产的关系，是基层班组的根本任务，必须在保证安全的前提下开展生产，绝不要“带血的GDP”。

6. 基层员工岗位责任

基层员工作为负责具体生产操作的群体，既是安全生产的直接受益者，又可能是生产安全事故的直接受害者。在生产活动中，安全是企业的生命，是职工的福祉。公司要尽最大努力为基层员工提供健康、安全的工作环境，又要创造条件，做好员工个人的保护和防护。基层员工要严格遵守操作规程和规章制度，严格执行“五想五不干”现场作业安全行为准则，严格落实各项风险控制措施。规章制度和操作规程是前人经验的科学总结，有些甚至就是重大事故的深刻教训，是防范各类事故的重要工具，必须不折不扣执行，决不允许打折扣、走捷径。要通过加大法律法规、工艺技术、操作规程、安全规章制度的培训力度，着力提高员工的安全意识、规范员工的作业行为，强化基层员工安全生产主人翁意识，让遵章守纪成为现场作业的良好风尚，让违章行为在现场成为“过街老鼠”，进而营造良好的、正能量的安全生产氛围。

（五）安全标志行为

1. 领导干部安全标志行为

公开承诺守法合规，公开宣传健康安全环保理念，公开表达生命安全是不可逾越的红线，听取安全环保工作汇报并研究，开展以安全生产为主题的基层调研，参加应急演练。

2. 员工安全标志行为

现场作业确认“五想五不干”，知晓所处环境应急通道，及时干预不安全行为，驾车乘车系安全带，行人车辆不闯红灯，上下楼梯扶好扶手。

3. 组织安全标志行为

召开会议有安全提示，现场活动有安全教育，大型集会有防范措施，差旅安全有规章制度，节假日安全有值班部署，私家车安全有指导支持。

（六）安全环保“八不准”

(1)不准违章指挥、违规作业、违反劳动纪律，以及高风险作业、重大施工作业缺少风险分析环节或作业期间现场负责人擅离职守，以及违反作业许可和能量隔离程序实施作业；

(2)不准使用不具备国家或集团公司规定资质和安全生产保障能力的承包商和分包商，以及对发包项目“以包代管、只包不管”；

(3)不准不按国家或集团公司要求组织安全环保督查检查，不编制安全环保督查检查方案或清单，以及自查不能发现问题隐患但上级督查检查发现存在突出的问题隐患；

(4)不准未建立风险分级管控清单且未落实分级管控措施，以及对排查出的安全环保问题和隐患不及时组织治理，或虚假、敷衍整改，以及不按“五定”要求（定整改责任人、定整改措施、定整改完成时间、定整改完成人、定整改验收人）进行闭环管理；

(5)不准瞒报安全环保事故，以及不认真吸取事故教训、不组织事故案例警示教育、不举一反三对照排查同类问题和隐患；

(6)不准不正常运行防治污染设施、超标或稀释排放污染物，以及不及时推动整改治理和提标改造；

(7)不准企业主要负责人、安全管理人员、特种作业人员不按规定取得证书；

(8)不准违反变更管理制度实施变更。

（七）安全生产目标

坚决防止较大事故，全面防范一切事故，始终追求零死亡。

（八）承包商文明安全行为

承包商应认同中海油的 HSE 管理理念和安全文化，积极培养员工的文明安全行为，并作出以下承诺：

（1）遵纪守法，诚实守信；

（2）尊重每一名员工，无论他们知识和技能水平高低；

（3）为员工配备符合要求的劳动防护用品；

（4）为员工提供安全卫生的工作餐和饮用水；

（5）为外地员工提供安全的集体住所；

（6）给予员工充足的休息时间和适当的假期；

（7）关照员工的家庭，为员工家庭团聚创造便利条件；

（8）指导员工开展有益身心健康的工余活动。

# 第二章　职业素养

## 第一节　安全领导力

### 一、顺利开展工作需要树立权威

（一）班组长的权威

权威就是对权力的一种自愿服从和支持。人们对权力的服从可能有被迫的成分，但是对权威的服从则属于认同。反对者可能不得不服从权力所做出的安排，但是服从不等于认同。权威就被认为是一种正当的权力。也可以说，权威是极具公众影响力的威望。“权威”一词是作为引导性名词而存在的，一般没有执行要求。权威是实力的代名词，它代表着地位、实力、信誉、威望、权力。

威信是一种众人钦佩、敬仰的声望，是威望与信任的结合，是班组长在组员心目中的威望和由威望而产生的信任。

班组长要有效地领导组员，得到组员的支持和尊重，就必须树立自己的权威形象，从而产生“无言的召唤，无声的命令”。

如果班组长树立的形象与员工心中期望的形象相符，那么他一定会得到员工的信任和拥护。要达到这一期望的形象，很大程度上取决于班组长对自身形象的维护。要树立自己的威信和形象，就要以德立威，具有良好的政治品格和道德品质。班组长要想具有权威，必须做到：

（1）有坚定的意志；

（2）有较强的业务能力；

（3）有较高的整体素质和先进观念；

（4）能够洞察是非、明辨方向；

（5）在工作中不谋私利；

（6）公平待人，态度和蔼，善于沟通。

班组长与主管不同，班组长不但要指挥生产，而且还要直接参与生产，具有指挥者和生产者的双重身份。如果说班组长自己干工作"偷奸要滑"、拈轻怕重，又何以带动组员呢？所以，班组长要以身作则，带头干实事，为员工树立起"遇难不怕、遇险我先、遇险我挡"的工作形象，才能更好地带动和影响组员投入生产，增加班组的凝聚力和战斗力。

（二）班组长权威的来源

班组长的权威来源于八个字：能、信、情、才、勤、廉、公、新。

1. 以能树威

班组长的能力是对组员形成影响和产生吸引力的第一要素。不言而喻，谁也不愿意自己的班组长是个"草包"。一个班组长必须具有一定的知识素养和技术水平，在专业方面达到较高的层次，成为本部门、本行业的内行，才能享有较高的威信。

2. 以信取威

诚信是金。信是一个古老的概念，《说文解字》中"信"字之意为"从人从言，诚也"。意思是说"信"是个会意字，指人的言论要诚实，要守承诺，讲信用。

3. 以情立威

情就是上下级之间、领导和员工之间有同志式的感情。这种感情是建立在相互支持的基础之上的。有了这种感情，领导和员工才能同甘共苦，乃至生死与共。

4. 以才助威

一位才华横溢的班组长，可以使人产生一种信赖感和安全感，即使在非常困难的情况下，员工也会同心同德地跟着他去战胜困难。

5. 以勤增威

班组长要与员工交朋友，及时发现和帮助员工解决生产、工作、学习和生活中的各种实际问题，协调关系，解决矛盾，拉近与员工的距离。身为一班之长，不主动去学习先进的班组管理经验，不去尝试新的工作方法，班组工作就不能顺利开展，组员也不会以你为榜样，威信就难以树立起来。

6. 以廉生威

管理者要建立自己的威信，必须把廉洁作为一个自我修养的主要方面，坚持艰苦朴素，反对奢侈浪费，不为金钱所惑，不为物欲所误。

7. 以公助威

在工作中要做到公正、公平、公道，切忌亲我者近之，疏我者远之。用人唯贤，不要任人唯亲。

8. 以新创威

班组长要在尊重科学、尊重规律的基础上不断创新管理方法，创新技术，创造性地开展各项工作，使企业在市场竞争中立于不败之地。

班组长要想更好地将员工团结在自己周围，就要树立起自己的威信，创造出适应自身环境的现代班组管理方式，使班组工作有条不紊地顺利进行。

（三）优秀班组长的素质要求

俗话说“身教重于言教”，班组长在员工中树立什么样的形象，具有很强的导向作用。

1. 品质要求

一名优秀的班组长应该做到如下五点：

（1）关心公司发展和员工状况；

（2）明确公司的目标，并且及时、准确传达给员工；

（3）能向员工准确表达在公司内部人人平等和遵守制度的必要性；

（4）善于抓住促使公司发展的机遇；

（5）能和公司一起承担风险。

而上述最后两点，都需要具备敢做敢当的管理魄力。

班组长的敢做敢当，不仅表现在大胆开拓和承担责任上，还表现在自我品德的塑造上。班组长敢做敢当就不会揽功推过，不会文过饰非，也不会护短遮丑，而是踏踏实实地把工作做好做实做优秀。这样的班组长，他的人格魅力可以为他赢得更多的尊重、更多的服从、更多的追随者。

如果一位班组长既具有强烈的责任感、使命感，全心全意为员工服务，公平待人，态度和蔼，善于沟通、协调人际关系，又具有鲜明的个性特征和高尚的道德品质，那么他的威信肯定高，影响力肯定强。

2. 能力要求

（1）专业能力

对于班组长，其工作精力主要应放在一线生产上，因此专业技术所占的权重很高。作为一个“兵头将尾”，一定要是业务尖子，行家里手，唯有如此，说话才能有分量、有权威。

（2）目标管理能力

在处理业务时，班组长要设定主题、时限、数量等具体的目标，提高员工的参与意识，具备使 P（Plan 计划）、D（Do 执行）、C（Check 检查）、A（Action 调整）这一循环周而复始顺利进行的能力。

（3）解决问题的能力

班组长要具有发现问题的眼光和推理预测能力，一旦发现妨碍达到目标或业务开展的问题，要立即分析现状，找到原因。具备“多问思维”，从全方位思考对策，并提出对策，直至解决工作上的问题。

（4）组织能力

为了达到部门的目标，班组长要利用班组每位成员的特点进行任务的分配，发挥全体人员的能力，同心协力，使部门运作达到“1＋1≥2”的效应。

（5）交流、交际能力

为了能够进行直接的意见沟通、交流必要的信息，应该具备高度的表达、商谈、疏通及说服对方的能力。当然，交流能力随着工作经验的积累和悟性的增加会逐渐提高。

良好的沟通协调能减少摩擦、融洽气氛、提高士气，有助于构筑良好的信赖关系。

(6)倾听能力

很多管理者都有这样的体会，一位因感到待遇不公而愤愤不平的员工找你评理，你只需认真地听他倾诉，当他倾诉完时，心情就会平静许多，甚至不需你作出什么决定来解决此事。

这只是倾听的一大好处，善于倾听还有其他两大好处：一是让他人感觉你很谦虚，二是你会了解更多的事情。每个人都希望受到重视，并且都有表达自己意见的愿望。所以，友善的倾听者会成为最受欢迎的人。

(7)激励能力

要让员工充分发挥自己的才能努力工作，就要把员工的“要我去做”变成“我要去做”，实现这种转变的最佳方式就是对员工进行激励。如果我们用激励的方式而非命令的方式安排员工工作，就更能使员工体会到自己的重要性和工作的成就感。

激励的方式并不会削弱你的管理权力，相反，你会更加容易地安排工作，并能使员工更加愿意服从你的管理。

优秀的管理者不仅要善于激励员工，还要善于自我激励。作为一名管理者，每天有很多繁杂的事务及大量棘手的事情需要处理，其面对的压力可想而知。自我激励是缓解这种压力的重要手段，通过自我激励的方式，可以把压力转化成动力，增强工作成功的信心。

(8)指导员工的能力

在经过深思熟虑后，为了顺利地开展日常业务而传授必要的知识及方法；指出员工在意识和行动上的不足；使员工理解业务的定位、重要性，提高员工的工作劲头。

(9)培养员工的能力

培养员工是管理人员的重要任务。培养能力是熟悉每一位员工的诉求，在工作中让他们自由发挥自己的长处，不断提高他们的成就感与工作能力。

(10)自我约束能力

不沉湎于惰性及日常业务之中，描绘“理想的自画像”，经常以此约束自己的行为。为此必须非常清楚自己的长处与短处，努力增进自己的知识、人格、健康的能力。

(四)在班组中迅速树立权威

1. 要头脑清晰、思维敏捷

作为一名班组长，首先要有很强的管理意识，对于自己所服务的对象要做到心中有数。譬如，对检修班组来说，我们这个班组管理的业务范围是什么？有哪些设备设施？它们的操作规程和构造如何？有哪些保护和控制系统？这些设备设施在机组运行中起到什么作用？有什么功能？……这些问题都必须搞清楚。但仅仅了解掌握了设备的构造、性能和作用还不够，还要对自己所管理的人和设备做到了如指掌，如：所辖设备的运行状态如何？存在哪些安全隐患？准备采取哪些有效措施？班组成员的技术水平如何？实际工作能力怎样？能否胜任所从事的工作？不胜任又该怎么办？等等。在这些方面，不同班组长间的差距还是很大的，有待于在工作中一步步提高。

2. 要技能过硬、带好队伍

作为班组长，班组成员是要看你的真本事的。在一个班组中，班组长首先应当是技术权威、业务大拿，才有说服力，才能当好带头人，才能树立威信，适应班组管理的需要。但是，单靠班组长一个人掌握全部的技术是不够的，还应该带领全班成员学习业务，提高技术水平，组织、实施各种形式的技能培训，本着干什么、学什么，缺什么、补什么的原则，扎扎实实搞好岗位技术培训。不能简单片面追求文凭，不重视岗位技能培训，以至于出现问题后，过分依赖厂家和科研部门，这个问题应该引起高度重视。要注重培养技能型人才，要积极鼓励大学生到基层班组工作，不断提高班组整体素质。设想一下，如果一个班组每个人的技能水平都很高，所有的人都很能干，那将会是怎样的一种局面？因此，我们一定要树立正确的人才观，妥善处理好文凭与技能的关系。

3. 要讲究工作方法、务求实效

班组工作一定要讲实际、求实效，实事求是，切记华而不实。我们做任何事情都要提倡求真务实的工作作风和严谨扎实的工作态度，标准要高，要求要严，要干就干好，要争第一、创一流。坚决杜绝马虎、凑合、不在乎等不负责任的行为，大力弘扬认真负责、吃苦耐劳、无私奉献的爱岗敬业精神。

要善于发现班组存在的问题，及时采取措施加以解决，使各方面工作高效有序，并富有创意。这就要求班组长在工作中要讲究工作方式、方法，要针对不同人员的个性、脾气和能力加以区别对待，要扬长避短，知人善任。充分调动每个人的潜能，发挥每个人的聪明才智，共同为做好班组工作而不懈努力。

当班组工作中出现困难时，首先要树立战胜困难的信心和决心。从战略上藐视它，战术上重视它。不同的处理方式往往会产生不同的效果，这都需要班组长在工作中不断摸索、领悟和提高。

4. 要严于律己、宽以待人

班组长要有原则性，为人处事要公道正派，按照规章制度办事，正确处理情、理、法的关系；对班组成员，在工作上要严格要求、一丝不苟，在生活上要给予无微不至的关怀。在班组内部，要积极创造一种健康向上、和谐友善的人际关系。作为班组长，还要吃苦在前、享受在后，严于律己，要求他人做到的，自己首先要做到，要求他人不做的，自己也应该不做。不能私字当头，只考虑自己的利益。切忌拉帮结伙搞“五湖四海皆兄弟”。要用人格的力量来影响人、感召人，要先人后己，以集体利益为重。只有这样，班组才会有很强的凝聚力和战斗力，才能更好地发挥团队精神，班组成员才能展现良好的风貌，创造出辉煌的业绩。

5. 要善于学习、善于思考

班组长要经常检查班组的工作，方方面面、条条块块，每个阶段、每件事情都要及时全面检查，从中发现成功和不足，总结经验教训，通过反思，提炼出对工作有帮助的东西，然后加以推广和发扬。还要善于向他人学习，拓展分析问题的思路，提高处理问题的能力，增强待人接物的灵活性、幽默性及艺术性等。邀请专家教授来培训的机会毕竟是有限的，这就有赖于我们平时的自主学习和较高的悟性。

班组长还要善于思考。思考应当是全方位的，做事情之前的构思、计划与决策，过程中的监督、分析与比较，事后的检查与总结，都需要进行系统的思考。

俗话说，"不打无准备之仗"，要目标明确、准备充分、有的放矢，才能赢得最终的胜利。成绩取决于好的思路，而思路源于深思熟虑的系统思考。

6. 为班组创造良好的外部条件和环境

要搞好班组工作，各级领导对班组工作要积极支持、真心帮助，尽可能为班组长的工作创造有利条件。

要扶正压邪，弘扬正气，既讲原则，又讲友情。在班组长遇到困难时，要鼎力相助，在学习和生活上要充分考虑班组长的实际情况，排忧解难、全力以赴支持班组长的工作，为班组长的日常工作创造良好的环境和条件。

## 示　例

中海油油田化学事业部塘沽作业公司固井业务部，班组成员共计 18 人，其中区块负责人 5 人，主力工程师 3 人，带队工程师 3 人，实习工程师 7 人，年均完成 100 口以上钻完井作业任务。

班组工作致力于提升班组凝聚力和执行力：①班组长及时掌握员工思想动态；②认真对待员工诉求；③热情关心员工家庭。

"党员先锋队"排除疑难杂症：①面对重难点井作业，第一时间成立党员攻坚小组；②由党小组组长、重要岗位人员担任负责人；③技术创新、制度体系升级，助力公司高质量发展。

**二、帮助员工解决问题，聚拢人心**

（一）消除员工工作上的恐惧心理

很多时候，员工不愿意去做一项工作，是因为他们已预感到，从事这项工作会给自己带来负面的结果，从而产生了恐惧心理。

在现实工作中，对于那些很在意自己行为的员工，尤其是很在意工作绩效的员工，有恐惧感是正常的。而这常常会使员工为了更好地完成一项工作，在工作中小心谨慎，仔细防范。如果员工坚信自己不可能完成这项工作，或这项工作对自己很重要时，他们就会不按班组长的指令去做，甚至不去做。这种恐惧心理使得员工意识不到，自己也许会因为消极怠工而失去工作。

例如，当班组长问"为什么"时，员工常会回答："我不敢去试，尽管我认为那是一个很好的办法。可它一旦失败，我就会陷入困境和麻烦之中。”或者会说：“我不敢告诉你，我不知道怎么做这项工作，这样你会认为我太笨。”可见，导致这一切后果的最直接原因是恐惧感使员工失去了做这件事的信心和能力。

最令人遗憾的是，员工不敢向班组长表达这份恐惧。即使班组长与员工谈话，员工也不会告诉班组长他们真正的原因，当然也就不会向班组长求助了。

具体而言，首先让他们明白这件事对他们是不会有什么负面影响的，或者说，负面效果并不如他们想象的那样糟糕，不要让员工因恐惧或苦思对策而忐忑不安。

在讲清利害关系后，班组长要给予员工一定的鼓舞和克服恐惧的实用方法，提出预防之道，激励员工，以排除员工的心理障碍。例如，一位员工性格内向讷言，而他的工作又要求他必须热情主动。这时，班组长就应该向他讲清楚道理，告诉他胆怯和恐惧是自然的，并告诉员工，只要他愿意付出努力和汗水，用积极的心态去面对的话，他就能成为那种热情主动的员工。同时，还要向他讲述一些他人是如何克服胆怯和恐惧的事例，并建议他经常向自己说一句自我激励的话。结果，这名员工每天都多次重复这句话：“要进取！要进取！”努力使自己大胆行动。在班组长的帮助下，在不断的自我激励中，他最终实现了自我超越，成为一位优秀员工。

谁都有缺点，谁都有软弱的一面。事实上，恐惧通常只有当员工面对新情况或新工作时才会产生。聪明的班组长不会嘲笑员工，也不会蔑视员工，他们总是客观地看待员工的“恐惧”，积极帮助员工走出恐惧的阴影。有如此善解人意的班组长，员工们的“我还怕什么？”心理状态会激励自己努力奋发、不知疲倦地工作。这使员工们大胆施才，放心创新，甚至可以与班组长一争高低。

（二）安慰失意的员工

人生中，不如意之事十之八九。年轻人遇到不如意的事有很多，如患病、感情波折、家庭矛盾、被人误解等。悲伤、愤怒、挫折感、惊惧、失意使他们萎靡不振，工作效率低下，甚至失去理智。在相当长的时间里，他们可能会失去工作的热情、前进的动力和创新的能力。

员工的失意情绪，是扰乱工作的消极因素，摆脱失意情绪也是一个重新调整自我、重树信心的过程。所以，作为优秀的班组长一定要毫不犹豫地伸出援手，安慰并帮助员工度过人生艰难的时期。

安慰员工的三个基本方法：

(1)创造条件，帮助员工恢复其原来的正常生活；

(2)尽力帮助员工及其家人到企业外部寻求帮助，让员工重获心理平衡并提高工作效率；

(3)给予员工时间和空间，让时间抚平他们的创伤，使员工从痛苦中振作起来。

（三）增强员工的自信心

自信是一种工作动力。员工不自信就会有挫败感，感觉自己被抛弃，从而产生愤怒、厌烦等不良情绪，自然不会有积极性，不会有高的工作效率。

当被激励者对自己满意时，最容易建立自信心。因此，班组长应该多激励员工，肯定他们的优点，挖掘他们的潜能，使他们尽快胜任工作并做出成绩。看到了自己的成绩，会增强他们的自信心。

增强员工自信心的方法很多，表2-1中列举的方法可以试着用一用。

表2-1　增强员工自信心的方法

| 序号 | 方　法 |
|---|---|
| 1 | 建立明确的规则，执行规则要前后一致 |
| 2 | 当员工之间发生冲突时，要为他们解决问题 |
| 3 | 与员工谈话时，专心一致，让他们感到受重视 |
| 4 | 赋予责任时，让员工以自己的方式发挥。即使事情做得不好，也不要免除他们的责任 |
| 5 | 诚实地表达你的感情，要求员工也诚实地表达他们的感情 |
| 6 | 承认自己的错误 |
| 7 | 让每位员工在工作中发挥他的创意 |
| 8 | 关注员工好的表现，不要只挑错 |
| 9 | 避免责骂 |
| 10 | 让员工知道你信任他 |
| 11 | 不要拿员工比来比去 |
| 12 | 公平，不要偏心 |
| 13 | 鼓励整洁 |
| 14 | 处理员工的过错要对事不对人 |
| 15 | 与员工分享决策的权力 |
| 16 | 不要求员工做超过他们能力的事，如果员工确实不能胜任工作，可以调换其他工作 |
| 17 | 对员工要仁爱、体恤 |

（四）提高员工对团队的归属感

1. 员工缺乏归属感的危害

不少人抱怨员工的流失率高，对公司的发展影响太大，究其原因是员工对公司的归属感低。员工归属感低的公司会有下列问题：

（1）浪费培训资源；

（2）员工适应需要一定时间，造成效率偏低；

（3）对公司信誉有质疑；

（4）对直接管理者的管理才能有质疑。

2. 影响员工归属感的因素

（1）上级领导易情绪化，动辄以降职或解雇威胁员工；

（2）人际关系不佳；

(3)上级领导偏袒某些人,令其他人感到不公平;

(4)感觉已经努力,但仍然得不到上级领导的认同或赞赏;

(5)前景不明朗,公司财务经常陷于困境;

(6)诸多限制,员工不能畅所欲言,不能发挥所长。

3. 提高员工归属感的方法

人生有三分之一的时间是在工作中度过的。如果工作不惬意,三分之一的人生就在不快乐之中,有些较敏感的人甚至会因此出现失眠、抑郁现象。这足以证明一份惬意的工作对人生有何其重要的影响。

员工对公司归属感的提高,也就意味着员工对公司及所在班组在情感上的认同。一个对公司有着强烈归属感的员工,会用他的热情带动更多的员工对班组的认同,班组的人际氛围自然变得融洽和谐。那么,如何提高班组员工的归属感呢?

(1)不能强求员工没有情绪

人是有感情的动物,不能强求员工的情绪公私分明,一切私人感情均不得带进工作现场,更不要期望每一位员工都是硬汉或铁娘子,他们都需要他人的关怀。

员工满怀心事,未必是因为工作不如意或身体不适,有可能是被外在因素所影响。例如,至亲病故、家庭纠纷、经济陷于困境、感情问题等,都会使一个人的情绪波动。作为班组长,应予以体谅,并就员工某方面的良好表现加以赞赏,使他觉得自己的遭遇并非那么糟。

(2)对员工多一点关心

冰冷的面孔、严格的规章、漠不关心的同事,都使人感到不安,特别是对处于顺境中一直被呵护的人,就是一种虐待。

班组长在适当时候为员工解决问题,不单是例行公事,也应包含个人的感情。员工遇到挫折时,情绪低落,工作效率和质量会受到影响,如得不到领导的体谅,情况可能会更糟。

班组长应以朋友的身份询问员工发生了什么事,细心聆听、慎给意见;最重要的是,要为员工保密,永不将员工的私事转告任何人,才能得到员工的信任,从而振作精神,安心投入工作。

(3)允许员工调剂一下情趣

在个人工作台上适量放置私人纪念品,不但能调剂视觉,更能调剂繁重的工作和沉闷的工作环境,使员工干劲十足地工作。所谓适量,是指以不妨碍工作为原则。

有时候经过员工的工作台时,不妨留意一下他们的桌面,是否摆放着家人的照片,可以饶有兴趣地观赏这些照片。因为放置私人照片,不仅是给自己看,更希望得到他人的欣赏和赞美。

对一些奇形怪状的装饰品,不妨细加欣赏,使员工感到被重视。但遇到桌面上放置了太多私人物品的员工,不宜强令他立即挪开,而是建议他适当地摆放,可以增加视觉美感,而又不会妨碍其工作的进行。

关怀员工，可增加其归属感；但是过分关怀，则流于感情用事。例如，因为同情一位失恋的员工，而将其工作转移给其他员工，是对后者的不公平，会影响员工的工作情绪。

此外，聆听员工细诉不快事，可以使他们宣泄情绪，但要懂得控制场面，不要使员工的情绪失控。有时候，员工的家庭出现状况，导致了员工脾气暴躁，作为直接领导，在他倾诉后，做出适当的劝解和安慰就足够了。

无论什么时候，班组长和员工之间都可以存在友情，但在工作上，必须公私分明，一视同仁。

## 示　例

海油大厦B座物业服务班组共有员工75人，除客户服务板块以外，其他岗位均为业务外包。海油大厦B座2006年投入使用，建筑面积30041平方米，为中海油发展人力资源共享中心、管道工程公司以及工程技术公司、采油公司等共计20余家1200位业主提供安保、客户服务、工程维修、环境维护、大型会议接待等服务。2017年3月，海油大厦B座物业服务班组正式成立，2018年分别荣获中海油发展QC成果三等奖、QC全国石油和化学工业联合会二等奖、天津海油物业公司2018年度优秀班组、配餐服务公司红旗班组荣誉称号，2019年荣获中海油发展红旗班组荣誉称号，2020年被天津市物业管理协会评为为人民服务先进大厦项目。

班组利用党员活动室建立员工谈话机制，制作《员工沟通记录册》，通过从心理疏导、工作方面的想法与建议等各方面了解员工心理，缩短与员工之间的距离，让员工在工作的同时感受到家的温暖，中心管理人员每年力争做到员工谈话全覆盖。

**三、应对不同类型员工的办法**

员工秉性不同，其行为模式也不同。作为班组长，要根据员工秉性的差异，采取不同的应对办法。

另外，员工的道德水平不同、综合素质不同，对待人的态度也会不同。班组长要根据不同员工类型的特点，灵活应对。

（一）应对“刺头”型员工的办法

团队中或许有些这样的人，他们个性鲜明、桀骜不驯、难以掌控，喜欢按照自己的方式行事，在某些领域出类拔萃，但往往不顾及团队合作。这样的人常被称为“刺头”，最令班组长头痛。

这些恃才傲物的“刺头”，无视团队的共同努力，是团队分裂的主要因素。这些自认为聪明的、抱持个人主义，但却不合群的“刺头”，严重影响团队的互助合作。他们我行我素，但是其突出的个人表现，常会成为他们的护身符，甚至会获得某些管理者的庇护。

如果说应对“吊儿郎当”的员工主要是以批评甚至处罚为主的话，那么应对“刺头”则需要更多智慧。

1. 以德服人,以才服人

这是对班组长个人能力的挑战,也是树立威信的大好机会。在动用此办法前,做好自身各种能力的储备。

以德服人,考验的是班组长的胸怀。好的管理者,不一定是身怀绝技的人,但成功的管理者一定是心胸开阔的人。如果你不能肯定员工的成绩、尊重员工的劳动、宽容员工的无心之失、赞扬员工的过人之处,你的仕途也就到此为止了。

以才服人,就是用自己的真才实学告诉他们你能够做他的班长,当之无愧!

2. 适当地令其坐冷板凳

即利用团队的力量,让他们感受到这样做会成为团队中“不受欢迎的人”,让他们体味到在团队被孤立的滋味。

下次当他们再有所动作时,你可试着改变策略,视而不见,让团队成员诉说因他们的不合作给大家造成的不便、困扰和麻烦。相信他们会有所触动、有所改变的。

记住,有缺点、有个性的员工是班组的宝贝,把对他们的冲突管理看成是对自己的考验,只要你能很好地处理员工的各种不合作,你的管理水平定会有很大的提高。

3. 以其人之道还治其人之身

这必须建立在对此员工充分了解的基础上。

(1)以恶治恶

某员工工作极尽勤勉,交给他的工作令人放心,都能完成得很好,但就是态度恶声恶气,谁的账都不买,与之有工作联系的人都怕同他打交道。这时可将其安排在一位以严厉著称的组长之下,并安排另一个同样爱要态度的人与之搭档,利用员工之间的摩擦来提醒他。

(2)以懒治懒

有的员工技能很好,但就是爱偷懒。不如将两个懒人编在一组,规定各项硬性指标,工资如能考虑到计件更好,让他们互相监督,互相跟催,完不成任务,两人都要受罚,不用你多操心,肯定变勤快。

(3)以能治能

所谓山外有山、人外有人,但不是每个能人都是“刺头”。因此,可以调配更有能力的人与之配合。

上述手段,只要适宜对路,一般都能用其所长,克其所短。

(二)应对“顶牛”型员工的办法

喜欢“顶牛”的员工很有个人原则,是一种不轻易接受失败的人。这种人个性很强,有自己独特的见解,他们性格直爽坦诚,说话从不拐弯抹角。这种性格耿直的硬汉型员工,很能发挥“鲇鱼”的作用,是典型的“鲇鱼人才”。不过,他们的这种耿直性格,会让同事们不太喜欢,领导也颇感头痛。

1.“顶牛”型员工的缺点

“顶牛”型员工一般不讨班组长喜欢,因为他们爱当面提意见,并且不给面子,批评班组长从不避讳，常使班组长感到难堪。

2.“顶牛”型员工的优点

“顶牛”型员工头脑清晰，思维敏捷，处理事情果断。他们从不会被困难吓倒，也不会因一时的挫折而情绪低落，一蹶不振。他们往往具有“明知山有虎，偏向虎山行”的精神，而且坚信人能征服一切艰难险阻。

这种类型的员工优点很多，但在班组内的日子并不好过，那些懒散的员工憎恨他们，那些无才无学的人妒忌他们，那些阿谀奉承的人疏远他们，使其孤立无援。

3. 应对“顶牛”型员工的技巧

如果班组长能恰当管理好“顶牛”型员工，则对班组的工作非常有利。优秀的班组长不但会使用这种人才，还会栽培改造他们，给他们一些私人指导，使他们在待人接物、应对人际关系时掌握一定的技巧。对于那些有才识但性格耿直的“硬汉子”，成功的班组长是不会计较他们出言不逊的。班组长不但要学会巧妙利用这种人才，还应该给他们一些人际关系上的指点，使他们掌握一定的人际交往技能。

(三)应对刁难型员工的办法

当你成为班组长后，当初在一条生产线上共患难的同事，如今变成了上下级关系，看着你的升迁，有些老同事会因种种原因刁难你，碍于情面，你会不知如何应对，但为了班组任务的完成，你又不得不采取一些必要措施。如何应对这类员工呢?

通常来说，老同事的刁难，主要是嫉妒心理作祟，并无实质性的利益冲突，一般的表现为：不搭理、不配合、不理睬。这时完全取决于你的心态和处事方式，处理得好，你前面的路会越来越宽；反之，你将可能举步维艰。

总体来说，这种刁难不是恶意的，对于这种不太严重的冲突，最好的办法是回避。回避不是置之不理，而是不发生正面冲突，用耐心和诚意去赢得他们的合作。

1. 应对昔日竞争对手的技巧

出现这种现象时，班组长需要有三种心理准备：自信、大度和区别对待。

对于昔日的竞争对手，应对的办法是让他感觉到挣回了“面子”。因此，切记“宜软不宜硬”，对他的敌意和怠慢不以为意，反而以更加谦虚的态度、尊重的语气向他委派任务，下达指令，可以说一句“这种问题，是你最拿手的了，全靠你了”，会起到较好的效果。让他感觉到你的真诚，是对他失意心情的最大安慰。即便他不领情，你也赢得了印象分，即使你处分他，多数组员也是会理解支持你的。

最忌讳的就是以硬制硬，还以颜色，逞一时威风，认为自己作为上司，尊严是多么重要，“还以为我是从前的我，不给他点厉害看看，都不知道自己姓什么”，然后用手中的权力去处罚他。你出了一口气，却招来更多的反感，更有甚者，如果上司不支持你的做法，更有损自己的威信。

2. 应对昔日好友的技巧

升任班组长后，无论你如何平易或亲和，管理却不能太讲人情，所以自你上任的第一天起，就要处理好与昔日好友的关系。

昔日好友为何会故意刁难呢？除了嫉妒心理之外，还有就是避免惹上沾光的嫌疑，从而有意地拉开距离，反应激烈的就会以“故意刁难”来表明立场，与你“划清界限”。

对待这类员工，既然他刻意与你保持距离，你做到“一视同仁、公平公正”，就是他要的效果。如果不能，就不偏不倚，就事论事，一定不对他格外施惠就是了。

这时处理冲突的办法是：

(1)选择回避，不理睬、不处理，当刁难仅是冲着你个人来的时候，回避可显示你的气量；

(2)采用强制办法，当刁难损害到工作时，必须公正处理。

(四)应对“吊儿郎当”型员工的办法

在班组你会经常见到这样一些人：他们在班组工作一般超过两年，平时是大错不犯但小错不断，从不在你表扬的名单里，也不足以充当反面教材，管理起来比较头痛。

这种“吊儿郎当”型的员工也有其优缺点。

优点是通常大多掌握某一项技能，对本职工作较为熟练。

缺点是这类人一方面自恃有两手，另一方面又升迁无望，前途暗淡，故而态度消极，心不在焉，凡事无所谓，而且通常因资格老，不把新上任的班组长放在眼里。

这种不冷不热、吊儿郎当，其实是一种自卫和赌气的心理表现。“反正我就这样，你能把我怎么样？”但是，他们也不会轻易以身试法。

对于这样的员工，班组长要掌握好底线：只要不影响工作的最终成果，就无须采取任何措施。你的任务是完成工作，管理员工只是完成工作的手段而已。工作中做到以下几点。

1. 给予足够的尊重与关注

他们作为问题员工被忽视了很久，而且他们相信你一定已经从前任那里知道了自己的作为。所以，他们一定是戒备地试探着，或一味地冷漠着，等待你来打开心底的坚冰。冰冻三尺非一日之寒，不要期望你一两次就能融化他们，一定要坚持下去。

这种尊重和关注，应着重在他们的优势方面，如作业技巧、熟练程度等，给他们机会成为实操培训的示范者，甚至是技能讲师等，把他们从抗拒的旁观者变成台上的主角，人一旦愿意站在众人目光之中，他们一定会让自己不负众望。另外，有时员工表现得吊儿郎当也是希望得到别人的重视与关注。要记住对他们的成绩予以肯定，与他们相处要谦虚和诚恳。

2. 恩威并施

为了防止他们故态复萌，你应该趁热打铁，明确地表达自己的要求和期望，恩威并施，赢得他们的信任，这才是我们想要的结果。

3. 相应的处罚

当然，总会有少数员工软硬不吃，我行我素。这时候，你应当黑下脸来，坚决制止相关行为："老刘，这一段时间，你的进步不大，6S评比你排在最后，迟到次数也排在前列，我不能容忍这种情况再持续下去了。如果还没有改善的迹象，我必须按章办事进行处罚。"

4. 调离岗位

如果警告和处罚都无济于事，你还有一个选择，就是：调离原岗位。

这些员工之所以吊儿郎当，正是因为岗位技能的熟练掌握或应用，你一旦将其调离他们所擅长的领域，他们又得去适应新的变化，学习新的技能，原先的技能无用武之地，其工作态度必然会大为改观。

让他们离开，是最不得已的下策。我们一般不希望用到这一招。你想，如果这次你没有处理得让大家心服口服，下次还有这样的事情发生，你该如何处理呢？

（五）应对"自以为是"型员工的办法

1."自以为是"型员工的共同特点

在每一个企业团队中都会有个别自以为是、比较难管的员工，在他们身上有以下共同特点。

（1）他们都有一定的工作能力和经验，有一定的工作资历，在团队中的成绩不是最好的，但也绝不是最差的。

（2）这些人在小范围内具有一定的号召力和影响力，有一定的群众基础，恃才自傲。

（3）他们经常和上司公开顶撞，反对一些新的计划和制度，甚至散布一些消极思想和言论，产生了极为不好的负面影响，但绝不是有意识的，而是性格使然。

（4）他们爱表现自己，自由散漫，眼高手低，不拘小节，讲义气，认人不认制度。

2."自以为是"型员工的优缺点

（1）缺点

有些人天生活跃，性格开朗乐观、大胆，敢于打破常规，认为天下没有不可能的事。但他们又喜欢以自我为中心，不喜欢别人的劝告，总以为自己的方法永远是正确的。这种人发展到极端就是个人英雄主义，爱犯的错误就是极端冒险。他们往往只注意到自己，而不顾及他人感受，因而极易引起大家的不满和反对。

（2）优点

这种人在工作上对自己充满信心，对所有的事情都采取攻势，对新东西尤其感兴趣，并且总要探个究竟。他们相信自己的能力，认为自己能主宰自己的命运。

3."自以为是"型员工产生的原因

团队中出现这样的员工，有以下几点原因。

（1）前任或前几任领导一再迁就，任其骄横，养成了习惯。

（2）公司越级管理现象严重，高层领导对其有重用之意，让其像有了"尚方宝剑"一样，目空一切。

（3）公司经营不善，这类员工自认为属中流砥柱一类，公司没人敢动他。

(4)团队氛围不佳,勾心斗角现象严重,派系复杂,管理不公,处于人治而非法治阶段。

(5)曾经当过“领导”,现在“下野”了,但却不能客观认识到自己的不足,对处理心存意见,心中不服,认为升职无望,不求上进,破罐子破摔。

4.“自以为是”型员工的应对技巧

作为班组长,尤其是新上任的班组长,如果你遇到这样的员工,就像一个烫手的山芋,弃之可惜,也可能会影响到大家的积极性;重用吧,他又经常让你难堪,影响工作的开展和管理,怎么办呢?有什么办法让这样的员工发挥积极的正面带头作用呢?

(1)正确认识和包容

如果你的团队中有这样的员工,首先要有正确的认识:这样的员工是完全可以扭转过来的,使用得当,他们可以起到积极的带头作用,并身体力行,甚至激发团队的斗志。其次,要有容人之心,有时适当的阻力是防止犯大错的预防剂。一个团队,一个集体,不能一潭死水,不能没有一点不同的声音出现,这种声音,既要有正面的响应声音,也应该有不同的反对声音,否则就只会是一言堂。正面的响应支持声音可以激励大家的积极性,提高士气;而反对声音可以让你适度地冷静,避免自以为是。但绝不能让难管的员工肆无忌惮,处处作梗,让你的领导威信荡然无存。适当的时候念念“紧箍咒”,让他始终处于你的管控之下,然后慢慢引导、交心,促其改善和进步。

这类员工,服人不服制度,但敢于认输,只要你给他留足了面子,让他心服口服,在经过一段时间的“较量”之后,都能回归团队,与大家和睦相处。

(2)冷处理法

在一定的时间范围(小班组可能5～10天,大班组可能会久点,但不要超过一个月)内,尤其是在工作很忙、任务很重、所有班组成员都忙得不亦乐乎的情况下,对其不闻不问,也不分派任何工作,让他自己去冷静、思过,直到他实在忍不住找你来谈话的时候,主动权就掌握在你的手中了。这时可以很热情地接待他,陈述问题,用换位思考的方法与其沟通,让其认识到自己的不足,主动提出合作方案。

(3)打赌收服法

瞅准合适的机会,在公共场合,当其再一次给你难堪的时候,你可以采取和他打赌的方式,现场约定:赢,怎么办?输,怎么办?赌注内容要以工作为中心,赌的内容就是其认为“不可能”(其实并非不可能,只是有一定难度)的事情。当然,作为领导,在选择赌注的时候,一定要有必胜的把握。然后做出样子给他看,让他无话可说,乖乖地服从你的管理。

(4)给他树敌法

这类员工,一般属于典型的“负面”代表,在一个集体中要平衡力量,而不能是一边倒。所以你就有必要给他树立一个“正面”的代表,让二者相互较劲,而你只要从中调和、平衡力量即可。

(5)批评打压法

从集体中找一个平时很不受大家关注，但一直默默无闻、踏实努力工作的员工，帮助其出成绩，不断发现其态度上的闪光点，经常在公开场合进行表彰奖励，同时不指名地批评自以为是员工的行为和做法，让大家看到你的公平、公正。但当其有一点点积极改进的时候，要及时表扬，慢慢让其归顺你的管理。

(6)交换承诺法

“自以为是”型员工一般都比较讲信用、讲义气。只要你能有办法与其成为朋友，那么他一定会信服你，并且赴汤蹈火，在所不辞。这个办法一般要经过几步来完成：第一步，先取得其对你的好感，比如在其有难的时候，主动、无私地给予帮助；第二步，找机会进一步加深了解，增进感情，但要适度，不可让其对你了解太多；第三步，主动约其谈心、谈工作，协助其成长，前提是他一定要好好表现，而你的承诺也一定要兑现。在谈的过程中，先要表扬其优点和长处，肯定他的能力，然后指明其缺点和不足，再提出解决办法，最后是鼓励。这也是常用的“三明治”法。

(7)集体剥离法

如前所述，这类员工一般都有一定的影响力，代表了某一群有消极思想的人的意见，只不过他敢于说出来罢了。这种负面影响力，不能让其在集体中蔓延和扩大。可以采取以他为首，进行集体隔离，从大集体中剥离出来，让其领导和管理，但对他要提出一些要求，给予一定的权力和承诺，让其带动这一部分人创造积极的局面。

通过以上做法，相信 定可以收到比较好的效果。当然，如果还没有见效，也只能“忍痛割爱”——调离了。总之，这类员工还是有一定能力，可以为集体创造效益和价值的。管理学中有一句名言，“永远没有不好的员工，只有不好的领导”。

(六)应对工作情绪不稳定员工的办法

工作情绪不稳定这种现象在员工中最为普遍。有员工素质的内因，也有管理不当的外因。工作情绪不稳定，员工自己会苦恼，班组长管理难度会增大，需要正确对待。

1. 情绪不稳定型员工的缺点

(1)工作情绪不稳定，忽冷忽热。“热”起来埋头苦干，废寝忘食，成绩也非常出色；但“冷”起来，又散漫松懈，毫无斗志。

(2)视工作为磨难，在工作中感受不到乐趣。这类员工不会轻易丢开工作，因为工作是他们谋生的手段。他们往往没有吃苦精神，没有挑战困难的勇气，而对享受垂涎三尺，并精通“玩术”，凡能使他们得到乐趣的地方，都会不惜代价，亲自去体验一番。

2. 情绪不稳定型员工的优点

工作情绪不稳定的员工也有他们的优点，例如性格开朗，惹人喜爱，并且重感情，善交际。

3. 情绪不稳定型员工的应对技巧

这种人并非无用之才，如能量体裁衣，给他们一个合适的岗位，挖掘他们的潜力，就能够做出成绩。

(七)应对爱打"小报告"员工的办法

爱打"小报告"的员工并不多，但几年班组长当下来，你总会碰到那么一两个，通常，这类员工很令班组其他成员鄙视。但有些班组长似乎也会欣赏这类员工。

对待这类员工，班组长要谨慎小心，有时候，员工的"小报告"能够提供很多班组长没有掌握的信息；但有时候，员工的"小报告"会造成整个班组人际关系的紧张。

对于爱打别人"小报告"的员工，处理要点如下。

1. 给予冷处理

对这种员工首先是以冷处理为主，即以不冷不热的态度对待该员工，让他们最终明白你不喜欢打"小报告"的人，使其逐渐改掉这种爱打"小报告"的毛病。

2. 调整管理理念与风格

班组长要适当调整自己的管理理念和风格，慎重处理所收集的信息，千万注意不能偏听偏信，要在班组内营造融洽和谐的工作气氛，减少员工之间的矛盾与摩擦。

3. 善加利用

班组长可以适当地利用这种员工喜欢打"小报告"的性格特点，让他们帮你传播一些"正道"消息，一则满足他们的嗜好，二则为这些消息的正式出台预热和过渡。

(八)应对勤奋但低效率员工的办法

勤奋就是认认真真，努力干好一件事情，不怕吃苦，踏实工作。然而，有的员工，勤奋而低效。这些人非常勤奋地工作，仿佛时间从来都不够用一样，上班时最早到，而下班时别人都走了，他们还在埋头工作，不知疲倦，丝毫不敢有稍许怠慢。但检查他们的工作绩效时，却令人吃惊，他们的工作效率极低。

1. 勤奋但低效率员工的优点

勤奋而低效率的员工，往往非常热爱自己的工作，视工作为生命，视工作为乐趣。他们不管工作成绩如何，因为工作过程本身已经给了他们足够的乐趣。

这类人一般不爱搬弄是非，也不爱出风头，他们总是一心一意埋头自己的工作，对于工作以外的其他事情不关心，不多问。在他们心中，把工作做好便是至高无上的目标，其他的都不重要。

2. 勤奋低效型员工的应对技巧

一看到效率很低的员工，有些班组长就想到淘汰他们。其实，这往往不是上策。因为技术差只是一种表象，应当根据其原因区别对待。

(1)教会他们操作技术要领的具体方法

①讲给他听：讲懂原理、要点。

②做给他看：示范操作。

③让他试做:指导动手操作。

④帮他确认:检查试做结果,给予矫正。

⑤给他表扬:适当鼓励一下。

(2)分清情况区别对待

对于低效员工,要帮助他们分析低效的原因,并指导他们有意识地去改变自己。

①对于低效但好学而上进的人,要提供足够的培训机会,以提高他们的工作能力和水平;

②对于兢兢业业、废寝忘食工作的人,应多给予表彰,从物质上给予奖励,从精神上给予鼓励;

③对于实在没办法提高而又老老实实做事的员工,把他们安置做一些简单、重复性强的工作。

## 第二节 班组团队建设

### 一、班组的团队精神

团队精神是指团队成员在共同的目标指引下,积极协作,共同努力工作,以期达成目标的一种精神状态,是成员的团队意识与集体态度。培养班组团队精神、做好团队建设需要注意以下要点。

(一)使班组成员认同团队目标

团队精神是成员对团队的态度表现,它体现为成员对团队的满意感,并有愿为达成团队目标的心理和行为表现。这种心理和行为表现只有当个人的目标与团队的目标一致,得到团队内成员的认同方能产生。如果团队内成员对目标不认同,甚至反对,便不可能形成高昂的战斗力。所以,班组长要经常对其成员进行教育,宣传团队或企业的目标,使班组成员感到自己的满足来自于企业和团队的成就,从而为实现企业和团队的目标而努力工作。

(二)使班组成员对工作有满足感

班组成员认为所从事的工作合乎他的兴趣,具有挑战性,能充分发挥潜力,可施展抱负,这样的工作就会使他感到满意。满意的工作可以激发高昂的劳动热情。所以,班组长不仅要了解班组每位成员的脾气、爱好、特长、文化水平、健康状况、家庭状况,因为这些信息往往是影响成员个人需求、动机与行为的重要因素,而且还要在安排工作时尽量照顾班组成员的兴趣、能力与专长,使员工的学识才能在工作上有充分的发挥机会。

(三)使经济报酬合理

合理的经济报酬是对班组成员付出劳动的肯定和补偿。取得一定的经济报酬对不同的员工来说具有不同的意义。对有些人来说，报酬是一种社会地位的体现；对有些人来说，可能是受到赏识的形式；但对大多数员工来说，经济报酬决定了生活水平的高低，可以满足员工较低层次的需要。因而企业在工资与奖金的分配上如能按劳分配，保证工作表现较好的员工能获得较高的报酬，就会激发员工的积极性和创造性。反之，就会严重挫伤其积极性，降低团队的战斗力。所以，合理的经济报酬，不仅对激发班组团队的战斗力有重要作用，而且对保持团队的战斗力也十分重要。

（四）使班组成员关系和谐

团队内部团结、思想统一、感情融洽、关系和谐、行动协调，每位员工对团队的归属感、责任感、自豪感就会增强；当个人利益与团队的集体利益发生矛盾时，个体就会无条件地服从集体。相反，如果成员互不相容，相互猜疑嫉妒、尔虞我诈、内讧不止，正常的人际关系不复存在，这样的团队不仅没有战斗力，而且必然解体。因此，班组长要努力改善和增强团队内成员间的和谐关系。

（五）保持员工的身心健康

班组长要努力改善员工的工作环境、生活环境，丰富员工的文化活动，努力增进员工的身心健康。建立良好的内部沟通渠道，努力消除不满与隔阂，保持员工的心理平衡，减少员工的心理挫折，进而有助于提高团队的战斗力。

## 示例1

海洋石油721仪器组于2014年8月成立，首战即创下12缆船3天完成首航电缆施放调试任务。现有成员16人，党员4人，平均年龄31岁。在成立的6年时间里，仪器组以安全作业为原则，以务实工作为己任，为船队建设发挥了积极作用，现已累计完成安全生产2295天，累计圆满完成40个工区共计52788平方千米三维地震采集作业，收到甲方20余封表扬信。

海洋石油721仪器组以务实的工作态度，勤恳的工作作风，立足于本职工作岗位，汇聚平凡的力量，在持续的革新中创新发展，在不断的发展中保持战斗力，助力船队迈向国际化发展道路，为公司发展做出了应有的贡献（图2-1）。

## 示例2

渤中34-1油田生产工艺班组现有36人（含监督），其中党员11人，高级工19人，技师5人，高级及以上技能等级人员占比达67%，班组成员平均年龄30岁，是一支秉承优良传统、充满创新活力、敢于担当、主动作为、作风优良的队伍。

在日常工作中，生产工艺班组始终坚持高标准、严要求，立足岗位，充分发挥“师带徒”和以赛促练的作用，不断提升班组成员的技能水平。班组成员曾3次参加集团公司技能大赛，2次获得团体第一名，1次获得团体第三名；2人获得个人金奖，2人获得个人铜奖；2人获得“中央企业技术能手”，2人获得“中国海油技术能手”和“中

图 2-1 海洋石油 721 仪器组多缆齐收提高收缆效率

国海油青年岗位能手”荣誉称号。

在做好做细做精专业工作的同时，班组成员牢记“安全第一、环保至上、人为根本、设备完好”的安全理念，不断提高自己的安全意识和安全技能。2017 年，在集团公司组织的“安全最后一厘米”安全知识竞赛中，班组代表队过关斩将，从几百只队伍中脱颖而出，一举获得第一名，并获得 2019 年“全国青年安全生产示范岗”荣誉称号。

自渤海油田注水年项目推进以来，班组成员积极思考，全面梳理生产污水处理流程和注水流程存在的问题，通过对相关设备进行升级改造和加强流程管理，有效提升了注水水质，实现注水水质全达标。

## 示例 3

配餐公司保税区物业服务中心客户服务班组主要为海洋石油工程股份有限公司总部大厦提供来访接待、物品借用、报刊收发、会议服务、物资配送、活动策划、大型接待等客户服务，物业服务面积达 69196 $m^2$。班组现有员工 21 人，设有客服领班、客服接待员、收发员等岗位，平均年龄 26 岁，大专以上学历占 75%。该班组自 2012 年成立以来，一直坚持以“勇于担当不怕输，敢于创新不守旧”的理念开展各项工作，在中海油系统内外取得了很多荣誉，也为公司品牌建设贡献了力量。

班组定期开展“对不起、谢谢你”的活动，鼓励员工之间积极进行情感表达，使得团队氛围更为和谐融洽。同时，班组从关爱员工角度出发，升级改造更衣室，设立健康角，使员工保持良好的生活和工作状态。在此基础上，班组在临近节日前还组织“三八节送花”“中秋月饼分享”“温暖冬日送暖贴”等活动，让大家处处、事事感受到家的温馨与关爱。

### 二、培养班组团队精神

一个团队要更高效地发挥作用，其中每一位成员都必须为整个团队及团队的任务而全力以赴地工作，成员必须完全理解团队的任务并为之努力。

(一)营造良好的工作氛围

营造良好的工作氛围，是培养团队精神的首要方法。

怎样才能成为一名高效团队的领导者呢？班组长必须努力了解员工的需求，以及他们的工作动机，营造良好的工作环境；在达成目标的同时，满足班组团队成员的个人需求。

(二)培养班组成员团队合作的默契度

培养团队默契，是增进团队精神的另一个不二法宝。

作为团队的领导者，班组长固然要让每位成员都有发挥的空间，但更重要的是，你要用心培养团队成员协调一致的默契感；同时，努力做到扬长避短。这就要求班组长做到以下几点：

(1)告诫班组成员，如果缺乏合作意识将会产生很严重的后果，将导致无法完成工作任务。

(2)向管理培训部门寻求帮助，培养员工合作技巧。合作不仅仅是一种态度，也是一种技巧，就如同其他的技巧一样，是可以通过正规的培训来学习和掌握的。

(3)完善工作评价和奖惩机制。这是班组长为了确保工作的重点是合作而不是竞争所需要采取的重要措施之一。表现最优秀的员工可能被挑选出来并得到提升吗？涨薪水仅仅是根据个人的表现吗？如果团队有一套完善的测评机制，有多少因素是强调团队精神的？如果你要求合作，那么就对合作的表现进行奖励。完善奖励合作的制度，但要注意，奖励是给整个班组团队的，而不是某个人。

如果能真正做到这点，自然就能凝聚团队的智慧，创造优异的团队表现和工作成绩。

(三)明确团队任务

要确保团队中的每一位成员都熟悉团队的任务是什么。传统的班组中，成员仅仅知道自己的那部分工作，不明白自己在团队中的作用。每一位团队成员都有必要了解和清楚整个团队的任务。假设团队为公司机构提供信息服务，其中资料的一部分是要定期刊载的，而另一部分则仅仅是为满足某些特定的管理而准备的，你就要有编辑、撰稿人、美工和排版人员。你可能把这项基本任务描述为，在不超出预算的情况下，将高质量的业务通信送到消费者和其他客户手中。即使在传统的工作团队中，这样着眼于整体任务的表达方式也会对任务的完成有巨大的帮助，对一个团队来说，这更是不可或缺的。

(四)着眼于完成团队整体任务

确保每一位成员都着眼于完成团队的任务，而不仅仅是他们各自的工作。一旦每一位成员都知晓团队的任务是什么，他们就要让个人的工作来服务于整个团队。

(五)鼓励员工协作精神

鼓励员工协作以及让他们把自己视为团队的一部分。员工们常常感到这种过渡比较困难，那些习惯了基于个人工作进行奖罚的员工，要他们着眼于团队协作需要一段时间。如果员工表现出团队协作精神，一定要给予表扬和鼓励，同时可以将其作为其他员工学习的表率。

(六)增进团队间协同合作的精神

1. 永远把班组成员放在第一位

关心、珍惜班组成员，他们才会采取行动，去做好每件事情。

当班组成员受到鼓舞感召，他们的无限潜能就会爆发出来，那么，他们所做的任何事情都会相当高效和出色。

2. 重视教育培训

从职前教育开始，班组长就应该向新成员传达有关团队的正确观念，让他们学习团队的精神，而后，在定期的在职培训中，仍然要不断加强他们在“人际关系”“沟通”“管理”等方面的技能。通过有计划性的训练，员工之间会建立良好的工作伙伴关系，并在团队协作中全力奉献自己的才能，与其他成员一起合作，共创佳绩。

## 第三节 高效沟通

### 一、有效沟通协调

(一)与员工沟通的三个基本原则

班组长要想成为成功的管理者，获得更大的进步，就必须了解与员工沟通的一些基本原则。

1. 维护自尊，加强自信

自信就是“对自己感到满意”，通常有信心的人都会表现得有毅力，能干而且易于合作，乐意去解决问题，研究各种可行的方法，勇于面对挑战。

你要维护员工的自尊，小心避免伤害员工，尤其在讨论问题的时候，你只要对事而不对人，便可维护员工的自尊。

赞赏员工的意见，表示对他们的能力充满信心，把他们看作独特的个体，这些都可以加强员工的自信。

2. 细心倾听，认真处理

倾听是打开双方沟通的关键所在。聆听表示了解员工感受，使员工知道你体会到他的处境。在细心倾听之余，表示关怀和体谅，你就可以开启沟通之门。

要让员工知道，你正在专心聆听，理解他们的诉求和感受，使员工愿意说出真心话，对于解决困难有很大帮助。

3. 请求员工帮助解决问题

现在的员工都有熟练的技巧，也很乐于发挥一技之长。事实上，他们对本身工作的认识比任何人都清楚。因此，要求员工帮助解决问题，不仅可以有效地运用宝贵的资源，而且可以营造一起合作、共同参与的气氛。但是，并非所有的意见都可行，如果真的不可行，要对员工加以解释，并请员工提出其他方法。当员工同意把构思付诸行动时，你应该支持，并随时提供协助。

（二）班组长上下沟通的要点

1. 与上级的沟通

（1）支持：尽责，尤其在上级需要帮助时予以支持。

（2）执行指令：聆听，询问，响应。

（3）为领导分忧：理解上级，勇挑重担，提出建议。

（4）提供信息：及时给予反馈、工作汇报、沟通信息。

2. 与员工的沟通

（1）关心：主动询问、关心，了解困难和需要。

（2）支持：帮助解决问题，给予认可、信任及精神、物质方面的帮助。

（3）指导：引导，反馈，考核，在职培训，辅导。

（4）理解：倾听，鼓励员工倾诉。

（5）重视：授权，信任，尊重，认可。

（6）得到指示：清楚的指令，不多头领导，健全沟通渠道。

（7）及时反馈：及时反馈工作的问题。

（8）给予协调：沟通，调解，解决冲突。

3. 与同级的沟通

（1）尊重：多倾听对方意见，重视对方意见，不要背后议论。

（2）合作：主动提供信息，沟通本部门情况。

（3）帮助：给予支持。

（4）理解：宽容，豁达。

（三）班组长与员工沟通的技巧

1. 了解员工类型

在不同的情况下，班组长要面对各种各样的员工：

（1）班组长年轻，而小组成员都是资深的老员工；

（2）小组的组员来源不同，时常有冲突；

（3）小组成员没有工作的积极性和热情。

你有没有遇到过以上的情况呢？在日常与人交往中，你有没有遇到类似的挑战呢？你在不同的情况下与不同的人一起工作，遇到挑战时，最重要的是要耐心地去了解员工的想法。如果你对员工的情况一无所知，那怎么可能做好沟通呢？

2. 了解员工的一般心理

班组长必须了解员工的一般心理，才能更好地与员工进行沟通，把握沟通的重点。员工的一般心理如下：

(1)谁都想支配自己的行为,不想被人像木偶一样任意操纵;

(2)希望班组长客观评价自己的能力,如果知道班组长对自己有所期待,愿意全力以赴;

(3)想回避被人强制、糊弄的事情,希望班组长听取自己的意见;

(4)自己所做的事不想被人轻视、耻笑或当作谈资。

3. 认真倾听与控制技巧

"沟通,采纳意见,愿意倾听",是班组长获得众人尊重的最重要的特质。

(1)倾听技巧

倾听能鼓励他人倾吐自己的状况与问题,这是协助他们解决问题的一种方式。倾听技巧是有效影响力的关键,而它需要相当的耐心与全神贯注。

倾听技巧由四个部分组成,分别是鼓励、询问、反应与复述。

①鼓励:促进对方表达的意愿。

②询问:以探寻的方式获得对方更多的信息资料。

③反应:告诉对方你在听,同时确定完全了解对方的意思。

④复述:用于讨论结束时,确定没有误解对方的意思。

当然,对于一线员工来说,由于素质层次不一,倾听的方式要因人而异,班组长要能让员工切实感受到你真心诚意地倾听。这里有一些基本的要点:

①关注;

②了解他们的想法;

③对他们的想法做出回应;

④感谢他们的想法;

⑤让员工存有希望;

⑥说出你的看法。

另外,向员工提出问题,然后耐心聆听,可使双方的沟通更加有效。当然,你必须诚恳,耐心地发问、解释和观察。

(2)气氛控制技巧

安全而和谐的气氛,能使对方更愿意沟通,如果沟通双方彼此猜忌、指责或恶意中伤,将使气氛紧张,发生冲突,加速彼此心理设防,使沟通中断或无效。

气氛控制技巧由如下四个部分组成。

①联合:以兴趣、价值、需求和目标等强调双方所共有的事务,营造和谐的气氛从而达到沟通的效果。

②参与:激发对方的投入态度,创造一种热忱,使目标更快完成,并为随后进行的谈话营造积极气氛。

③依赖:营造安全的情境,提高对方的安全感,从而接纳对方的感受、态度与价值等。

④觉察:将潜在的"爆炸性"或高度冲突状况予以化解,避免将讨论演变为负面传播或破坏性。

(3)推动技巧

推动技巧是用来影响他人的行为,使其逐渐符合我们的议题。有效运用推动技巧的关键,在于以明白具体的积极态度,让对方在毫无怀疑的情况下接受你的意见,并觉得受到激励,想完成工作。

推动技巧由四个部分组成,分别是回馈、提议、推论与增强。

①回馈:让对方了解你对其行为的感受,这些回馈对人们改变行为或维持适当行为是相当重要的,尤其是提供回馈时,要以清晰具体而非侵犯的态度提出。

②提议:将自己的意见具体明确地表达出来,让对方能了解自己的行动方向与目的。

③推论:使讨论具有进展性,整理谈话内容,并以它为基础,为讨论目的延伸而锁定目标。

④增强:利用增强对方出现的正向行为(符合沟通意图的行为)来影响他人,也就是利用增强来激励他人做你想要他们做的事。

使用沟通技巧对于你成为一位成功的管理人员是十分重要的。这些技巧可以使你更快捷地解决问题,把握机会,建立一个群策群力、生产力高的班组。

4. 与员工沟通的注意事项

在与员工打交道时,作为班组长要不恼怒、不苛求、不偏袒,要有主动姿态。

(1)率先表明自己的态度和做法

当有难题要应付时,员工都盯着班组长,如不及时阐明态度和做法的话(哪怕是错误的),员工会认为班组长很无能。同样,要想与员工打成一片,必须先放下架子,不要高高在上,要有适宜的言行举止。

(2)批人不揭“皮”

现场人多,即使员工做得不对,如果当着大家的面训斥的话,也会深深挫伤其自尊心,认为你不再信任他,从而产生极大的抵触情绪。记住:夸奖要在人多的场合,批评要单独谈话,尤其是点名道姓的训斥,更要尽量避免。

## 二、正确地上传下达

### (一)准确发出专业指示

班组长每天都得给员工发号施令,通过指示完成工作内容,这是班组长与员工沟通交流最重要的内容之一。

为确保班组生产任务的完成,班组长必须给员工发出清晰、明确的工作指示。

1. 无效指示的后果

有的班组长时常发出这样的指示:

“小心看看来料有没有不良,要是有,统统给我挑出来!”

“为了提高品质,我们要全力以赴!”

“做完以后一定要自检一下!”

“凡是有异常的,一个也不要放过!”

收到这样的指示，作业人员真的会按照指示去做吗？执行真的能达到要求吗？肯定不会，为什么呢？因为指示的内容过于模糊。

要看什么来料的哪种不良？要怎么做才算是全力以赴？自检要检什么内容？从指示里听不出来，很多作业人员只好按自己的理解去执行了。因此，做出来的结果往往不完全符合要求，或不得要领。耐心的班组长，会针对具体工作内容再指示一遍，而急躁的班组长，则会迁怒于员工，认为员工理解能力太差，办事能力欠佳。而事实上，其根源是指示内容过于抽象，作业人员无法理解具体要做的工作。要是以同样的口吻给新员工下指示，新员工会怎么做呢？无从下手！

这个责任不在于指示的接收方，而在于指示的发出方。无具体内容的指示，员工不得要领，听了比没听更糟。没有具体内容的指示，使员工无所适从，要么不去做，要么靠自己的想象发挥来做，必然导致作业结果出现偏差。

不做比“不懂也做”要好，不做是在等待更明确的指示，除了时间上延误之外，至少不会酿成“木已成舟，后悔晚矣”的局面。如果做得不好，到时又是维修，又是返工，而有些产品根本无法返工或返工成本过大，则造成的直接经济损失是班组长无法承受的。

2. 指示准确发出与接收的要素

若是对作业人员下达这样的指示：

“明天一个公司的B材料投入前，全数检查C飞轮的D形槽有无飞刺，飞刺规格参照QA设定的样品。”

“为了提高品质，这个月我们要全力研讨P零件所引起的不良，首先收集工程内数据。”

“螺丝上紧后，全检上框正面有无伤痕，伤痕规格参照QA样品。”

那么，作业人员一听就知道你想叫他们做些什么，而且做完后一定会有结果反馈给你。

换言之，发出的指示里要有5W1H(何人Who、何时When、何事What、何地Where、何故Why、如何做How)方面的具体内容，这样作业人员才知道自己的工作目标。

(1)要有指示发出者，即要求他人达成某一目标，或实施某一做法的人。

(2)要有指示接收者，即接受别人要求并加以执行的人。

(3)指示里有具体的情报或含有某一具体意思。情报简明扼要，人、事、物、地点、时间、目标、方法都要包含在内。

(4)要有传递的媒介，如口头谈话、电话、书面通知、托人传递、身体语言等传递媒介。能当面谈话的就不要打电话，能打电话的就不要书面通知(规定文书除外)，能书面通知的就不要托人传递。

(5)发出者与接收者在时间上、空间上十分接近。在相隔不远的时间里，将指示用最快的速度传达出去。试想，一个指示要是作业人员事后才收到，那就等于马后炮，等于没下达。

(6)接收者有接收能力。我们在要求准确、快速发出指示的同时,接收者的接收能力同样不可缺少。如果员工不具备接收能力的话,那么第一个要问的是班组长,没有指示接收能力的人怎么能成为合格的操作者?

上面的第(3)点和第(6)点最容易被班组长所忽视,班组长总是以为作业人员知道整件事的来龙去脉,自己只要简单提示一下,作业人员肯定能理解自己的意图,因此长话短说,甚而一语代之。

3. 班组长发出指示时应有的心态

(1)班组长不能只讲如有关加薪、升迁方面的对员工十分重要的指示,也要能够下达调动积极性的指示。

(2)如果一些项目不仅需要员工努力,自己也要承担一些责任时,要明确自己的责任,并告诉员工。

(3)需要几个员工相互协调配合作业的部分,要划清各自的职责,不能笼统带过。

(4)班组长不要担心员工能否听取自己的意见,有反对意见要耐心解释。

(5)不要害怕员工提不同的反对意见,多一分意见就多一分思考,多一分成功的机会。这些问题,班组长必须平时就灌输坚决执行的观念。

(6)不要怕员工认为自己有偏见,要尽力做到公平即可。如果一碗水都端不平,那么班组长最终必然失去绝大多数人的支持。

(7)要求员工完成高难度项目时,要把奖励和处罚都说清楚,促使员工竭尽全力拼搏。

(二)准确地上传下达

1. 对班组成员下达各项指令

命令的目的是让员工按照自己的意图完成特定的行为或工作。

下达命令需注意下列几点(5W2H):Why(做任务的原因)、Who(对象)、What(任务内容)、When(何时完成)、Where(地点)、How many(数量)、How do(如何做)。

另外,班组长在下达命令时,还需要考虑员工的意愿与能力,争取得到员工的支持。下达命令,口令清楚是基本条件,所以要因人因事因地制宜地给予指令,以便获得最好的收效。

2. 向上级反映员工意见

班组长是上下级沟通的桥梁,做到“下情上传”“上令下行”是非常重要的。

(1)注意方式并提出建议

在向上级反映班组员工的意见前,班组长应该将事项整理一遍,最好采取书面报告的形式。重要的是不但要就事论事,更应该附上自己的看法及建议。因为上级工作比较忙,面对的人员比较广,如果参考班组长的意见作决策,会更高效迅捷,同时避免错漏。

(2)不能仅做“传声筒”

作为一名管理人员,班组长不能仅仅以一个“传声筒”的身份工作,这是远远不够的。

班组长对员工提出的意见和看法，如果自己能够解决的一定要当场解决处理，事后再向上级报告。班组长不能把所有的事情都不做处理而原样交给上级处理，这不但会增加上级的管理负担，还会让上级领导觉得你很无能。

（三）做到上令下行

向员工传达执行上面的精神和决议是属于“上令下行”范畴的工作，如何做好这项工作也是考验班组长沟通能力的关键所在。

1. 充分理解上级决议

班组长不能只是把决议往班组告示栏一贴或者在班会上无关痛痒地讲几句。首先，班组长必须对决议要有充分的理解，在此基础上，再把决议的目的、要求以及执行的方法向员工做出具体说明。

如果班组长对上级决议都没能了解透彻，那么员工又如何执行？是否达到要求等都无法判断评价，万一做错了，事情就更加糟糕了。

2. 跟踪并解决问题

班组长不能只是将工作安排下去就坐等结果，工作进度的跟踪是必要的。在此过程中，班组长要不时地与员工进行沟通交流，关注工作的执行情况，解决工作中碰到的各种问题。

3. 做好向员工的疏通、解释工作

上级的很多决议都会让员工不舒服，比如说推迟下班时间、休息日加班等，这时员工们闹情绪是在所难免的。作为管理人员不应该把自己的情绪表现出来，不可火上浇油。要针对决议的内容耐心向员工说服解释，安抚人心，保证班组生产任务的正常进行。在这一点上，应该坚决站在上级的立场上。

4. 及时沟通反馈

上级的决议下达后，应该及时反馈执行过程、结果。对于一些反响比较大、可能造成严重后果（职工罢工、破坏、人员流失）的事项，更要及时报告，寻求有效的对策。

**三、化解员工冲突**

（一）处理好班组长与员工的冲突

很多班组长都会遇到这样的情况：本来一件无可厚非的事情，没有想到员工会那样抵触和抗拒。这时候，如果处理不当，就会加深隔阂，使自己陷入困境，甚至导致双方的关系彻底破裂。那么，一旦与员工发生冲突怎么办？通常情况下，缓和气氛、疏通关系、积极化解，才是正确的思路。

1. 走出冲突

班组长与员工之间产生矛盾冲突，通常是因为双方对工作有着不同的标准和期望。关于冲突关系的最重要一件事，是要知道如何才能阻止冲突。下面给出几点原则。

（1）学会认识冲突。当你感受到一种剑拔弩张的氛围时，就可以肯定那里正在发生一场冲突。

(2)对你自身的感受要有所注意。你的内心世界正在发生什么变化？你的肌肉紧张起来了吗？你觉得饿了吗？你感到生气吗？或者是，你觉得沮丧吗？总之，要重视你的感觉。

(3)观察一下你周围发生的事情。一旦你找回了现实感，你就可以更好地把握你的感觉。

(4)寻找你自身的真实感觉。对你自己说，现在我觉得很不好。

(5)问自己是什么才使你有现在这种感觉呢？能找回正确的感觉吗？希望自己是一个施虐者、拯救者或者受害者？

(6)对消极的后果加以抑制。如不一定要解雇故意找茬的员工，这也许正是他所希望的。

(7)积极地去倾听，并对你所感受到的和想要做出的事情做出决断性的反应。

(8)暂时把某一问题搁置起来，先解决人们心理上的问题。

(9)对某个人提供帮助，只要他同意接受并希望获得帮助。

(10)接受其他人的帮助，如果你真的希望得到而且需要帮助的话。

总之，解决冲突问题的最好办法，便是让你的自我状态发挥作用。首先，要意识到究竟发生了什么事情，要从组织的整体角度出发，找出最重要的问题。然后，运用一些技巧，提前化解冲突，最终建立一种建设性的人际关系。

2. 处理与员工的不愉快

你希望员工能够尽快地完成工作，而员工认为你太不现实，因而导致你很失望，员工也十分委屈。另外一名员工希望你能为他提供更好的工作条件，而你没办到，他很失望，你也不知该怎么办。有一名员工对你十分粗鲁，还有一名员工总是不合适地奉承你。你该如何处理这些不愉快的事情呢？

(1)必须弄清冲突的状况；

(2)要找出导致这种冲突的原因；

(3)必须正视所要克服的困难；

(4)要检测一下所采用的方法是否能有效解决这一冲突；

(5)应当预见到事情的结果。

为了更好地说明以上五点，请看下面的例子：

小曹的工作总是很落后，她经常连最低要求也达不到。你已经与她谈过，并且仔细地观察她的工作，给她提了一些好的建议，但这一切都无济于事。你每一次与她谈及工作时她都感到沮丧不安。要弄清问题的原因，你必须明白你和小曹对工作有着两种不同的标准。

(1)问题的关键是你必须引起她对此事的高度重视；

(2)障碍看来似乎是小曹不愿意与你谈及她的工作，或者她没有能力把工作做得更好。

你可以选择的办法是：对小曹进行专门培训，提高她的工作能力，或是降低你的期望。你直面问题并努力解决，会使小曹的工作得到改进，她也能与你进行更好的沟通。

3. 化解冲突的技巧

(1)冲突化解法的具体操作

冲突化解法是指处理冲突的态度、做法，以缓解班组内部的工作气氛，疏通关系，营造良好的工作环境。

①分析发生冲突的原因，找出主要责任方；

②请与本事无关的第三人从中调停，搭好桥梁；

③针对不同情况，酌情处理冲突；

④在合适的情况下，适时表达自己化解冲突的良好愿望；

⑤冲突一旦停止，不再追究，不再扩散。

(2)冲突化解法实施要点

①引咎自责，自我批评。心理素质要过硬，态度要诚恳，若责任在自己一方，就应勇于找员工承认错误，并道歉以求得谅解；如果重要责任在员工一方，只要不是原则性问题，就应灵活处理，以便更好地开展工作。所以作为班组长可以主动灵活一些，主动承担一些冲突的责任，给员工一个台阶下。人都是有感情的，这样的胸襟容易感化员工，从而化干戈为玉帛。

②放下架子，主动搭腔。不少人都有这样的体验，即当与员工发生争执之后，以后相见时觉得尴尬，都希望对方打破僵局，作为班组长，就应及时主动搭腔问好，热情打招呼，以消除冲突所造成的阴影，给员工和公众留下不计前嫌、大度处事的印象。不要闹情绪，如果相遇时不搭腔不理睬，昂首而过，矛盾就会像滚雪球般越滚越大，造成更大的隔阂，和好的困难会更大。

③不与争论，冷却处理。就是当下属与自己发生冲突之后，作为班组长要不计较、不争论、不扩散，大事化小，小事化了，在工作中一如既往，该指示仍指示，该表扬还表扬，就像没发生过任何事情一样。时间一长，冲突所造成的负面作用也就会自然而然消失了。

④请人斡旋，从中化解。找一些对员工有影响力的“和平使者”，带去自己的歉意，以及做一些调解说服工作，不失为一种行之有效的策略，尤其是当事人自己碍于情面不能说、不便说的一些语言，通过调解者之口说出来，效果会更好一些。调解人从中斡旋，就等于在上下级之间架起了一座沟通的桥梁。但是，调解人一般情况下只能起到穿针引线作用，要重新修好，起决定性作用的还是要靠当事人自己去和解。

⑤避免尴尬，电话沟通。打电话解释可以避免双方面对面的交谈可能带来的尴尬和别扭。打电话时要注意语言应亲切自然，不管是由于自己方法不当造成的碰撞，还是由于彼此心情不好引发的冲突，不管是员工的傲慢而引起的“战争”，还是由于自己思虑不周造成的隔阂，都可以利用这个现代化的通信工具去解释，或者利用

微信留言、短信等把话说开，求得理解，达成共识，这就为恢复关系初步营造了一个良好的开端，为下一步的和解铺开了道路。

⑥寻找机会，化解矛盾。选择适当时机，积极化解矛盾。譬如，当员工遇到喜事（如结婚、生日）或受到表彰时，作为班组长就应及时去祝贺道喜，这时员工情绪高涨，精神愉快，适时登门，员工自然不会拒绝，反而能感受到你的诚意和对他的尊重，当然也就冰释前嫌了。

⑦宽宏大量，适度忍让。当与员工发生冲突后，要有原则性地忍让，这反映着一个人的胸怀与见识。但是，如果一味地回避矛盾、妥协忍让、委曲求全的话，就会给人软弱可欺的印象。正确的做法是宽宏大量，不要小肚鸡肠，斤斤计较。适度忍让，既可以避免正面冲突，同时也保全了双方的尊严。但如果员工偏偏是不近情理、心胸狭窄、蛮横霸道的人，就应当机立断，毫不犹豫地给予相应的回击和处分，处理这样的员工一定要理直气壮、客观公正，让所有人都明白不是针对谁，而是一种管理行为。

（二）妥善处理员工之间的冲突

员工与员工之间时常会因为工作或生活上的事情发生冲突。通常，员工看起来是在为一些鸡毛蒜皮的小事情闹矛盾，但班组长要看到引发矛盾的本质问题。这里可能涉及自我领域、自尊以及地位的争斗，这就要引起足够的重视。口角会经常存在，你要把握好解决的尺度，要适度才行。

1. 尽量接近员工

尽量使自己能让下属接近，通过与他们的交谈来了解工作的进展或是遇到的麻烦。

做一个让员工能接近的班组长，就必须仔细听取他们的意见，重视一些细小的事情，处处体现出对他们的关心和在意。通过询问了解事情的进展，看是否有人需要帮助或努力去发现一些不好的征兆（如有的员工使劲敲门、乱扔工具或者大声叫嚷、迟到等），因为这些行为中可能蕴藏着矛盾冲突，所以你最好在冲突来临之前化解它，尤其是一些涉及多名员工的问题。

没有人愿意生活在不愉快的环境之中，一名问题员工可能会导致整个工作氛围不愉快。假设你的班组里有两名员工经常争吵，那么你就有必要去弄清这种争吵是开玩笑，还是相互中伤？如果属于后者，你便要作为中间人去加以调解了。

2. 合理应对员工冲突

有人很害怕出现矛盾，当矛盾出现时便不惜一切代价来消除它。并非所有的冲突都是不利的，有时，存在一些意见上的分歧是十分必要的。

持异议或不赞同是一种很自然的事情，争论是一种健康的行为，企业会因此受益匪浅。这是因为，如果我们对什么都保持一致，就不会有挑战，不会有创造性，也不会有相互的学习和提高。例如，如果两名员工就某一问题的最佳解决方案争得面红耳赤，这时候你要表现出对他们这种认真态度和敬业精神的赞许，你可以找出一个实际可行的折中办法，或者从一个特殊的角度来发现解决冲突的妙方。

冲突的结果包括有益的结果和有害的结果两种情况。

(1)有益的结果

①在某种情况下，消除了分裂因素，取得了更加一致的意见，组织内重新形成团结的气氛。在公开冲突之后，冲突者可能会感到相互之间更加了解了。因此，有益的冲突有利于组织内部“气氛的清新”。

②因为在冲突的压力之下，发现原来的领导者不合适，冲突之后，组织可能产生新的领导，这可能使组织面貌发生有益的变化。

③冲突的结果，旧的不合适的目标可能被修改，代之以合适的目标。例如，工程部门和生产部门在产品质量、成本和价值方面发生争执之后，可能得到一种既符合市场需求又符合企业利益的产品设计。

④在几次小事件的冲突之后，引起了人们注意，从而制定必要的制度，提高了管理水平。有些公司建立了经理定期召开员工座谈会的制度，人们有机会反映意见，从而提高了组织的效率。

⑤在冲突的影响下，可能增加完成任务的干劲，使组织加速运转。为此，有的行为学家把冲突称为组织的“润滑剂”。

⑥冲突可以促进创新。由于不同意见、观点的交锋，使得人们的认识深化，引发创造性的思想。

⑦由于冲突迫使人们表明自己的观点来支持自己的论点，促进了意见的交流。

⑧某些心理学家还认为，冲突可以满足许多人固有的挑衅性。

(2)有害的结果

①冲突会给某些人产生情绪压力，影响身心、精神方面的健康。

②剧烈的冲突常常造成组织资源的错误分配，给组织的整体效能带来损失，在冲突中还会浪费一定的时间和资源。

③当争执者的立场走向极端时，组织系统不能处于正常状态，导致作出不正确的决定。

④冲突曲解了组织目标，走上了歪道，给组织造成损失。

如果你遇到那种个人之间的冲突，最好是私下里单独听听双方的陈词，但不要急于作出肯定谁或否定谁的表态。

人在生气时可能会说出诸如“我再也不会跟你反映任何事情了”的话，当然，他不可能做得到，你要避免火上浇油。因为员工向你谈及他的感觉，能够消除他的怒气。待事情冷静下来后，你再作出决定，看如何使彼此更好地相处，共同实现班组的目标。

不要指望产生分歧的双方能够和好如初。但你要告诫他们必须相互尊重，不论感觉如何都应当理性对待。

这时候，你趁机定出一些条例。比如说：不准直呼其名，不得故意破坏或扰乱他人工作，不得对同事持不合作态度，不准以任何理由动用暴力等。

在这种情况下，你可能遇到的问题是其他员工会对此表明他们的态度。如果员工出现对峙，不要轻易表态，应该强调的是"工作第一"。只有当你对自己的调查能力、分辨能力以及自己的公正无私有绝对的信心和把握时，你才能让当事人双方对质，而且对质的场合最好选在私人办公室或工作地之外的其他地方。

在解决这类问题时，有一个行之有效的方法，就是让当事人双方互换角色，设身处地地为对方想一想。

3. 公正解决纠纷

当员工之间产生矛盾时，你面临着两个选择：要么你当面调解矛盾，要么协助员工商讨出使双方都能满意的解决方案。精明的班组长只要有可能都会选择后者，在整个过程中帮助员工提高自己处理矛盾的技巧。今后，班组内部无论何时产生矛盾，牢记的原则是先听一下各方的理由，然后再试图解决。而不是先站边，一定要记住，挑动一个员工对付另一个员工，在任何情况下都是不正确的。

有些班组长有意想把一个员工开除时，会利用其他的员工"鼓动"那名员工主动离开。对付那些不听话的员工是你作为班组领导的分内之事，而与其他员工无关。

尽管在班组里总会有你的"心腹"员工，与其他员工比起来，你更信任他们，甚至言听计从，但是不要让这种偏爱影响了你处理问题的立场，这才是最重要的。班组的每一位成员都在为整个团队做出贡献。

每位员工都有自己的特点，有不同的喜好和价值观，你可以兼容并蓄，让每位员工都能感受到你的支持。当员工知道自己被赏识时，工作起来才会更有干劲。

(三)正确处理员工对他人的抱怨

抱怨是人的一种正常心理情绪。员工对他人的抱怨，班组长不要无所谓，不要使这种情绪蔓延和激化，而要认真对待。

1. 认真倾听员工述说

面对抱怨，班组长首先要认真倾听，只要员工愿意在你面前抱怨，说明你已经获得了他的信任。

2. 了解起因

任何抱怨都有原因。多方面地了解原委，在事情没有完全弄清之前，班组长切忌发表言论、表明态度。

3. 平等沟通

实际上，大多数抱怨是针对一些小事或者一些不合理的现象，只有通过充分、友善、耐心的沟通来解决。

4. 处理果断

对于需要采取有效措施的抱怨，一要民主、公正、严明，二要及时、果断，特别要防止情绪的扩散，将其影响的人群控制在最小的范围内。

5. 就事论事

尊重任何员工的抱怨,不要受其工作表现等其他因素的影响,处理抱怨时要将注意力集中在抱怨本身,而不是借此机会让他检讨工作。

(四)正确处理员工对班组长的抱怨

工作中难免会遇到各种各样的问题,作为班组长,会经常听到员工的抱怨声,我们究竟应该如何处理这些抱怨的声音呢? 面对员工的抱怨,班组长应该以正确的心态处之。

1. 重视抱怨

抱怨可能会成为愤怒,产生更大的矛盾,也会将负面情绪散播给周围其他人的。所以,当员工抱怨的时候,一定要引起足够的重视,积极面对,认真处理。

2. 淡定对待抱怨

听到员工的抱怨时,一定要让自己冷静下来,不要急着发脾气,着急解决不了问题,还容易激化矛盾,使问题升级,遇到问题要淡定、冷静,泰然处之,也是管理者修养的一部分,同时也体现了管理者的一种能力。

3. 善于倾听员工意见

善于并且耐心地倾听别人意见,是一个人素质高的体现,也是一位管理者必须掌握的沟通技巧。很多时候,在听到与自己观点不一致的谈话时,我们总是忍不住插话,打断对方,急于表明自己的观点和立场,这样做于事无补。上帝赐给我们一张嘴,两个耳朵,就是为了让我们多听少说,学会用心倾听,才能更好地了解对方的真实想法,在自己说话的时候才能更好地找到切入点,更好地交流。

4. 开门见山地沟通

与员工谈话时要开门见山,直截了当,搞清楚员工的抱怨。沟通时,切忌绕弯子,谈了半天,让员工弄不清楚你想表达什么,也容易让人产生误解,以为你是在欲盖弥彰,故意躲避抱怨的问题。

5. 信任自己的员工

信任是一种相互的行为,信任对方,才有可能得到对方的信任。当遇到员工有抱怨的时候,要信任自己的员工,处理问题时要就事论事,而不要掺杂强烈的个人感情,使问题复杂化。

6. 坦诚对待自己的错误

如果自己确实存在一定的过错,就要大大方方地承认,坦诚地面对大家,不要遮遮掩掩,更不要搬出更多的理由来辩解。勇敢地承认自己的错误,是一个管理者宽大胸怀的体现。坦然地面对自己的错误才是进一步沟通、更好地解决问题的关键。

## 四、建立良好的人际关系

(一)营造良好的人际关系氛围

人是环境中最重要的因素,良好的工作氛围是由人创造的。

1. 良好人际氛围的特征

良好的人际氛围是自由、真诚和平等的工作氛围，是在员工对自身工作满意的基础上，与同事、班组长之间融洽相处，相互认可，有集体认同感，充分发挥团队合作精神，达成工作目标，在工作中实现人生价值。在这种氛围里，每位员工在得到他人认同的同时，都能积极地贡献自己的力量，灵活地调整工作方式，使之具有更高的效率。

2. 营造令人愉快的人际氛围

(1)明确岗位分工

班组岗位之间的合作是否顺利是工作氛围好坏的一个重要标志，明确的分工才能有良好的合作。

职责分工要明确工作程序是由谁来具体执行的，如此才不会有互相推诿等影响工作氛围的情况发生。

(2)通过落实企业文化来营造人际氛围

从企业文化入手，提高员工的工作激情，营造一个互相帮助、互相理解、互相激励、互相关心的工作氛围，从而稳定工作情绪，激发工作热情，形成良好的企业文化，进而产生合力，达成组织目标。

(3)做好班组内部沟通

真诚、平等的内部沟通是创造和谐工作氛围的基础。企业内部绝对不允许有官僚作风的存在，职务只代表分工不同，应该鼓励不同资历、级别的员工之间的互相信任、互相帮助和互相尊重。每一位员工都有充分表达意见和建议的权利，能够对任何人提出他的想法，主动地进行沟通，被沟通方也应该积极主动地予以配合，回答或解释，但沟通的原则是就事论事，友好协商。

(4)重视班组团队建设，营造宽松的工作氛围

班组内应该有良好的学习风气，班组长要鼓励和带领团队成员加强学习先进的技术和经验，在进行工作总结的时候，应该同时进行广泛而有针对性的沟通和交流，分析教训，分享经验。

(二)建立信任型的人际关系

1. 信任是建立人际关系的根基

一个组织所有成员相互信赖，才能真正地运转起来。信任，就是共同的信念与目标，是平等与协作；信任是开放、自由地工作；信任更是交流的结果。

如果班组面临严重的信任危机，大家会感到工作氛围的压抑和沉闷。

2. 影响信任的障碍

(1)组织价值观的缺失；

(2)人与人互相操纵的习惯或欲望；

(3)不进则退或者缺乏发展空间；

(4)工作气氛压抑，缺乏相互交流的机会。

因此，要建立以信任为基础的良好的人际关系，必须消除这几个障碍。员工之间、员工与班组长之间互相信任，才会士气高昂地投入工作中。

3. 培养信任感

(1)表明态度

要表明你既是在为自己的利益而工作，也是在为他人的利益而工作。每个人都关心自己的利益，但是，如果别人认为你在以权谋私，你的信誉就会受到损害。

(2)保护团队

要成为团队的一员，就要全力支持你的工作团队。当团队或团队成员受到外来者攻击的时候，要坚决维护他们的利益，这样就表明你对自己的工作群体是忠诚的。

(3)开诚布公

信息的不对称或不透明可能会导致不信任。如果你开诚布公，就可以带来支持和信任。因此，应该让员工充分了解信息，说明你作出某项决策的原因，对于现存问题则坦诚相告，并充分地透露与之相关的信息。

(4)公平公正

在进行决策或采取行动之前，先想想别人对决策或行动的客观性与公平性会有什么看法。比如，在进行绩效评估时，应当客观公正公平、不偏不倚。在分配奖励时，应该注意其公平性。

(5)说出你的感觉

那些只是向员工传达冷冰冰的事实的管理人员与团队领导，容易遭到员工的冷漠和疏远。说出你的感觉，别人会认为你是真诚的、有人情味的，他们会借此了解你的为人，从而更加尊敬你。

(6)保持行为作风的一贯性

一般来说，不信任来源于不知道自己面对的将是什么。花一定的时间来思考你的原则与底线，让它们指引你的决策，形成个人独特的工作作风，并严守你的原则，就能够赢得信任。

(7)为他人保守秘密

信任那些你可以相信和依赖的人。如果别人告诉你一些秘密，要守口如瓶，不泄露这些秘密。如果员工认为你会把秘密透露给不可靠的人，他们就不会信任你。

(8)展示你的才能

展示你的专业技术与才能以及良好的工作意识，能引起他人的仰慕和尊敬。应特别注意培养和表现你的沟通、团队建设以及与人交往的能力。

(三)建立班组良好人际氛围的八大技巧

1. 不要威胁员工

有些班组长常常使用威胁的话语对员工安排工作或谈话。如在安排一件难度较大的工作时会说："如果你不能按时完成，你就给我走人。""你应当明白你的处境，如果不按我的要求把事情做好，你就要走人！”等等。这些言语是基层管理中的大忌，它不但不能促进工作的完成，还会起到相反的作用，造成班组的不和谐，阻碍工作的顺利开展，使你的工作处于被动状态。一般来说，使用威胁话语可能会造成如下不良后果：

(1)威胁会伤害你和员工的感情，不但不能促进工作，还可能极大地伤害员工的工作积极性和工作灵感。

(2)威胁会传递错误信息。说出威胁言语时，说者可能并不是真的想如何如何，但听者有意，使他在听到这些言语后作出错误的判断。

(3)威胁会让你丧失威信。当班组长说出的威胁事项并不是自己权限所能决定的事时，别人就会不再相信你所说的话，自己的威信也就在不知不觉中一点点丧失。

2. 主动与员工打招呼

打招呼是意见沟通的第一步，营造亲切友好的工作氛围，轻松地投入工作。

3. 批评与称赞都有必要

由于员工形形色色，素质有高有低，一团和气是不可能管理好一个班组的，因此，批评与称赞都是必要的。

批评时，应准确地把握批评的内容，在冷静地听取对方的解释后，先赞赏对方的努力，再委婉地提出批评。

批评应站在员工的立场上，真诚地面对问题，应有建设性地解决问题的办法，同时，不要加以无谓的讽刺，这样才会收到成效。

4. 认清场合，适时说话

(1)班组长应有的讲话方式

①交代的事已经完成时，应称赞员工：“你干得很好！”“辛苦啦！”“多谢！”

②拜托或指示时应说客套话，表示尊敬对方。

③当自己出错时应反省并主动说“对不起”。

④听取员工的报告或从旁听到时应容纳他们的意见。

⑤当有人批评某员工而你要袒护他时，可以用体谅的语气婉转表达。

(2)班组长不应有的说话态度

①会使对方丧失干劲的话：“你在干些什么？要说多少次才懂啊，你太笨啦！你要再干多少年才会做啊！”

②回避责任，将失败转嫁于他人：“就是他把事情搞得一团糟，他完全不靠谱。”

③不负责任，当交办工作或把已交代过的事情忘掉时：“我曾经说过那种话吗？”

5. 不要刻意掩饰自身缺点

一般来说，班组长都对自己的能力充满自信，但也还是希望员工能给予好的评价。所以，当员工指出自己的缺点时，却难以接受。但是，不论如何掩饰缺点，长时间的相处，总会暴露出来。其实，人无完人，在员工面前应该呈现自我的本色。

6. 别太苛求员工

为了有效工作，你需要合理配置资源，让员工在不受过多干预的情况下，发挥出最大的工作热情和水平，这样就可以成倍地提高团队的工作效率。

如果你要求员工事无巨细地向你报告，做任何事都要经过批准，一旦违反了规章就遭到训斥，他们就会认为你过于苛刻，不近人情。

7. 不要压制员工的发展

优秀的员工需要发展，从某种意义上讲，员工就像鲜花一样。当你压制了员工的发展，他们的工作表现不仅不会永葆青春，反而会因为缺乏照料和激励而逐渐枯萎。

为了不至于压制员工的发展，班组长可以采取以下措施：

(1)在团队中，保证每一份工作至少有两个人知道怎么做。

(2)当员工们告诉你他们希望在某些方面有所发展时，要认真倾听他们的意见。

(3)养成鼓励员工的好习惯，为他们的学习、成长提供机会。如果员工知道他们在一种受激励的环境中工作，他们表现得会更加积极。

8. 避免厚此薄彼

大多数员工都希望看到，决定他们成功与否的因素是他们在工作中的表现，而不是其他。如果让其他因素来左右判断时，员工就会对班组长失去信任和信心，而这种信心的缺乏将会表现在频繁的人员流失、对忠诚的丧失以及消极怠工上。班组长个人喜好的极端表现是有歧视性的，包括他们的年龄、性别及一些与工作无关的因素。

当你长期按个人喜好工作，这对员工信任的打击是非常大的，如果希望员工忠诚，你必须对他们也忠诚。忠诚与否可以通过对他们的态度明显地表现出来。

(四)跨部门沟通协调的方法

班组长作为一名管理者，在企业内部除了基本的上传下达之外，还要与其他班组之间进行平级沟通与协调(如工作重组、资源整合、进度协调、人员借调等)，以交换意见，促进彼此的了解，加强合作，保证企业正常运转。

1. 平级沟通的障碍

在实际工作中，平级之间存在沟通障碍，常见原因如下。

(1)目标不一

不理解或不接受组织目标，各班组之间的目标不统一，不关心其他组织目标的实现。

(2)自我封闭

班组间互相提防，很少进行工作、技术等交流，不愿意主动分享信息、成果。

(3)本位主义

往往以自我或小团体为中心，无论利弊得失都站在小我的立场上考虑，缺乏大局观念、全局意识及团队合作精神。

(4)责任转移

面对困难工作或责任时班组间经常“踢皮球”,互相推诿过错,无“组织的利益为最高利益”的信念,而导致工作没有效率。

2. 平级沟通的原则

班组长进行平级沟通与协调应当以企业的方针、目标和计划为前提,以企业利益最大化为终极目标,做到以人为本,和谐相处,努力争取双赢,让平级沟通无障碍。此外,平级沟通还应当遵循以下原则。

(1)要尊重,忌伪善

双方彼此尊重,保持和善的态度是有效沟通的前提。只有尊重对方,对方才会给予同样的尊重。沟通中可以圆通但不能过于圆滑,不要给对方造成没有诚意的印象。

(2)要主动,忌逃避

凡事由自己先做起,注重平时的交流,促进了解,主动沟通信息和提供协助,率先走出第一步,达成有效的沟通。

(3)要互利,忌自私

遵循互利互惠的原则,设身处地为对方考虑,不要只考虑本部门的利益,彼此同心协力,才能提升组织的整体业绩。

(4)要坦荡,忌猜疑

凡事坦坦荡荡,不要相互遮遮掩掩,不要用猜忌的心理去理解对方的行为或意图。调整好自己的心态,才能赢得对方的信任与认可,营造良好的人际关系,从而确保沟通顺畅。

3. 平级沟通的模式

平级沟通一般有侵略式沟通、退缩式沟通与积极式沟通三种模式,其具体内容如表 2-2 所示。应该尽量采用积极式沟通模式。

表 2-2　平级沟通模式

| 模式 | 说明 |
| --- | --- |
| 侵略式 | (1)自视甚高:自认为自己的部门比其他部门重要<br>(2)喜欢压制:争强好胜,欺负弱者;逼迫对方认同自己的规定 |
| 退缩式 | (1)缺乏自信:总认为对方的能力比自己强;因害怕沟通会暴露自己的弱点;常用约束的言辞,或做出妥协,放弃自己的利益<br>(2)回避问题:说话拖泥带水,含糊不清,无主见或不敢明确表达自己的意思,经常为自己的沟通寻求借口 |
| 积极式 | (1)坚持原则:清晰自己的底线及责任,不作原则上的让步,捍卫自己必须捍卫的权利<br>(2)遵循规则:按照公司的制度、规则行事;反对霸道行为,积极维护双方的合理利益 |

4. 平级沟通的理念

(1)双赢思维

平级单位之间的沟通,采用"双赢思维"可以获得更好的结果。

(2)把握重点

要做好平级之间的沟通协调,有以下三个重点。

①自己的态度:当要与对方沟通协调时,必须要有谦让的态度,否则双方相持不下,那就很难协调了。

②思维模式:必须往上一层思考,不要拘泥于现况,要能跳脱出现在的执着点。

③制度规章:有些沟通协调不是人的因素,我们要能找出真正的关键;若是公司制度的缺失或者不完善,则需从制度层面着手。

5. 平级沟通的技巧

平级之间顺利沟通,不仅有助于工作任务的顺利实现,还有助于创建一种精诚团结、密切合作的优秀企业文化。班组长在平级沟通中应该掌握如表 2-3 所示的技巧,确保沟通效果,获取平级班组的支持与协作,让其成为自己的帮手而不是对手。

表 2-3　平级沟通注意事项和技巧说明

| 注意事项 | 技巧说明 |
| --- | --- |
| 不越权行事 | 平级之间是平等、合作的关系,在寻求平级配合时,应当尊重对方,并遵照公司的规则进行,不越权行事,更不能以威胁的口吻、发号施令的方式进行沟通,忌把鸡毛当令箭 |
| 不打小报告 | 面对矛盾和冲突时,要相互协调,自我解决,忌私下打小报告 |
| 不制造矛盾 | 及时沟通情况,进行感情、信息交流,促进相互的了解与信任,减少一些不必要的误会和摩擦,形成较强合力,保证共同目标的实现 |
| 不斤斤计较 | 多审视自己的不足,寻找自身的原因,多看对方的长处,少看短处;宽以待人,不斤斤计较,才能形成信任、友好的和谐氛围 |
| 不推卸责任 | 面对过错,勇于承担责任,真诚地认错,这样不仅有助于打破僵局,化解矛盾,还能够赢得对方的尊敬和认可 |
| 面对面交流 | 不仅可以显示自己的真诚及对对方的尊重,还可以避免因信息传递失真或理解偏差产生误会,从而减少矛盾和冲突 |

(五)正确处理上下级关系

在工作中,班组长与自己的上级和组员建立良好的关系非常重要。与上级建立良好的关系有助于获得其赏识,工作起来会得心应手。组员的能力再高,工作业绩再好,如果与领导处于对峙状态,领导也会从一些方面挑毛病,让你无法安心工作,即便你像老黄牛一样勤恳,业绩评估也不会好到哪儿去。而与下属建立良好的关系是保证工作成效的基础,只有与组员关系良好,才能同心同德共创佳绩。所以班组长要处理好上下两方面的关系。

1. 细观察，了解领导的办事风格

处理好与领导的关系对班组长工作十分重要，要保证你的工作关系富有成效就必须学会“搞”定你的“头儿”。不过要做到这一点，你应该先明白下面这些问题。

你的领导是个什么样的人？你的领导是一个只愿把握大局的人，还是个事无巨细皆不放松的人？如果你向一个只愿把握大局的人汇报一大堆细枝末节的事情，那么领导就会厌烦。一位只愿把握大局的领导会认为你该把所有基础工作都做好，否则他就不会信任你。如果你的领导只注重结果，那么你应该早些了解领导的办事风格，你俩的合作就会愉快得多。

一旦你真正处理好了与领导的关系，你们更像是伙伴而不像是上下级。作为伙伴，领导会分配你更多的任务，使你事业有进步、工作更出色。

2. 勤思考，当好领导的参谋助手

管理专家指出，班组长应该关注可能性而不是局限性，即在工作中把目光盯住可能发生的机会并为此做好准备，努力让自己抓住机会。这样会促使自己为机会的到来而去学习，储备知识。

你的上司能当领导是因为他有过人的能力。而你想做到更高的位置就应虚心向你的上级学习，学习他处理问题的方法，学习他思考问题的方式。久而久之，你的能力也就得到了提升，自然离你的目标也就越来越近。

班组长在单位中处于一个较特殊的位置。一方面，班组长是上级领导命令的执行者，必须维护单位的利益；另一方面，班组长又是一线组员的代表，必须代表一线组员的利益。尽管这两种职能有时会发生冲突，但在适当的时候也必须把握好自己，积极参与上级决策的制定，给上级领导当好参谋。

为更好地当好上级的参谋，班组长在实践中要做好以下几点。

(1)要善于从高处着眼看问题

班组长在给上级做参谋的过程中，要想影响领导的决策，就必须站在全局的高度去观察、分析和谋划问题。

要想提出上级领导易于采纳的建议，班组长不能仅仅着眼于本职工作，还要把眼界提高到新的高度。具体地说，就是要打破已有的认识和思维局限，站在全局的制高点，与上级领导同位思考、同步谋划，从而使自己的建议与上级领导的意图不谋而合。

(2)要有胸怀全局的意识

在谋划工作时，班组长必须具有很强的全局意识，脑子里要多装一些全局性的问题，经常想一想全局的要求，把自己分管的工作放在单位整体建设的背景下去思考，立足于全局为上级领导决策提建议、拿方案。

(3)要有宏观的眼光

思维定式会制约我们的思考，班组长考虑问题时要善于突破个人的思维定式，进行宏观谋略。要在通晓上情、熟知本情、掌握下情的基础上，不断拓宽视野，正确领会上司的意图，准确掌握企业的全面情况。

(4)善于从大处入手

一个团队组织，每一个阶段都会有几项重要工作和关键任务，重头戏能不能唱好，是检验班组长办事能力的试金石，因此，班组长要在影响整个团队或部门全局的重点问题上为上司出主意、拿对策。

(5)善于超前预测

作为上级领导的助手，班组长要有敏锐的洞察力，对单位每个阶段可能展开的常规性工作和重大活动，做到想在前、谋在先，避免仓促上阵。同时，还得把握好火候，要注意求早但不过早。筹划工作提前准备，提前考虑，留出时间，毫无疑问可以争取主动权，但不能盲目行动。有些工作因人员、条件、环境、时机等具体因素不确定，很容易产生变化，如果时间提前过早，往往会降低工作效率，事倍功半。

做事要果断但不武断。有些时效性强的工作所面临的机遇稍纵即逝，班组长看准了就要及时向上级领导提出建议，不能优柔寡断、犹豫不决。但提建议前，必须胸有成竹、深思熟虑、准备充分，如果急于求成、草率行事，反而会贻误工作。

(6)必须摒弃位卑心理

班组长是上级领导的智囊，履行着参谋的职责，担当着承上启下的重任。因此，要摒弃“人微言轻，职小位卑”的自卑心理，既要干好本职工作，又要在团队大事上动脑筋；既要防止坐井观天，又要避免好高骛远，力争在本职岗位上干出一流的成绩。

3. 善反思，冷静对待领导的批评

班组长在工作中出现了差错而被领导批评是很自然的事情，虽然“良药苦口利于病，忠言逆耳利于行”，但有些班组长是很难以积极的态度对待批评的。一个聪明的班组长，应当正确对待领导的批评。

(1)提高思想认识，强化纪律观念

在工作中，上级领导对下级管理者有着法定的监督、控制、指导等权力。当下级管理者出现了偏差或错误时，上级领导有责任对其进行批评指正，这是毋庸置疑的，否则，就是失职。所以，作为班组长应当具有全局观念，被批评时不应认为是领导故意找茬，跟自己过不去。这种想法不但不利于改正错误，还会形成抵触情绪，影响与上级领导的正常工作关系。

(2)进行换位思考

当上级领导批评自己时，如难以接受，你可以设身处地从领导的角度思考一下：如果我是领导，会怎样对待犯了这种错误的下属？这样一来，你就会心平气和了，就会正视自己的缺点错误了。实际上，对于许多问题的思考，适时转换思维角度，定会豁然开朗。

只要领导的出发点是好的，是为了工作，是为了大局，为了避免不良影响或造成更大的损失，是为了帮助你、挽救你，哪怕是态度生硬一些激烈一些、方式直接一些，作为下属，你也要大度地给予理解和体谅。

(3)不要推卸自己应负的责任

有了错误，给工作造成了损失，不从自身找原因，而是急于辩护、解脱，结果只会适得其反。

正确的做法是：接受批评，并积极着手解决造成的不良后果。及时承认自己的疏忽，当上级进一步调查原因时，积极配合、逐步搞清真相。这样，你该承担什么责任，他人该承担什么责任，什么是客观不可避免因素，终会有个公正的结论。要知道，任何问题的处理都要有个过程，应当学会耐心等待，否则，欲速则不达。

(4)知错就改

心理学家指出，当人们看到犯了错误的人痛心疾首、懊悔自责的态度，并且竭尽全力去改正时，大都会因此而生出恻隐之心，减轻对其错误的谴责和反感心理，同时还会给予热情的关注和由衷的帮助。这也许会成为你人生转折的一个契机。很多人就是在跌了一次跟头后，幡然悔悟，从失败中学习并取得了成功。应当明白，化被动为主动，变不利因素为有利因素，事物就会向着好的方向转化。

总之，知错就改是上策，将错就错是下策。

4. 促团结，赢得组员支持

对于每个班组来说，要想圆满完成工作任务，需要全体组员的团结协作、奋发进取。只有团结起来了，才能充分利用本班组的各种资源，调动一切力量创造性地完成上级交给的各项任务。

(1)促进团结是大事

“团结就是力量，团结就是胜利”告诉我们这样一个道理：“人心齐，泰山移。”只有团结起来，才有强大的战斗力，才能取得成功，才能向前发展。对一个班组来讲，只有团结起来，才能人尽所能、各司其职，从而减少内耗，提高工作效率。只要班组成员拧成一股绳，心往一处想，就能形成一种积极向上、勤奋工作的良好氛围，才能集思广益地把工作做得更好、更出色，从而超预期地完成上级领导交办的各项任务。

(2)赢得组员的支持和拥护

赢得组员的支持是班组长搞好班组管理工作的前提。那么，如何才能赢得组员的支持呢？

首先，对待组员所犯的小错误要睁一只眼、闭一只眼，不要心胸狭窄、斤斤计较、鸡蛋里面挑骨头，否则就不能与班组成员合作共事。对于一些无关紧要、无伤大雅的过失，应尽量不予计较，尤其是提升不久的班组长，更应该处理好与组员的关系。

其次，满足不同层次的人的不同需求。班组长要赢得组员的支持、合作和帮助，就应该根据不同的人、不同的情况，采取灵活的策略和技巧。鲁莽蛮干和僵化教条都是不对的。要善于从对方的立场看问题，了解他们的需要。作为班组长要经常站在组员的立场想一想，如果你做到了这一点，就能实现共赢。

最后，要尽量满足组员的需要。“以人为本”在很大程度上是为了满足人的更高一级需要。因组员所处的生活、工作环境条件的不同，需求层次也不同。作为班组长要想赢得组员的支持、合作与帮助，必须结合自身条件满足不同层次的人的需要。

## 第四节　情绪管理与压力管理

### 一、情绪管理

(一)情绪的定义

每个人都有情绪和情绪变化，那么什么是情绪呢？

情绪，泛指感情、心境。许多学者对情绪的含义进行了多种多样的概括。美国心理学家利珀把情绪定义为“一种具有动机和知觉的积极力量，它组织、维持和指导行为”，也有心理学家将情绪概括为“对事物的关系或主观态度的体验”。

(二)情绪的组成和形式

尽管人们对情绪的定义各不相同，但都承认情绪是由以下四部分组成的：

(1)情绪涉及身体的变化，这些变化是情绪的表达形式；

(2)情绪是行动的准备阶段，这可能跟实际行为相联系；

(3)情绪涉及有意识的体验；

(4)情绪包含认知的成分，涉及对外界事物的评价。

我国古代将人的情绪分为喜、怒、哀、乐、爱、恶、惧七种基本形式。现代心理学一般把情绪分为快乐、愤怒、悲哀、恐惧四种基本形式。根据情绪发生的强度、持续时间和紧张程度，可以将情绪分为心境、激情和应激。

(三)情绪管理的定义

所谓情绪管理，就是指通过研究个体和群体对自身情绪和他人情绪的认识、协调、引导、互动和控制，充分挖掘和培植个体及群体的情绪智商、培养驾驭情绪的能力，从而确保个体和群体保持良好的情绪状态，由此产生良好的管理效果。

简单地说，情绪管理是对个体和群体的情绪感知、控制、调节的过程，其核心是将人本原理作为最重要的管理原理，使人性、人的情绪得到充分体现。从尊重人、依靠人、发展人、完善人出发，提高情绪的自觉意识，控制情绪低潮，保持乐观心态，不断自我激励，自我完善。

(四)情绪管理的重要性

个人和企业都要重视情绪管理。

对个人而言，情绪不但对个人的身心健康起着非常重要的作用，也是影响个人成功的关键要素。心理学家和企业管理人员发现，与智商相比，情商对成功的影响更大。心理学家调查过40位诺贝尔奖获得者，发现他们当中并不是所有人都有很高的智商，他们的成功是因为他们在情商上高人一等。因此，无论对从事任何职业的人来说，管理好自己的情绪都是个人毕生的事业。

情绪管理对组织同样重要。心理学界和企业管理界已发现，情绪不只是个体的心理现象，同时由个体组成的集体、团队或组织同样也会有情绪管理方面的问题。员工的喜、怒、哀、乐等各种各样的情绪，往往会影响工作的状态和效率。而消极情绪又导致工作中会出现各种各样的问题，影响产品质量、工程质量、服务质量，甚至引发质量安全事故，影响企业的正常运转。也就是说，情绪管理不纯粹是员工个人的事情，也是企业的责任。

（五）有效控制情绪

情绪并无好坏之分，一般只划分为积极情绪、消极情绪。由情绪引发的行为则有好坏之分，行为的后果也有好坏之分。我们都知道消极情绪会给我们的生活带来许多烦恼，给我们的事业成功设置重重障碍。那么，有人就提出：可不可以消灭这些消极情绪呢？

其实，情绪是不可能被完全消灭的，但可以进行适度控制、有效管理和疏导。我们可以做一个试验：如果你做出一个微笑的面容，那么你的心情就立即会感到增加了几分愉悦。心理学的研究表明，不但情绪可以影响人的行为，而且反过来行为也可以影响情绪。

（六）情绪低落时该如何应对

当你意识到自己的消极情绪时，要采取措施进行有效控制。

(1)理智地消解不良情绪。首先，必须承认不良情绪的存在；其次，承认了不良情绪的存在后，就要分析产生这一情绪的原因，并弄清楚究竟为什么会苦恼、忧愁或愤怒，是否确实可恼、可忧、可怒，那么不良情绪就会得到缓解；最后，如果确实有可恼、可忧、可怒的理由，那么就要寻求适当的方法和途径来解决它。比如，你如果因为考试前把握不大，因此焦虑不安，你就要积极地把精力转移到加强学习上来，集中精力搞好复习减轻自己的忧虑。

(2)遗忘或转移不良情绪。一般情况下，能对自己的情绪产生强烈刺激的事情，通常都与自己的切身利益有很大关系，要很快将它遗忘是很困难的。但是，可以进行积极地转移，设法使自己的思绪转移到更有意义的事情上去。如主动去帮助别人，或者找知心朋友谈心，或是找有益的书来阅读。

**二、压力管理**

（一）压力的定义

心理学上把压力定义为：个体在生理和心理上感受到威胁时的一种紧张状态。压力由压力因素和压力反应组成，压力因素是因人而异的，譬如对甲来说，考试不及格是奇耻大辱，但对乙来说，他可能对此毫不在乎，照样我行我素。而压力反应则是每个人对压力因素采取的习惯性的反应模式，它是因人而异、千姿百态的。

（二）压力的表现形式

压力有各式各样的表现形式，但是有三类主要表现形式。

（1）生理上表现：比如头痛、疲劳、反胃，甚至心悸等。

（2）精神或情感上表现：抑郁可能是压力最普遍的精神症状。其他情感或者精神症状包括：焦虑、沮丧、易怒、脾气暴躁、紧张、不能集中精力或者记忆力下降等。

（3）行为上表现：如嚎哭、叫喊、扔东西、吸烟、酗酒、吃东西、踱步或者其他的紧张行为，如咬指甲等。

（三）产生压力的原因

导致压力的因素因人而异，但一般可以分外因和内因两种。

1. 外因

（1）社会、科技发展。当今时代是一个“焦虑的时代”。科技日新月异，社会飞速发展，当个体自身的能力水平不能适应时代的需求时，便会产生自信心降低、焦虑、孤僻等不良情绪。

（2）自然环境。主要包括自然灾害、噪声、环境污染和过度拥挤等。台风与龙卷、洪水与地震等自然灾害会引起身体伤害、心理创伤以及家庭离散，同时还会出现心理和生理上的综合症状。而噪声会使我们的刺激超载，因而产生压力，导致一系列的消极后果。人体长期暴露在有污染的空气中，会导致头痛、疲劳、失眠、烦躁、胃肠功能紊乱、记忆力下降、视觉和听觉削弱等症状，严重的会引起癌症。过分拥挤会让人有不适或不舒服感，增加人和人之间摩擦的机会，更易引发一些消极情绪，甚至有可能导致攻击性行为。

（3）生活琐事和人际关系。现代人生活工作节奏加快，各种生活压力自然接踵而至，主要表现为经济困难、住房紧张、离婚、子女教育等方面。而各种各样的人际关系也是导致压力的原因，这些人际关系压力可能来自亲人、朋友、同事、上级领导和下属等。经常跟别人争吵、冷战，人和人之间不能和睦相处等，是人际关系紧张的表现。

2. 内因

（1）人格。人格是隐藏在面具背后的一个人的真实本质，它同行为和应对存在着某种程度的联系。每个人都有自己独特的人格。面对不同性质的事件，具有不同心理特征的人可能会做出不同的反应。比如在日常生活中，有些人遇到一点小事就会造成情绪上的极大波动，表现出紧张和焦虑；也有些人即使遭遇重大挫折或打击，仍能泰然处之、镇定自如。

（2）健康。患病是引起心理压力的主要因素之一。一般来说，患慢性病或重病大病对人的影响最大。对病情的担忧，病情对工作、生活和学习带来诸多的不便，这些都导致了压力的产生。

（四）如何释放压力

国际上比较流行的减压原则是“3R 原则”：放松（Relaxation）、缩减（Reduction）、重整(Reorientation)。换句话说，是将减少遭遇压力的机会、放松自己、重新调整要求或期望值三者结合起来，在已有的正面压力、自发压力与过度压力之间寻求一个平衡点。

除了运用以上原则外，还可以从以下几方面去把握。

1. 多从积极正面的角度考虑问题

过度压力的来源，很大程度是自己造成的，尤其是受到自我的期望、价值观等影响。我们应该做自己情绪的主人，而不应该被负面情绪牵着走。

2. 适当放松自己，学会爱自己

人必须有规律地生活作息：该睡的时候不要熬夜，也要自我控制饮食和体重。由于平时工作较忙，一有闲暇时间，就应该多到户外接近大自然，享受阳光洗礼，达到放松身心的目的。

3. 有自己的朋友圈

这种朋友圈有自己的家人、同学、同事或商业伙伴等。只要你真心待人，别人也会真心待你，有朋友的人，往往心理阳光，更容易接受新事物，结交新朋友，感受到工作的快乐和生活的幸福。

4. 培养自己的放松技巧

人可以经由训练而掌握放松的技巧，如通过自我催眠、瑜伽、肌肉放松训练方式等来学习放松；有些人通过练书法、浇花、养鱼，也可以达到放松的目的。不论哪种放松方式，重点都在于经过一段时间的沉静，使自己有机会反思、整合，再充电。

## 第五节　员工激励

### 一、员工激励基础知识

(一)员工激励的十项原则

激励措施面临很多挑战，班组长在制定和实施激励时，一定要谨慎，下面是一些关于激励的原则，注意这些原则，能提高激励的效果。

1. 信赖自己有无限的激励潜能

激励起源于信赖，确信自己能激励自己，同时培养优秀的员工，大家众志成城，上下一心，完成组织委以的重任。

2. 肯定员工及其工作的价值

激励的一个基本前提是承认员工是企业价值的主要创造者，因此，首先应肯定员工及其工作产生的价值。每个人都有一定的能力，只是能力表现的形式不同。重视员工，发现员工的潜能，合理地分配任务，使其充分发挥自身所具备的才能，对员工来说就是一种有效的激励。

3. 激励要因人而异

由于不同员工的需求不同，相同的激励措施起到的激励效果也不尽相同。即便是同一位员工，在不同的时间或环境下，也会有不同的需求。虽然外部因素有一定影响，但是员工的主观感受要因人而异。

在制定和实施激励措施时，首先要清楚每位员工的真正需求，将这些需求整理、归类，然后再制定出相应的激励措施。

4. 展现你的精神

在互动过程中，时时刻刻表现出热情、坚定的决心和毅力，用你的积极行为来鼓舞和引导员工，让员工们认同你的角色，而自发性地增强工作动力及责任感。

5. 信赖你的员工

被信赖的员工，都会心甘情愿地为信任他们的领导努力工作。因此，你要在行动、语言上处处表现出你信赖他们的诚意。

6. 奖惩适度

奖励和惩罚会直接影响激励效果。奖励过重会使员工产生骄傲自满的情绪，失去进一步提高自己的动力；奖励过轻会起不到效果，或者让员工产生不被重视的感觉，容易打击其积极性。惩罚过重会让员工感到不公或者失去对公司的认同，甚至产生怠工或抵触的情绪；惩罚过轻会让员工轻视错误的严重性，犯同样的错误。

7. 公平对待每位员工

公平性是员工管理中一个至关重要的原则，任何不公的待遇都会影响员工的工作效率和工作情绪，影响激励效果。取得同等成绩的员工，一定要获得同样的奖励；同理，犯同等错误的员工，也应受到同样的处罚。如果做不到这一点，班组长宁可不奖励或者不处罚。

班组长在处理员工问题时，一定要有一种公平的心态，不应有任何偏见和偏心，不能有任何不公的言语和行为。

8. 支持上级组织所定的目标

这样，员工们也会看样学样，全力以赴，并接受你的领导与指挥。

9. 合理制定目标

制定目标时，应视员工的能力、水平与完成任务的难易度，做合理、公平的考量。

10. 精神激励与物质激励相结合

不能口惠而实不至，如将肯定成绩等精神方面的奖励与奖金、红利等物质上的奖励相结合，最能激发员工的热情，他们将会以更大的努力投入工作。

(二)员工值得奖励的十种行为

管理学家米切尔·拉伯夫经过多年的研究发现，一些管理者常常在奖励不合理的工作行为。他根据这些不合理的举措，归结出应奖励和避免奖励的十个方面的工作行为。

(1)奖励彻底解决问题而不是只图眼前利益的行为；

(2)奖励承担风险而不是回避风险的行为；

(3)奖励善用创造力而不是愚蠢盲从的行为；

(4)奖励果断地行动而不是光说不练的行为；

(5)奖励多动脑筋而不是一味苦干的行为；

(6)奖励使事情简单化、高效化而不是使事情复杂化的行为；

(7)奖励沉默而有效率的人，而不是喋喋不休者；

(8)奖励有质量地工作行为，而不是匆忙草率地工作行为；

(9)奖励忠诚者，而不是跳槽者；

(10)奖励团结合作，而不是互相对抗。

美国哈佛大学教授詹姆士研究指出：实行计时工资的员工仅发挥其能力的20%～30%，而在受到充分激励时可发挥至80%～90%的能力。

(三)激励员工的五个注意事项

1. 要注意给员工描绘共同的愿景

它包括涉及本行业的发展趋势和企业在行业内部的发展趋势，以及员工依存于企业的价值。这是因为企业有发展前景并不代表企业中的员工都有价值感。

2. 要注意用行动去昭示员工

对班组长来说，当你希望员工做出改变，请拿出自己的示范行动来。

作为班组长，不但要“说”，更重要的是“做”。“说”与“做”简单的组合有五种，其示范作用各有不同：

(1)说了，不做，负面作用最大；

(2)不说，不做，负面作用次之；

(3)做了，再说，示范作用次之；

(4)不说，做了，有积极作用；

(5)边说，边做，有很好的示范作用。

3. 要注意善用影响的方式

作为班组长，其主要任务就是运用组织的目标与自身的人格魅力去感召组员，启发组员，引领组员产生自我感知，迸发工作的原动力，从而产生巨大的行动力。

4. 要注意公平公正

一般来说，大家会尊敬态度强硬但公正的管理者，强硬只有伴随公正，员工才可能接受。

公正意味着秩序上的公正。如对员工的奖罚要特别强调有据可依，不搞无中生有的奖罚。

公正意味着制度面前人人平等。公正的立足点是制度管人，而不是人管人。

公正强调让事实说话，让数字说话，注意其精确性、有效性。

公正是对班组长品格的一种考验，它首先要求管理者有端正的品行。

5. 要注意沟通的实质性效果

沟通对于班组长来说更具有特殊意义。

(1)沟通的过程是争取员工支持的过程。管理的本质就是被管理者的追随与服从的过程,成功管理者的员工支持率必须高于70%,如果小于60%则很危险,低于50%就是不合格。

(2)沟通过程是汲取智慧的过程。如好的方法、主意、决策雏形等都可以在沟通中得到。

(3)沟通是激励员工最好的却往往是最廉价的方式。班组长认真聆听、询问,虽然不可能解决所有问题,但你给员工的感觉是肯定的——我很重要,我的工作很重要。给员工以自我重要感很有必要。

(四)激励员工士气的四种方法

1. 让工作有趣且重要

每个人至少要对其工作的一部分有高度兴趣。对员工而言,有些工作真的很单调乏味,班组长可以在这些工作中加入一些可以激励员工的手段。此外,让员工离开固定的工作一阵子,如轮换岗位,也许会提高其创造力与积极性。

2. 确保有效沟通

员工总是渴望了解如何做好岗位工作及公司营运状况,班组长可以告诉员工公司效益来源及支出动向等情况,公司提供许多沟通渠道让员工得到资讯,并鼓励员工提出问题及分享资讯。

3. 让员工参与决策

让员工参与对他们有利害关系事情的决策,这样做表示对他们的尊重及处理事情的务实态度。当事人(员工)往往最了解问题的状况,可以提出一些切合实际的改进方式;当员工有参与感时,会增加工作的责任感,也能轻易接受改变。

4. 增加员工成长机会

班组长对员工的工作表现给予肯定,每个员工都会心存感激。大部分员工的成长来自工作上的发展,工作也会为员工带来学习新知识、提升新技巧的机会。对多数员工来说,拥有新的机会来表现、学习与成长,是上级给予的最好奖励。

## 二、员工激励实用技巧

(一)激发员工的工作意愿

如何激发班组员工的工作意愿,是班组长激励员工的一项很重要的工作。员工工作意愿欠缺的原因很多,对班组员工来说,主要有以下几点:

(1)上级存心找他们麻烦;

(2)自己拼命干的事却被忽视;

(3)感受不到来自领导的关怀;

(4)人际关系紧张。

激发员工工作意愿的具体措施见表2-4。

表 2-4 激发员工工作意愿的具体措施

| 项　目 | 具体措施 |
| --- | --- |
| 激发员工的工作兴趣 | 使员工了解工作的目的和意义 |
| | 使工作内容更丰富 |
| | 合理设计工作流程，使其符合生理和心理需求 |
| | 给员工一定的决策权 |
| | 使员工能及时了解工作进度和工作结果 |
| | 使员工有成就感 |
| 让员工了解对其工作的评价 | 让员工了解评价的项目和标准 |
| | 让员工了解相应的奖惩方式 |
| | 让员工及时了解对自己工作的评价结果 |
| 培养员工的参与意识 | 让员工参与班组决策 |
| | 对员工进行必要的授权 |
| | 培育员工的责任感 |
| 使员工获得满足感 | 给员工创造提高其素质和能力的机会 |
| | 让员工独立完成工作 |
| | 满足员工对尊重的需求 |
| | 满足员工自我实现的需求 |
| | 及时赞美和奖励 |
| 改善人际关系 | 加强与员工的沟通 |
| | 为员工之间进行有效沟通创造条件 |
| | 培养团队精神 |

(二)转变员工的消极行为

员工消极行为是指员工在工作中通过经验积累而形成对工作所持有稳定的消极的评价与行为倾向。转变员工消极行为有助于提高员工的工作积极性，消除员工的消极态度，更好地完成工作。

1. 了解员工消极行为的类型与原因

(1)员工消极行为的类型

研究结果表明，员工中普遍存在的消极行为有下列七种类型：①未能达到最低的工作要求；②对他人和自己缺乏尊重；③不能界定自己的职责；④合作精神差；⑤沟通水平低；⑥行为情绪化；⑦对工作的承诺较低。

(2)员工消极行为产生的原因

实际上只有少部分人员缺乏职业道德,大多数员工非常渴望在工作中有所建树,并将个人发展的希望寄予工作。虽然大家都表示希望通过工作来改善生活和发展事业,但经常出现的现象是做得再好也是徒劳的。为何这些员工放弃自己的目标、工作表现较差甚至不达标呢?调查结果显示,原因有各种各样,比如:①同事偷懒不出力;②上级不断压制;③不敢胜过同事;④员工流失率较高;⑤同事间缺乏相互尊重;⑥缺乏上级的赏识;⑦缺乏自我控制能力。

2. 转变员工消极行为的方法

(1)参与实践法

通过员工参与实践,在实践中不断地认识、了解工作,从工作中得到启发和教育,进而转变员工的消极态度。在管理中,我们可以通过员工参与现场管理、工作多样化、提合理化建议等途径来转变员工的消极工作态度。

(2)强化法

当员工的工作状态发生变化时,我们可以进行强化教育,包括负强化,如批评、罚款、停职、降级等;正强化,如物质奖励、晋升、表扬、认同等。

(3)目标导向法

员工的消极工作态度有时是因为班组长未能把工作目标与员工的切身利益紧密地联系起来,因此,要把工作目标与员工的切身利益联系起来,提高其主观能动性。

(4)宣传教育法

企业应重视利用企业文化来教育员工,陶冶员工的情操。这样可以帮助员工对企业形成正确的认识,改变对工作的错误看法,有助于转变员工的消极工作行为,树立正确的价值观。

(5)榜样示范法

在企业中树立一些爱岗敬业的先进榜样,对员工消极工作态度的转变有很大的帮助。通过各种渠道使员工了解先进人物的思想行为,使员工在心灵深处受到触动,起到积极的影响作用。

(6)恳谈法

通过恳谈的方法与有消极工作态度的员工积极沟通,有助于员工行为的转变。

3. 找出隐藏在背后的意图与心情

不管对方是冷淡、敌视、悲观或是挑衅,其态度本身已经说出了他们内心的许多话。而为了了解员工的情绪,班组长首先要找出原因,也就是隐藏在某一种态度背后的意图和心情。

(三)对员工进行精神激励

物质奖励自然使员工有很大的满足感,但对于班组长来说,也要使用“精神激励”这种方法。精神激励同样也能达到良好的效果。

1. 关心员工家庭

如果因家庭生活中的一些琐碎而无法排解的事情让员工烦躁不安,他的种种抗拒情绪,甚至使他成为一名棘手的员工,班组长最体谅、最好的解决方法是给他一定的时间和空间,让他休息,或是旅游,给他时间调整。在这期间,班组长若能从根本上帮他找出使其烦躁的原因,并设法帮其解除,那是再好不过的了。相信等他度假回来时,心情的放松可能使他变成了另外一个人。

因此,顺其自然是很重要的。如果一名员工满脑子都在想着家庭的事务,那是不可能做好工作的。所以,当员工的士气受到家庭事务的影响时,班组长应该做的是关心他们。如果你能帮助他们解决个人困难,那么,他们就会工作得更有成效。

2. 经常赞扬员工

当员工特别卖力地工作时,班组长千万不要吝啬赞扬。当班组长希望激励员工提高工作效率时,就要赞扬他。

(四)正确使用表扬激励

赞扬与批评是班组长激励员工的两个手段。赞美、表扬、精神上支持、鼓舞是激发员工斗志必不可少的催化剂。当然,班组长不能一味地赞扬,一团和气是不可能管理员工、激励员工的,有时恰当的批评也能达到同赞扬相当的激励效果。

1. 不要吝啬赞扬

当班组长希望员工提高工作效率时,你需要做的事情很简单,就是:赞扬他。因为,赞扬是达到这一目的最有效的办法。人人都有得到他人承认、信任、重视和赏识的渴望。显然,追求被重视、被赞扬,已成为人们内心最强的渴望。

赞扬的成本微乎其微,可其影响常常是出乎意料的。今天更多的人不仅是为了获得薪水而工作,更是希望得到企业的重视。而对他们最有价值、最有力的赞美就是经常跟他们说:"企业因为有你而感到骄傲。"

赞扬之所以有如此奇效,是因为赞扬一个人就意味着尊敬。重视称赞可以最大限度地鼓舞人的士气和精神。一名员工有了被尊重感,可以激发他的工作热情,释放他的潜在能量。

2. 赞美员工的闪光点

有些班组长感到赞扬一个人很困难,他们常抱怨没有在员工身上发现"闪光点",不知道如何开口。这种说法很难让人赞同。其实,每位员工都是一块"金子",只要班组长睁大双眼、细心观察,都可以从他们身上找到闪光点和值得赞扬的地方。

赞扬其实是一件很容易的事情,如果你想赞扬一个人,总能观察到他值得称赞的地方。

3. 赞扬要适时

适时赞扬就是不漏听、不漏看、不忘记员工取得的成果,要及时在众人面前表扬,同时也可以借助他人来表扬。

以下场合,班组长要适时表扬:

(1)圆满完成业务目标时,如质量目标达成;

(2)推进工作 QCD 的改善,并取得成效时;

(3)正在向难度很高的工作发起挑战时;

(4)报告内容精彩,有翔实的 5W1H 的内容;

(5)能够发现一般人发现不了的问题,或对班组作业有新见解时;

(6)取得公认资格或通过公司内部考试合格时;

(7)6S 活动第一个执行时;

(8)热心指导晚辈掌握工作技能时;

(9)协助他人工作,取得成果时;

(10)在班组或公司伸张正义时。

(五)正确使用批评、激励

班组长如果在该批评的时候不批评,会使员工心存侥幸,误以为领导已经默许,奈何不了自己,从而导致下回再犯同样的错误。

批评教育要有针对性,罚对一个,就会教育一片,这才能起到激励作用。反之,选错一人,就会冷落一片;罚错一人,就会寒心一片。所以要小心选用,切勿滥用。

能随机应变改变批评方式,且令人心悦诚服地接受,才能算是一流的管理者。

1. 批评的方法

班组长在批评时要注意,不可任由自己感情的冲动而发怒,要以诚意协助并予以鼓励为根本,才是助员工成长之道。此外,批评时应清楚地告诉员工,让他们知道自己错在哪里,这才是批评的基本态度,切不可让被批评的员工不知道挨批评的原因。

批评的方法和举例见表 2-5。

表 2-5　批评的方法和举例

| 行为项 | 批评方法 | 举例说明 |
|---|---|---|
| 缺勤、迟到、早退增多时 | 关切批评 | 平时很少见你迟到,是不是身体不舒服? |
| 肆无忌惮地发表对他人、公司不满、埋怨的言辞时 | 委婉批评 | 你有很多不满,是吗?能不能把其中的某个原因和经过说给我听听 |
| 脸色不好、干活无精打采时 | 略加批评 | 平时的生龙活虎劲儿哪去了?拿出点劲儿来 |
| 对人粗声恶气、行为不检点时 | 严厉批评 | 这种话你都敢说?这种事你都敢做?这是你吗? |
| 有逃避工作、不负责任的言行时 | 严厉批评 | 究竟怎么回事?这不像你的所作所为 |
| 背后造谣中伤同事时 | 揭穿批评 | 你有事实根据吗?没有就不要随便添油加醋 |
| 诉说自己身体不适、不愿更多承担责任时 | 关爱批评 | 怎么没照顾好自己?什么时候开始的?看医生了没有? |
| 待人办事心不在焉时 | 提醒批评 | 对人这样很失礼!我只能说到此为止,听漏别人说的话,办错了事,对你我都没好处 |

| 行为项 | 批评方法 | 举例说明 |
| --- | --- | --- |
| 接连抱怨身心疲惫、推脱工作时 | 勉励批评 | 再加把劲吧！如果要我一块做的话请告诉我 |
| 渐渐没了精气神、缺乏干劲时 | 提醒批评 | 有什么心事把它说出来，让我也听听，看有什么能帮你的 |

2. 批评的注意事项

(1)就事论事，不要提及他人他事。如把以前的“旧账”一笔一笔地搬出来，逐条清算；胡乱断言员工无可救药，将来不会有前途；一口咬定别人如何好，员工如何没出息；连同员工家人一起批评等都是错误的。

(2)要给人留台阶，如：

①不要当着大家的面，点名道姓地批评；

②不要当着不相关的第三者，或者在资格更低者的面前批评；

③不要到处发布批评的言辞；

④不要实际处罚，这比批评更严厉。

(3)要听员工的解释，不能抓住就批，有理没理先骂一顿再说。

(4)不要不给挽回机会，一错就批，根本不采取补救措施。

(5)不要让其失去信任，错一回就认为无可救药，以后就不再使用。

(6)要采取相应的实际处罚。每次都停留在口头上，没有触及员工的任何实际利益，听与不听都一样，不能起到震慑作用，以致一犯再犯。

(六)在班组导入良性竞争

良性竞争能促进员工之间形成你追我赶的学习、工作气氛。所以，班组成员之间要有良性竞争。

1. 适度竞争有利于激发士气

以比赛的形式完成一项原本枯燥乏味的工作，会让工作变得快乐而富有吸引力，其成效之佳显而易见。班组长可以通过员工之间的彼此竞争，激发他们的好胜心，满足他们工作的成就感。

当然，这里的竞争是为了共同进步而竞争，否则，变成了少数人打击一大片。

(1)竞赛激励的工作重点

①宣传这个奖励计划和它的目的；

②设立实际的、可行的、可计量的预定目标；

③竞赛要有一定的期限，期限不能设得太长；

④竞赛的规则不能定得太复杂；

⑤奖品要有诱惑力；

⑥奖品的价值与员工的表现要有直接的关联性；

⑦竞赛结束，要尽快表扬和给予奖励。

(2)竞赛激励的注意事项

①竞争必须建立在公平之上。如果想以竞争有效推进全体发展的脚步,要摆正态度,凭着公平的竞争,有效激励员工个人以及群体的工作热情。因此,竞争必须建立在公平之上。

②"公平"不是绝对的。员工的能力良莠不齐,这是不争的事实,如果在制定竞争目标时忽略这点,就无法起到激励员工的作用,反而降低了员工参与竞争的动力。

③事先把相关事项说明清楚。用竞赛方式来奖励员工,应该把详细的竞赛规则写清楚,同时把奖金额度或奖品的信息公之于众。

④防止恶意竞争。员工之间的竞争分为良性竞争和恶性竞争。班组长的职责就是要遏制员工之间的恶性竞争,并在员工之间发生恶性竞争时,积极引导他们参与到有益的良性竞争之中。

恶性竞争会使班组内人心惶惶,员工相互之间戒心强烈,大家都提高警惕,防止被别人算计,工作的气氛就会很压抑。作为一名优秀的班组长,平日一定要关心员工的心理变化,在班组内部采取措施,防止恶性竞争。

2. 引导员工进行良性竞争的技巧

(1)要有一套科学正确的业绩评估机制。要多从实际业绩着眼综合评价员工的能力,不能根据其他员工的意见或者是班组长自己的好恶来评价员工的业绩。总之,评判的标准要尽量客观,少些主观臆断。

(2)要在部门内部制定出一套公开的沟通体系,要让大家多接触,多交流,有话摆在明处讲,有意见当面提。

(3)不能鼓励员工搞告密、揭发等小动作,不能听信个别人的一面之词,应该鼓励员工之间多学习、多交流。

(4)要坚决杜绝和惩罚那些为谋私利而不惜攻击同事、破坏部门正常工作的行为和员工。

(七)鼓励员工无私奉献

所有员工都渴望被赏识,不仅仅是因为他们的才干,也因为他们乐意为工作付出。

工作当中总是有些吃力不讨好的任务,但是当班组长一次又一次地让同一个人做这些工作,却没有意识到他的这种无私奉献精神时,这位员工就会很伤心,甚至拒绝再做此类工作。所以,班组长应该尊重员工的默默付出。

1. 一定要表示感谢

当你的员工加班做了分外的工作或者在工作中耗费了额外的精力时,班组长应该向他们表示感谢,大多数人都会乐意为一个赏识他们的班组长出力。

2. 关心他们的利益

当你的员工和别的管理者或其他班组在劳动任务上有分歧时,支持自己的班组成员。这种情况在一线经常出现,当其他班组因生产任务紧张而要求从你的班组抽调人员时，你要敢于拒绝，尤其是当别的班组并不是很忙时。要关心自己班组成员的利益，也许你的班组成员已经付出了许多，再让他们继续付出，就有失公平。

3. 要用商量的口吻指派任务

如果你商量着让员工完成一项工作，就有一种互相信任的感觉，他们有困难就会告诉你，然后你们协商怎样把任务完成好，比如说："让我们看看小刘能不能接受这项工作"或"我可以将你原来的工作完成期限宽限几天，好让你腾出时间来去完成这项工作"。

甚至你只需解释一下这项任务非他莫属、别无其他人选时，员工会很乐意接受指派。

4. 尽量让员工主动请缨

如果你手下员工不止一个人可以干这项工作，甚至有一两个人早就想干了，那么就把这项工作交给班组成员，让他们自己决定如何分配。也许他们会商量出一个好办法。

任务安排下去后，班组长也并不是撒手不管了。谁都知道你是班组负责人，有最后的决定权。

如果员工对如何分配任务取得了一致意见，他们会更乐意接受最后决定，并且能把任务完成得很好。

5. 进行有效激励

对表现出众的员工进行物质奖励是很重要的。但在大多数公司，这种奖励机制由更高层的管理者控制，而不是班组长所能决定的。

但是，有效的激励还包括对他们工作的认同，一句感谢的话、一封表扬的信……都可以获得员工很大的回报。多数人都是知足常乐的，当他们知道自己没有辜负班组长的期望时，会获得最大的满足。当你对员工的表现很满意时，满怀深情地说一句"非常感谢，我很感激"就足够了。

## 第二部分

# 现场管理篇

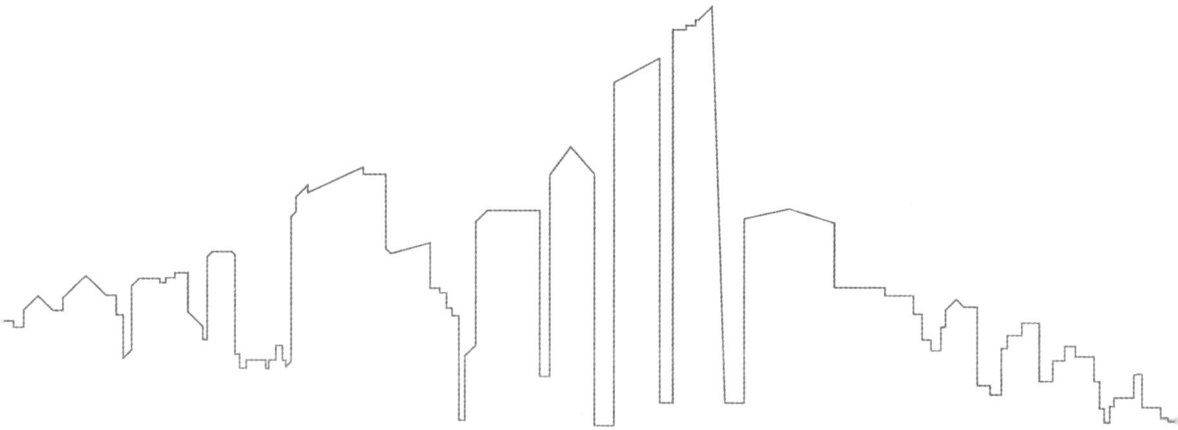

# 第三章　班组人员管理

## 第一节　定岗定员管理

### 一、定岗定员管理概述

定岗定员管理是企业人力资源管理的重要组成部分，它涉及企业岗位设置和人员配置的优化和合理化。定岗定员管理不仅有助于提高企业的运营效率，还能促进员工的发展和提升。

首先，定岗定员管理需要明确企业的战略目标和业务需求，根据企业的实际情况进行岗位设置和人员配置。这需要深入了解企业的业务流程和组织结构，明确每个岗位的职责和权限，确保岗位设置和人员配置的合理性和科学性。

其次，定岗定员管理需要建立科学的人员选拔和配置机制。企业应该根据岗位需求和员工的能力素质进行匹配，确保员工能够胜任岗位工作。同时，企业还应该建立完善的培训和发展机制，为员工提供更多的职业发展机会，提高员工的工作积极性和满意度。

此外，定岗定员管理还需要建立有效的绩效管理和激励机制。企业应该根据员工的绩效表现和工作成果进行评估，给予相应的奖励和惩罚，激励员工更好地发挥自己的潜力，提高工作效率和质量。

最后，定岗定员管理需要不断优化和调整。随着企业的发展和市场环境的变化，企业的战略目标和业务需求也会发生变化。因此，企业需要不断对定岗定员管理进行评估和调整，确保其与企业的实际情况相符合，为企业的发展提供有力的支持。

总之，定岗定员管理是企业人力资源管理的重要环节，它涉及企业的运营效率、员工的发展和提升以及企业的战略目标实现。因此，企业应该重视定岗定员管理，建立科学、合理的管理机制，确保企业的高效运转和持续发展。

## 二、班组定岗管理与定员管理

(一)班组定岗管理

所谓班组定岗是指班组根据生产工艺和班组职能管理的需要,作出明确的岗位设定和技能要求来确定人员编制。

1. 根据工艺确定生产岗位

专业研究表明,一个人能有效管理的直接人数为10人左右,所以一个班组的人数设定以5~8人为宜。根据这一特点以及生产工艺流程,合理设置班组人数。

设置班组后,根据生产工艺确定生产岗位,根据作业内容配置相应的人数。一般来说,一个岗位配备一名作业员工,某些产品有特殊的工艺要求需要临时增加人员的,在班组人员编制上也应事先予以明确,这样才能避免用工需求的紧急性。

2. 按需设置职能管理岗位

生产班组的职能管理包括计划管理、物料管理、质量管理、考勤管理、设备管理、6S管理、安全管理、成本管理、低值易耗品管理等,这些职能管理工作可以根据班组大小和工作量大小采用不同的方式进行。

第一种方式是所有职能管理均由班组长负责,这种方式适合于人数不多工作量不大的班组;第二种方式是大部分职能由班组长负责,工作量特别大的某个职能设定辅助岗位,如物料员等;第三种方式是设副职与班组长共同配合,分担管理职能,或同时设辅助岗位,这种方式适合于人数特别多、工作量特别大的班组。

对于没有设副职和辅助人员的班组,班组长可以让骨干分担班组职能管理工作,这样不但能防止班组长陷入过多烦琐的具体事务中,还能使骨干在做好本职工作的同时做班组长的助手,站高一步考虑问题,这是培养班组长后备力量的有效方式。

不同的岗位对技能要求和资格要求也都不一样,所以班组定岗不仅是对人数的要求,而且还是对技能、资格的要求。

(二)班组定员管理

班组定岗之后,班组的标准人数就能基本确定,如果生产产品的型号变化会带来弹性用工需求的话,班组定岗还要相应地明确其需求变化的规律,班组定岗定员通常以班组组织表的形式体现,被批准的组织表是人员需求和作业补员的重要依据。组织表是班组人员管理的重要工具,是班组职能管理的综合体现。

运用书面化的班组组织表并及时更新、动态管理,一个阶段内的人员安排就会一目了然,这样便于班组长掌握和调整班组人员。

## 三、定岗管理的原则与好处

(一)定岗管理原则

员工的定岗是根据岗位要求和个人状况来决定的。根据岗位质量要求的特点,可以把员工的岗位区分为重要岗位和一般岗位;根据岗位劳动强度的大小,可以将员工的岗位区分为一般岗位和艰苦岗位。根据员工的身体状况、技能水平、工作态度，以保证质量、产量和均衡生产为目标，可按照下述原则进行定岗安排。

（1）“适所适才”原则，根据岗位需要配备适合的人员；

（2）“适才适所”原则，根据个人状况安排适合的岗位；

（3）“强度均衡”原则，各岗位之间适度分担工作量，使劳动强度相对均衡。

（二）员工定岗的好处

（1）员工在一段时间内固定在某个岗位作业，能使作业技能尽快熟练并熟能生巧；

（2）员工定岗有利于保证管理的可追溯性，能够责任到人，做到业绩好管理、问题好追查；

（3）员工定岗有利于提高和稳定员工技能，确保安全、质量和产量；

（4）员工定岗有利于提高工作安排和人员调配的效率。

**四、未实施定岗的危害**

员工定岗后，其操作岗位要求必须相对固定，不允许随便换岗。但在实际工作中经常出现员工串岗和换岗的现象。

串岗一般是指员工未经批准在一个班次之内短、频、快地在不同岗位交替作业；换岗一般是指员工在一段时间内无组织、无计划地随意变换工作岗位。串岗和换岗都属于无序管理现象，极易带来现场管理的混乱，其带来的危害是比较大的。

（1）岗位变换快，员工作业技能不稳定；

（2）易出安全和质量事故，质量和产量难稳定；

（3）责任不清，问题难以追溯，业绩难以管理；

（4）岗位变动大、变动快，处于无序状态，人员难管理。

随着用工制度和用工结构的变化，企业开始出现临时工、季节工、劳务外包等用工形式，班组长应根据岗位特点和需要，明确区分岗位性质和用工要求，有针对性地做好定岗定员和人员管理工作，这对保障班组目标的实现起着很重要的作用。

## 第二节　员工培训管理

员工培训是企业发展的重要驱动力，也是提高员工素质、增强企业竞争力的重要途径。随着市场竞争的日益激烈，企业对于员工培训的需求也越来越高。因此，建立科学、有效的员工培训管理体系，对于企业的可持续发展具有重要意义。本节将从员工培训管理的定义、重要性、现状、问题及解决方案等方面进行探讨。

员工培训管理是指企业根据自身战略目标和业务需求，制定相应的培训计划和方案，对员工进行有针对性的培训和开发，以提高员工的素质和能力，为企业的发展提供有力支持。员工培训管理涉及多个方面，包括培训需求分析、培训计划制订、培训实施、培训效果评估等。

## 一、员工培训管理的现状和重要性

### (一)员工培训管理的现状

目前,许多企业已经认识到员工培训的重要性,并积极开展员工培训工作。然而,在实际操作中,仍存在下列问题:

(1)培训需求分析不足;

(2)培训实施不够规范;

(3)培训效果评估不足。

### (二)员工培训管理的重要性

(1)提高员工素质和能力,使其更好地适应企业发展的需要,提高工作效率和质量;

(2)增强企业竞争力,使企业在激烈的市场竞争中立于不败之地;

(3)满足员工的个人发展需求,提高员工的职业素养和职业技能,增强员工的归属感和忠诚度。

## 二、培训涉及的问题及解决方案

员工培训管理是企业发展的重要驱动力之一,对于提高员工素质、增强企业竞争力具有重要意义,然而在实际操作中仍存在一些问题需要解决。因此,企业应该重视员工培训管理,建立科学有效的管理体系,不断提高员工的素质和能力,为企业的发展提供有力支持。

### (一)培训需求分析不足的问题及解决方案

**问题**:一些企业在制订培训计划时,没有充分考虑员工的实际需求和企业的战略目标,导致培训内容与实际需求脱节。

**解决方案**:在制订培训计划时,企业应该充分了解员工的实际需求和企业的战略目标,对培训需求进行深入分析。同时,企业还应该建立完善的沟通机制,及时了解员工的意见和建议,不断调整和完善培训计划。

### (二)培训实施不够规范的问题及解决方案

**问题**:一些企业在实施培训时,缺乏规范的管理和监督机制,导致培训效果不佳。

**解决方案**:企业应该建立完善的培训管理制度和监督机制,确保培训过程的规范化和有效性。同时,企业还应该加强对员工的指导和帮助,提高员工的参与度和积极性。

### (三)培训效果评估不足的问题及解决方案

**问题**:一些企业在评估培训效果时,缺乏科学的方法和标准,导致评估结果不准确。

**解决方案**:企业应该建立科学的评估方法和标准,对培训效果进行全面、客观的评估。同时,企业还应该加强对评估结果的反馈和应用,及时调整和完善培训计划和方案。

### 三、员工培训管理解决推荐方案

员工培训管理是企业发展的重要环节，需要制定科学有效的解决方案。通过明确培训目标、制订培训计划、选择合适的培训方式、建立培训师资库、加强培训效果评估、建立激励机制以及持续改进和优化等方面的工作，可以提高员工素质和能力，增强企业竞争力，实现企业的可持续发展。员工培训管理的具体步骤推荐如下：

第一步　明确培训目标：首先，企业需要明确员工培训的目标，包括提高员工专业技能、增强团队协作能力、培养创新思维等。明确的目标有助于制定有针对性的培训计划和方案。

第二步　制订培训计划：根据员工的实际需求和企业的战略目标，制订详细的培训计划。计划应包括培训内容、时间、方式、师资等，确保培训的针对性和实效性。

第三步　选择合适的培训方式：培训方式可以多样化，如在线培训、线下集中培训、实践操作培训等。根据培训目标和内容，选择合适的培训方式，提高员工的学习兴趣和参与度。

第四步　建立培训师资库：建立一支高素质的培训师资队伍，确保培训的质量和效果。可以通过外部引进、内部选拔等方式，建立专业、稳定的培训师资库。

第五步　加强培训效果评估：对培训效果进行评估，及时了解员工的掌握情况和学习成果。可以通过考试、问卷调查、实际操作等方式进行评估，确保培训效果的真实性和有效性。

第六步　建立激励机制：建立激励机制，鼓励员工积极参加培训和学习。可以设置奖励制度，对表现优秀的员工给予相应的奖励和晋升机会，激发员工的学习积极性和工作热情。

第七步　持续改进和优化：根据员工的反馈和实际效果，持续改进和优化培训计划和方案，确保培训工作的针对性和实效性。同时，关注行业动态和市场需求，及时调整培训内容和方向，使员工始终保持竞争力和创新力。

## 第三节　人际关系管理

### 一、人际关系管理的意义

（一）人际关系管理对个人发展的影响

首先，良好的人际关系有助于个人在职业发展中的成功。通过与同事、领导、客户等建立良好的关系，个人可以获得更多的工作机会、资源和支持，从而更容易实现职业目标。同时，人际关系管理也有助于个人在组织中的地位和影响力的提升，从而为个人的职业发展创造更好的条件。

其次，人际关系管理有助于个人的心理健康和幸福感的提升。与他人建立良好的关系可以带来积极的情感体验，减轻压力和焦虑，增强自信心和自尊心。同时，良好的人际关系也可以为个人提供支持和帮助，帮助个人更好地应对生活中的挑战和困难。

此外，人际关系管理还有助于个人的社交能力和人际交往技巧的提升。通过与不同背景、性格和需求的人建立关系，个人可以学会更好地理解他人、沟通交流、解决冲突和建立信任等人际交往技巧。这些技巧不仅在工作中有用，也可以帮助个人在生活中更好地与他人相处。

最后，人际关系管理还有助于个人的自我认知和发展。通过与他人的互动和交流，个人可以更好地了解自己的优点和不足，从而有针对性地改进和发展自己。同时，良好的人际关系也可以为个人提供反馈和建议，帮助个人更好地认识自己并实现自我提升。

人际关系管理对于个人的发展具有多方面的影响，包括职业发展、心理健康、社交能力和自我认知等方面。因此，我们应该重视人际关系管理的学习和实践应用，不断提升自己的人际交往能力，为个人的全面发展创造更好的条件。

在我们的日常生活中，人际关系是不可避免的一部分。无论是在工作场所还是在社交场合，我们都需要与他人建立良好的关系。人际关系管理是指通过有效的沟通、理解和合作，建立和维护与他人的良好关系。

（二）人际关系管理的重要性

(1)促进团队合作。良好的人际关系可以促进团队成员之间的合作与沟通，提高工作效率和团队凝聚力。例如，某公司的项目团队因为团队成员之间缺乏有效的沟通，导致项目进度缓慢。后来，通过加强团队成员之间的沟通和协作，项目进度得到了显著提升。

(2)提升个人影响力。通过良好的人际关系管理，我们可以建立信任和尊重，提升个人在组织和社会中的影响力。例如，某位员工因为与同事建立了良好的关系，得到了更多的合作机会和资源支持，从而在工作中取得了更好的成绩。

(3)解决问题和冲突。人际关系管理有助于解决工作和生活中的各种问题及冲突，保持和谐的工作环境。例如，某位员工因为与同事发生了冲突，导致工作氛围紧张。后来，通过积极的人际关系管理，双方成功解决了问题，工作氛围得到了改善。

## 二、人际关系管理的技巧与实践

（一）人际关系管理的技巧

(1)倾听与理解。倾听他人的意见和想法，理解他人的立场和需求，是建立良好关系的基础。例如，某位领导在与员工沟通时，积极倾听员工的意见和建议，理解员工的需求和困难，从而更好地指导员工工作。

(2)有效沟通。清晰、准确、及时地表达自己的观点和需求，同时倾听他人的反馈，有助于建立有效的沟通。例如，某位员工在与同事沟通时，清晰地表达了自己的观点和需求，同时积极倾听同事的反馈和建议，从而达成了共识并有效地解决了问题。

(3)尊重与包容。尊重他人的观点和感受,包容他人的差异和不足,有助于建立和谐的人际关系。例如,某位领导在与员工沟通时,尊重员工的观点和感受,包容员工的差异和不足,从而建立了良好的工作关系。

(4)主动与积极。主动与他人建立联系,积极参与社交活动,有助于扩大人际网络,提升个人影响力。例如,某位员工通过积极参与公司的社交活动和志愿者活动,主动与他人建立联系并建立了良好的人际关系网络。

(二)人际关系管理的实践应用

人际关系管理对于我们的生活和工作都具有重要的意义。通过掌握有效的沟通技巧和建立良好的人际关系网络,我们可以更好地与他人合作、解决问题并提升个人影响力。因此,我们应该重视人际关系管理的学习和实践应用,不断提升自己的人际交往能力。

(1)在工作场所:通过良好的人际关系管理,我们可以与同事建立良好的合作关系,提高工作效率和质量。同时,我们还可以通过积极的人际关系管理来提升个人在组织中的地位和影响力。例如,某位员工通过积极参与团队合作和社交活动,与同事建立良好的合作关系并提升个人在组织中的地位和影响力。

(2)在社交场合:通过良好的人际关系管理,我们可以扩大社交圈子,结交更多的朋友和合作伙伴。同时,我们还可以通过积极的人际关系管理来提升个人在社会中的形象和声誉。例如,某位社交达人通过积极参与各种社交活动并积极与他人建立联系,扩大了自己的社交圈子并提升了个人在社会中的形象和声誉。

(三)如何在工作中实践人际关系管理

(1)建立良好的第一印象。在初次与他人交往时,注意自己的言行举止,展现出友好、自信、尊重他人的态度。通过良好的第一印象,可以更容易地与他人建立信任和联系。

(2)倾听和理解他人。在与他人交流时,积极倾听对方的意见和需求,理解对方的立场和感受。通过倾听和理解,可以更好地与他人建立共鸣,增进彼此之间的理解和信任。

(3)有效沟通。清晰、准确、及时地表达自己的观点和需求,同时倾听他人的反馈和建议。通过有效的沟通,可以更好地与他人达成共识,解决问题和冲突。

(4)尊重和包容他人。尊重他人的观点和感受,包容他人的差异和不足。在工作中,遇到不同意见和观点时,要保持开放的心态,尊重他人的意见,共同寻求解决方案。

(5)主动与他人建立联系。积极参与团队活动、社交活动等,主动与他人建立联系。通过建立良好的人际关系网络,可以扩大自己的影响力,提高工作效率和质量。

(6)保持诚信和信任。在工作中,要保持诚信和信任,遵守承诺,不轻易背叛他人的信任。通过诚信和信任的建立,可以更好地与他人合作,共同实现工作目标。

(7)及时解决冲突。在工作中难免会遇到各种冲突和矛盾。要及时解决冲突,避免影响工作效率和质量。通过积极的沟通和协商,可以化解矛盾,维护良好的工作关系。

（四）如何在工作中实践有效沟通

(1)明确沟通目的。在开始沟通之前，要明确沟通的目的，确保沟通的方向和内容与目的保持一致。

(2)倾听和理解对方。在沟通中，要积极倾听对方的意见和需求，理解对方的立场和感受。通过倾听和理解，可以更好地与对方建立共鸣，增进彼此之间的理解和信任。

(3)清晰表达观点。在表达自己的观点和需求时，要使用简洁明了的语言，避免使用模糊或含糊不清的词汇。同时，要注意语气和态度，保持友好、尊重和耐心的态度。

(4)避免情绪化。在沟通中，要避免情绪化的表达和行为，保持冷静和理性。情绪化的表达和行为容易影响沟通的效果和氛围。

(5)给予反馈和建议。在沟通中，要给予对方反馈和建议，让对方了解自己的意见和需求。同时，也要听取对方的反馈和建议，共同寻求解决方案。

(6)保持开放的心态。在沟通中，要保持开放的心态，尊重对方的意见和观点。遇到不同意见和观点时，要保持开放的心态，共同寻求解决方案。

(7)及时跟进和落实。在沟通后，要及时跟进和落实沟通结果，确保沟通的目标得到实现。同时，也要及时反馈沟通结果，让对方了解自己的进展和情况。

（五）如何在工作中提高团队的沟通效率

(1)明确沟通目标。

(2)制订沟通计划。在团队中制订沟通计划，包括沟通的时间、地点、参与人员、沟通内容等。通过制订明确的沟通计划，可以避免沟通中的混乱和重复，提高沟通效率。

(3)使用有效的沟通工具。在团队中，可以使用一些有效的沟通工具，如即时通信工具、协作平台等，以提高沟通效率。这些工具可以帮助团队成员快速传递信息、共享文件和协作完成任务。

(4)建立良好的沟通氛围。在团队中建立良好的沟通氛围，鼓励团队成员积极发言、分享信息和经验。通过建立良好的沟通氛围，可以促进团队成员之间的互动和交流，提高沟通效率。

(5)避免信息传递的失真。在信息传递过程中，要避免信息的失真和误解。在传递信息时，要确保信息的准确性和清晰度，避免使用模糊或含糊不清的词汇。同时，也要注意信息的接收和理解情况，及时反馈和纠正误解。

(6)定期进行团队沟通。如周会、例会等，可以让团队成员了解工作进展、问题和解决方案。通过定期的团队沟通，可以促进团队成员之间的协作和交流，提高团队的工作效率和绩效。

(7)鼓励团队成员提出建议和意见。这样可以促进团队成员之间的互动和交流。通过提出建议和意见，可以让团队成员更加深入地了解工作进展和问题，提出更好的解决方案。

# 第四章　班组目标与计划管理

班组是企业组织中的基本单位，是企业实现各项任务和目标的重要基础。班组目标管理是企业班组管理的重要组成部分，对于提高班组工作效率、提升企业整体绩效具有重要意义。本章将探讨班组目标管理的概念、原则、实施方法以及注意事项，以期为企业班组管理提供有益的参考。

## 第一节　班组目标管理

### 一、班组目标管理的概念和原则

（一）班组目标管理的概念

班组目标管理是指通过设定明确的班组目标，引导班组成员共同努力，实现企业整体目标的过程。它强调以目标为导向，通过制定具体的计划和措施，激发班组成员的积极性和创造力，提高团队协作效率，实现班组和企业的共同发展。

（二）班组目标管理的原则

（1）明确性原则：班组目标应该明确、具体，能够清晰地表达出班组的期望和要求。同时，目标应该具有可衡量性，以便于评估和监控。

（2）相关性原则：班组目标应该与企业的整体战略和目标保持一致，确保班组工作与企业发展方向相一致。

（3）可达成性原则：班组目标应该具有可达成性，既不过于容易也不过于困难，以确保班组成员能够通过努力实现目标。

（4）灵活性原则：在实施过程中，班组目标应该具有一定的灵活性，能够根据实际情况进行调整和优化。

（5）激励性原则：班组目标应该具有激励性，能够激发班组成员的积极性和创造力，提高团队协作效率。

## 二、班组目标管理的实施步骤及注意事项

（一）班组目标管理的实施步骤

第一步　设定明确的班组目标：首先，要明确班组的整体目标和任务，然后将其分解为具体的子目标和任务。这些子目标和任务应该与企业的整体战略和目标保持一致，同时也要考虑到班组的实际情况和能力。

第二步　制订实施计划：应该充分考虑各种因素，包括人员、时间、资源等。

第三步　监控和调整：在实施过程中，要密切关注目标的进度和实施情况，也要对目标的完成情况进行定期评估和反馈，以便及时调整和优化目标。

第四步　激励和奖励：为了激发班组成员的积极性和创造力，可以设定激励机制和提供奖励。例如，可以为实现目标的团队成员提供奖金、晋升机会等奖励措施。同时，也要给予他们充分的信任和支持，让他们感受到自己的价值和重要性。

第五步　持续改进：在实施过程中，要不断总结经验教训，持续改进和优化班组目标管理方法。通过不断学习和提升自己的能力水平，提高团队协作效率和企业整体绩效。

（二）班组目标管理实施过程中的注意事项

(1)确保目标的合理性和可行性：在设定班组目标时，要充分考虑实际情况和能力水平等因素，确保目标的合理性和可行性。避免设定过于乐观或不切实际的目标。

(2)加强沟通和协作：在实施过程中，要加强团队成员之间的沟通和协作能力培养。通过建立良好的沟通机制和协作文化氛围来提高团队协作效率和质量水平。

(3)关注员工成长和发展：在实施过程中要关注员工的成长和发展需求。通过提供培训和发展机会来帮助员工提升自身能力和素质水平，为企业的可持续发展提供有力保障。

(4)保持灵活性和适应性：在实施过程中要保持灵活性和适应性，从而能够根据实际情况进行调整和优化，确保目标的顺利实现并适应企业发展的需要。

(5)建立有效的评估机制：在实施过程中要建立有效的评估机制，对目标的完成情况进行定期评估和反馈，以便及时发现问题并采取措施加以解决，同时也可以为未来的工作提供有益的参考和借鉴。

（三）班组目标管理实施过程中的常见误区

(1)目标设定过于笼统：有些班组在设定目标时过于笼统，没有具体、明确的指标和标准，导致目标难以衡量和评估。这样的目标不仅难以激发员工的积极性和创造力，还可能导致工作方向不明确，影响工作效率。

(2)忽视目标的可达成性：有些班组在设定目标时过于追求高标准，忽视了目标的可达成性。这样的目标不仅难以实现，还可能打击员工的信心和积极性，影响团队协作效率。

(3)缺乏有效的监控和反馈机制：有些班组在实施目标管理时，缺乏有效的监控和反馈机制，无法及时发现和解决问题。这可能导致目标偏离预期方向，影响整体

目标的实现。

(4)忽视员工参与和激励:有些班组在实施目标管理时,忽视了员工的参与和激励。员工是实现目标的重要力量,如果他们的参与和激励被忽视,就可能导致工作积极性不高,影响目标的实现。

(5)缺乏持续改进和创新意识:有些班组在实施目标管理时,缺乏持续改进和创新意识。他们可能只关注当前的目标和任务,而忽视了未来的发展和变化。这样的管理方式不仅难以适应变化的环境,还可能阻碍企业的发展和进步。

为了避免这些误区,班组在实施目标管理时应该注意以下几点:设定具体、明确的目标;充分考虑目标的可达成性;建立有效的监控和反馈机制;重视员工的参与和激励;保持持续改进和创新意识。

## 第二节　SMART 原则

美国管理专家彼得·德鲁克在《管理的实践》中最先提出目标管理这个概念,他认为,并不是有了工作才有目标,而是有了目标才能确定每个人的工作。所以"企业的使命和任务,必须转化为目标",如果一个领域没有目标,那么这个领域的工作必然被忽视。目标管理并不局限于年度销售目标,生产管理、现场管理、售后管理等,都可以实施目标管理。班组长掌握了目标管理这一利器,就能使你的管理工作化繁为简,在制定目标时,班组长必须遵守 SMART 原则。

SMART 原则是一种广泛应用于管理、项目执行和个人发展等领域的目标设定方法。SMART 是五个英文单词的首字母缩写,分别代表 Specific(具体)、Measurable(可衡量)、Achievable(可达成)、Relevant(相关)和 Time-bound(有时限)。通过遵循 SMART 原则,我们可以更加明确、有效地设定和实现目标。

### 一、SMART 原则详解

(1)具体(Specific):目标应当明确、具体,避免模糊和笼统。一个具体的目标可以帮助我们清晰地了解需要完成的任务和预期的结果。例如,"提高销售额"是一个模糊的目标,而"在接下来的季度内提高销售额 10%"则是一个具体的目标。

(2)可衡量(Measurable):目标应当是可衡量的,这样我们才能知道是否达到了预期的结果。通过设定具体的指标或标准来衡量目标的完成情况,可以确保我们在实现目标的过程中保持关注并取得进展。例如,"提高网站流量"是一个不可衡量的目标,而"在接下来的一个月内将网站日均访问量提高到 1000 次"则是一个可衡量的目标。

(3)可达成(Achievable):目标应当是可达成的,既不过于容易也不过于困难。一个过于容易的目标可能无法激发员工的动力,而一个过于困难的目标则可能导致员工的挫败感。通过评估现有的资源和能力，我们可以设定一个具有挑战性的但可实现的目标。例如，"在下个月内学会一门新语言"对于大多数人来说可能是一个不可达成的目标，而"在下个月内掌握 50 个新单词"则是一个可达成的目标。

(4)相关(Relevant)：目标应当与我们的总体目标、价值观和追求的方向保持一致。一个与我们的长期规划不相关的目标可能会分散我们的注意力，导致我们无法实现真正想要的结果。通过确保目标与我们的核心价值和长期规划相一致，我们可以更加专注和有动力地追求目标。例如，对于一个致力于环保的企业来说，"减少碳排放量"是一个与其核心价值相关的目标。

(5)有时限(Time-bound)：目标应当设定明确的截止日期，以避免拖延和缺乏紧迫感。一个有时限的目标可以激发我们的行动力，促使我们在规定的时间内完成任务。通过为目标设定具体的完成日期，我们可以更好地管理时间和资源，确保目标的按时实现。例如，"在今年年底前完成项目"是一个有时限的目标。

SMART 原则可以应用于各个领域，包括工作、学习、生活和项目管理等。以下是一些具体的例子：

在工作中，我们可以使用 SMART 原则来设定职业发展目标，如提升技能、获得证书或晋升职位等。例如，"在接下来的 6 个月内获得某个专业证书"就是一个符合 SMART 原则的目标。

在学习中，我们可以使用 SMART 原则来设定学习目标，如提高成绩、掌握新知识或提升语言能力等。例如，"在下个学期内将英语成绩提高到 90 分"就是一个符合 SMART 原则的目标。

在生活中，我们可以使用 SMART 原则来设定健康、财务或人际关系等方面的目标。例如，"在接下来的 3 个月内减掉 5 公斤体重"或"在接下来的一年内储蓄 10%的收入"都是符合 SMART 原则的目标。

在项目管理中，我们可以使用 SMART 原则来设定项目的进度、预算和质量等方面的目标。例如，"在项目结束后交付一个符合客户需求、预算内且质量达标的产品"就是一个符合 SMART 原则的项目目标。

## 二、目标实施

在目标实施过程中，SMART 原则同样起到了关键的作用。通过遵循 SMART 原则，我们可以确保目标的实施过程更加高效、有序和可控。

### (一)目标实施流程

(1)制订实施计划：在实施目标之前，我们需要制订详细的实施计划。计划应该包括具体的步骤、时间表和资源分配等，以确保目标的顺利实施。

(2)分解目标：将大目标分解为小目标，以便更容易实现。例如，我们可以将提高销售业绩的大目标分解为增加新客户、提高客户满意度等小目标。

(3)监控进度：在实施过程中，我们需要密切关注目标的进度，确保目标的顺利实施。如果发现进度滞后或遇到问题，需要及时调整计划或采取措施加以解决。

(4)调整计划:在实施过程中,可能会遇到一些不可预见的问题或变化。这时我们需要及时调整计划,以确保目标的顺利实现。

(5)总结经验:在目标实现后,我们需要总结经验教训,以便在未来的工作中更好地应用SMART原则。

(二)遇到问题的解决措施

在实施过程中遇到问题,SMART原则可以帮助我们采取以下措施来解决。

(1)重新评估目标:根据问题的情况,我们可以重新评估设定的目标是否具体、可衡量、可达成、相关和有时限。如果发现目标存在问题,可以调整或重新设定目标,使其更符合实际情况。

(2)调整实施计划:根据问题的情况,我们可以调整实施计划,包括具体的步骤、时间表和资源分配等。例如,如果发现某个步骤无法实现,我们可以调整步骤或寻找新的解决方案。

(3)寻求帮助和支持:如果遇到的问题超出了我们的能力范围,我们可以寻求他人的帮助和支持。例如,可以向同事、领导或专业人士请教,或者参加培训、研讨会等活动,以获取更多的知识和技能。

(4)持续监控和调整:在实施过程中,我们需要持续监控目标的进度和实施情况,及时发现问题并采取措施加以解决。如果发现实施计划存在问题或需要调整,我们可以及时调整计划或寻找新的解决方案。

## 第三节　如何构建班组目标

### 一、构建班组目标的步骤

构建班组目标是一个系统性的过程,需要明确企业战略和目标、分析班组现状和能力、制定具体可衡量的目标、确保目标的可达成性、制订实施计划、持续改进和优化以及激发员工参与和激励。通过这些步骤的实施,可以构建有效的班组目标,提高团队协作效率和质量水平。

1. 明确企业战略和目标

要明确企业的整体战略和目标,确保班组目标与企业战略保持一致。这样可以确保班组的工作方向与企业发展方向相一致,提高班组对企业的贡献。

2. 分析班组现状和能力

了解班组的现状和能力,包括人员结构、技能水平、工作流程等。通过分析这些因素,可以确定班组在实现企业目标中的角色和定位,为制定班组目标提供依据。

3. 制定具体、可衡量的目标

根据企业战略和班组现状,制定具体、可衡量的班组目标。这些目标应该明确、具体，能够清晰地表达出班组的期望和要求。同时，目标应该具有可衡量性，以便于评估和监控。

4. 确保目标的可达成性

在制定班组目标时，要充分考虑班组的实际情况和能力水平。确保目标具有可达成性，既不过于容易也不过于困难。这样可以激发员工的积极性和创造力，提高团队协作效率。

5. 制订实施计划

针对设定的班组目标，制订具体的实施计划。计划应该包括具体的步骤、时间表和资源分配等，以确保目标的顺利实现。在制订计划时，要充分考虑各种因素，包括人员、时间、资源等。

6. 持续改进和优化

在实施过程中，要密切关注目标的进度和实施情况，及时发现问题并采取措施加以解决。如果发现计划存在问题或需要调整，应该及时调整计划或寻找新的解决方案。同时，也要对目标的完成情况进行定期评估和反馈，以便及时调整和优化目标。

7. 激发员工参与和激励

为了激发员工的积极性和创造力，可以设定激励机制和提供奖励。例如，可以为实现目标的员工提供奖金、晋升机会等奖励措施。同时，也要给予员工充分的信任和支持。

在班组中激励员工是提高员工积极性和工作效率的重要手段。以下是一些班组管理中激励员工的方法：

(1)设定明确的目标：为员工设定明确、具体的工作目标，并与他们沟通达成共识。这有助于激发员工的动力和责任感，让他们知道自己的工作方向和期望成果。

①与员工进行沟通，了解他们的工作职责和期望成果；

②根据企业战略和目标，为员工设定具体、明确的工作目标；

③确保目标具有可衡量性，以便于评估和监控；

④与员工达成共识，让他们明白自己的工作方向和期望成果。

(2)提供及时的反馈：定期与员工进行沟通，了解他们的工作进展和遇到的问题，给予他们及时的反馈和评价。肯定他们的成绩和努力，同时指出不足之处并提供改进建议。并鼓励员工提出自己的想法和建议，以便更好地完成工作目标。这有助于增强员工的自我认知和自我激励。

(3)奖励机制：设定合理的奖励机制，对实现工作目标的员工给予适当的奖励。奖励可以是物质奖励，如奖金、晋升机会等，也可以是精神奖励，如表扬、认可等。这可以激发员工的积极性和创造力，提高工作效率。

(4)提供培训和发展机会：为员工提供培训和发展机会，帮助他们提升技能和知识水平。这有助于增强员工的自信心和职业发展动力，提高他们的工作满意度和忠诚度。

(5)鼓励团队合作：鼓励员工之间的团队合作和互助，建立良好的工作氛围。这有助于增强员工的归属感和团队精神，提高工作效率和质量。

(6)关注员工需求：了解员工的需求和关注点，为他们提供必要的支持和帮助。例如，关注员工的工作压力、健康状况等，提供必要的支持和关怀。这有助于增强员工的满意度和忠诚度。

## 第四节　制订工作计划

在日常生活和工作中，我们常常面临各种任务和目标。为了有效地完成任务并实现目标，制订一份合理的工作计划至关重要。

### 一、制订工作计划的步骤

第一步　明确目标：首先，我们需要明确自己的目标。目标可以是长期或短期的，但必须具体、明确。明确的目标有助于我们保持专注，避免偏离方向。

第二步　分析现状：在制订工作计划之前，我们需要对当前的工作状况进行深入分析。了解自己的优势、劣势以及面临的机会和挑战。这将有助于我们制订更符合实际的工作计划。

第三步　制订计划：①分解目标。将目标分解为具体的子目标，以便于逐一实现。②设定时间表。为每个子目标设定明确的时间表，确保按时完成。③分配资源。根据目标和时间表，合理分配人力、物力等资源，确保计划的顺利实施。

第四步　调整与优化：在实施过程中，我们需要根据实际情况对计划进行调整和优化。这包括调整时间表、重新分配资源以及调整风险管理策略等。通过不断调整和优化，我们可以确保计划与实际工作情况保持一致，从而提高工作效率。

第五步　监督与评估：为了确保计划的顺利实施，我们需要建立有效的监督机制。定期检查计划的执行情况，及时发现问题并采取措施加以解决。同时，还需要对计划的实施效果进行评估，以便总结经验教训，为未来的工作计划提供参考。

### 二、制订有效工作计划的注意事项

(一)制订工作计划的注意事项

(1)制定明确的目标：在制订计划之前，确保你已经明确了目标。目标应该具体、可衡量和可实现，并与你的长期职业规划相符。确保目标与你的价值观和使命相符，这将有助于你保持动力和专注。

(2)制订详细的时间表：在制订计划时，为每个任务设定明确的时间表。这将有助于你更好地管理时间，确保按时完成每个任务。使用日历或时间管理工具来跟踪你的计划和任务，以便更好地掌握时间进度。

(3)确定优先级：确定任务的优先级，以便在有限的时间内作出最佳决策。将任务按照重要性和紧急性进行分类，并优先处理重要且紧急的任务。这将有助于你更加高效地管理时间和资源。

(4)制定风险管理策略：预测可能出现的风险和障碍，并制定应对策略。识别潜在的问题和挑战，制定应对措施，以确保计划的顺利实施。同时，也要为意外情况留出缓冲时间，以应对不可预见的问题。

(5)寻求反馈和建议：在制订计划时，寻求他人的反馈和建议。与同事、上级或专业人士交流，了解他们的意见和建议。这将有助于你更好地了解自己的优势和不足，并改进你的计划和方法。

(6)持续学习和改进：不断学习和改进计划制订的方法。阅读相关书籍、参加培训课程或寻求导师的指导，以提升你的计划制订技能。同时，也要反思自己的计划和执行过程，总结经验教训，以便在未来的工作中做出改进。

(二)制订计划的具体建议

(1)分解大型任务：对于大型或复杂的任务，将其分解为更小、更具体的子任务。这有助于你更好地管理时间和资源，以及更轻松地跟踪进度。每个子任务都应该有一个明确的目标和截止日期。

(2)设定里程碑：为重要的任务或项目设定里程碑，以确保你在实现目标的道路上保持正轨。里程碑可以是关键任务的完成日期或项目的重要阶段。通过设定里程碑，你可以更容易地衡量进度并保持动力。

(3)建立时间块：将你的时间划分为不同的时间块，每个时间块专注于特定的任务或活动。例如，你可以为深度工作、会议、休息和其他活动分配不同的时间块。这有助于你更好地管理时间，提高工作效率。

(4)留出缓冲时间：在计划中留出一些缓冲时间，以便应对不可预见的问题或延误。这将确保你的计划具有一定的灵活性，可以应对突发情况。

(5)定期审查和更新计划：定期审查你的计划，以确保它们仍然与你的目标和优先事项保持一致。根据需要更新和调整计划，以适应变化的情况和需求。

(6)建立奖励机制：为自己设定奖励机制，以激励自己按时完成任务和实现目标。例如，你可以为自己设定一些小奖励，如完成一项重要任务后去看一场电影或享受一顿美食。

(7)学会拒绝和委派：学会拒绝那些不符合你目标和优先事项的任务或活动。如果可能的话，将一些任务委派给其他人，以便你可以专注于更重要的任务。

(8)保持专注和避免干扰：在执行计划时，尽量保持专注并避免干扰。关闭不必要的通知、社交媒体和电子邮件，以便你可以专注于当前的任务。

(9)保持积极心态：保持积极的心态对于计划的执行至关重要。相信自己能够按时完成任务并实现目标，即使在面临挑战和困难时也要充满信心。

# 第五章　班组会议

## 第一节　班组会议概述

### 一、班组会议的定义

班组会议是指由班组成员参与的讨论和交流的会议，旨在解决工作中的问题、制订工作计划、交流工作经验、提出建议和改进措施等。这种会议通常由班组长或主管组织召开，是协调班组内部工作和促进班组成员间合作的重要方式。在班组会议上，班组成员可以就工作中的困难、挑战和机会进行讨论，共同寻求解决方案，以提高工作效率和质量。

### 二、班组会议的作用及意义

(1)促进团队合作：班组会议可以促进班组成员之间的沟通和合作，增进彼此的了解，加强团队的凝聚力，提高团队的协作效率。

(2)解决问题：在班组会议上，班组成员可以共同讨论工作中遇到的问题，分享经验和建议，找到解决问题的方法，提高工作效率和质量。

(3)制订工作计划：班组会议是制订工作计划和安排工作任务的重要场所，可以确保工作任务的合理分配和执行。

(4)提高工作效率：通过班组会议，可以及时了解工作进展情况，发现问题并及时解决，从而提高工作效率。

(5)提升员工参与感：班组会议可以让员工感到自己的意见和建议受到重视，增强员工的参与感和归属感。

(6)促进员工成长：在班组会议上，成员可以分享工作经验和技能，从中得到成长，从而提高工作能力。

### 三、如何开好班组会议

(1)提前准备：在开会前，班组长或主管应该提前准备会议议程，并将议程发送给班组成员，让他们提前了解会议内容，做好准备。

(2)定期召开：班组会议应该定期召开，例如每周或每月一次，这样可以让班组成员养成参加会议的习惯，提高班组协作效率。

(3)着重讨论问题：班组会议的主要目的是讨论问题和解决问题，因此，在会议上应该着重讨论工作中遇到的问题，共同寻找解决方案。

(4)鼓励参与：班组长或主管应该鼓励班组成员参与讨论，发表自己的意见和建议，让每个人都感到自己的意见受到重视。

(5)做好记录：在会议上，应该做好记录，记录下每个人的发言和讨论结果，以便后续跟进工作。

(6)落实行动计划：在会议结束后，班组长或主管应该制订行动计划，并将计划发送给班组成员，以确保每个人都清楚自己的工作任务和责任。

## 第二节 班前会和班后会

### 一、班前会

俗话说："一日之计在于晨。"班前会是班组现场一天工作的开始，一天的工作怎么做，怎么分工配合、协同作战，班组长应提前策划好，并做合理安排。

(一)班前会的意义

坚持高效地召开班前会，对人员培养和班组建设具有重要意义，其具体表现在以下方面。

1. 有序安排，提高工作效率

班前会是一个系统交流的机会，主要讲前一天的问题和当天的任务安排。班组长在总结问题时要让大家知道问题的责任人是谁、产生的后果如何，目的是教育他人和防止事故的发生，布置任务时最好用量化的指标，使大家明确任务，变被动为主动。

班组长充分利用每天班前会，把事前策划好的工作、交接班时的情况，向全体员工说明，这样能降低沟通成本，使大家上岗时目标明确，节省时间，提高效率。

2. 传达信息，保持良好沟通

员工长期工作在生产第一线，班前会是他们了解企业信息的重要渠道。

3. 增强集体观念

班组成员长期在一起工作，班前会能给全体员工带来"班组一家"的归属感，这有利于提高班组成员的认同感，强化他们的集体观念，增强他们的自我约束能力。

4. 引导良好的工作习惯

班前会是一个很好的现场"说教"场所，利用每天的班前会总结得失，能使员工逐步纠正不良行为，养成良好习惯。

5. 培养良好的班组风气

利用班前会持之以恒地进行员工教育，培养良好的工作习惯，提倡积极向上的班组风气，形成人才培养的良性土壤。

理解了高效率班前会的意义后，班组长要掌握一些技巧，提高班前会的质量和效率，高质、高效地做好现场工作。

(二)班前会召开的目的

1. 营造工作气氛

上班刚开始时，员工难免还停留在思想松弛、注意力不集中的自由“休息”状态。班前会能使班组成员快速进入工作状态，创造适度的工作紧张感。

2. 进行工作安排

当天的工作任务、目标、人员调配、注意事项等工作安排是现场班前会的主要内容，班组长应通过明确的工作指示，使当天工作有序地进行下去。

3. 员工教育指导

班前会是召开频率最高、参与人员最广的日常工作会议。昨天出现的问题、今天要注意的事项，班组长都可利用班前会来进行指导和教育，持之以恒，不仅能提高员工的工作意识，而且能培养良好的工作风气。

4. 传递企业信息

班前会还是上传下达的重要途径。班组长可利用班前会传递行业发展、企业动态、业务信息、管理要求等相关信息，使员工的个人工作目标和企业经营目标达到一致。

(三)班前会召开的内容

一般来说，现场班前会的内容主要包括企业经营动态、生产信息、质量信息、现场6S状况、安全状况、工作纪律、班组风气以及联络事项。当然，并不是每天都要面面俱到，而是要根据当天现场的实际情况确定当天要讲的主要内容。

通常，现场班前会包括以下几个方面的内容。

1. 轮流主持，分享个人感想

让员工轮流主持班前会，给予员工总结经验、表达意见和建议的机会，这是班组民主管理的有效途径，有利于提高员工的工作意识、集体观念和班组凝聚力。

让大家分享前一天或近一段时间的工作经验、心得体会、自我反省、工作建议等，尤其针对发生安全或质量事故，造成人员或财产损失的情况进行重点分析和案例解读。

2. 工作总结

一般情况下，班组长首先要对头一天的工作进行总结。总结工作，可以从以下几方面进行：有没有未完成的任务，有没有未达到的目标，有没有事故和异常，现场有哪些变化点，以及上述情形带来的反省和要求。

注意：在总结时，要避免诸如“大家干得都不错”之类大而空的表达，尽可能具体到人、具体到事，有理有据地进行表扬或批评。

3. 工作安排

安排当天工作是现场班前会的重点内容，主要包括：今天的生产计划、工作目标、任务分配、人员调配等。

班组长布置工作时要做到清楚明确，不要含糊其辞而造成混淆，讲到具体的工作安排时要注视员工，确认对方的反应，确保对方理解到位。

4. 工作要求

根据昨天的情况和今天的安排，班组长应该明确提出对大家的要求和期望，包括：时间的要求、工作质量的要求、工作配合的要求、遵守纪律的要求、及时联络的要求等。

5. 企业相关信息

根据实际情况，班组长应定时向员工传递企业的相关信息，使员工了解生产大局，更好地理解和接受工作要求。

企业的相关信息包括市场和行业动态、客户要求、企业经营情况和发展方向、正在和即将开展的管理活动等。

（四）如何有效召开班前会

班前会是基础管理中一个重要的环节，具有出勤管理、鼓舞士气、政令下达、增加团队凝聚力和向心力的作用。同时可以强化员工对企业文化的认同感、归属感，培养人才，形成好的风气。班组长应充分利用班前会进行职业教育，创造工作的紧张感，取长补短，促进全员学习，引导智慧生产。在召开班前会时，班组长要注重班前会的形式和内容创新。

1. 召开高效率的班前会

一个好的班前会是全员共同参与、人人都有热情的会议，班组长切不要唱独角戏，大家积极参与，一起做好这个工作，才能真正发挥班前会的重要作用，让班前会不流于形式，使之成为生产管理的一个重要环节。所以，采用班前会的轮值制是一个很好的办法。

在班前会上要整队、点名，确认出勤，这也是班前会的一项重要功能。

确认出勤，不仅可以准确地考核员工的出勤率，对于当天生产任务的安排也很重要。该点名时要点名，人少时可采用全员呼应式点名，人多时应该由班组长等骨干自行确认本组人员到会情况，主管向班组长呼应式确认，并大声说出出勤确认结果。

问候语要设计成大家容易回应的方式，逐步形成一种规范。如，早上开班前会，班组长出来讲话（刚毅、有中气）：“各位！早上好。”全员（整齐有力，朝气蓬勃）：“早～上～好～！”讲话结束时，一定要道一声“谢谢”。需要提醒的是，如果是班后会，班组长讲话应该先道一声“辛苦了！”一声问候一声回应，在积极友好的工作气氛里，大家的注意力瞬间被集中到会议中来。

2. 做好生产前的各项准备

班组长作为班组生产的管理人，在生产活动开展之前，必须带领全员做好以下准备工作。

(1)技术准备

准备好图纸、工艺标准等有关技术文件和资料。如机械制造的产品结构设计和工艺设计、劳动定额与材料消耗定额资料等，要做到齐全、完整、配套。

组织员工结合自己的工作，研究图纸、熟悉工艺，掌握各项技术要领。

落实安全技术操作规程，明确检验方法，准备好检验工具，并做好预验。

(2)物资准备

把所需的各种工具、夹具、量具、模具、刀具、辅助工具等工装和工位器具准备齐全，送到相关工作现场，按规定摆放在指定位置。

检查调整好生产设备，使其保证达到满足工艺所要求的技术状态，活动设备还要提前摆放好。

按计划要求和使用的先后顺序，把所需物资和坯料、油料等如数送到工作现场，放在指定位置，进行抽检，看是否符合质量要求。

检查水、电、路、信，保证其使用正常。

(3)组织准备

按作业计划要求，事先做好人员配备，保证班组工种之间、工序之间人力匹配，并搞好人员培训、岗位练兵、人员分工、明确职责等工作。

确定生产班次，落实岗位责任制，明确班组长的任务，规定统计报表和原始记录的传递路线与时间等。

(4)生产秩序和环境准备

现场秩序包括劳动纪律、工作风气、人员面貌和素质等内容，管理的目的就是，一方面要确保作业人员能够按企业的规定从事工作，另一方面要促使员工积极、主动地维护这种秩序。

具体需要准备的内容包括以下几个方面：

①没有迟到、早退、旷工等现象，人人都能遵章守纪；

②没有萎靡不振的现象，人人都保持良好的精神状态；

③所有员工都能自觉地参与各种准备活动；

④员工确保自己的行为符合工作要求，不会妨碍他人；

⑤对于新产品、新技术，员工能学习和掌握工作要点，熟知关键技术。

现场管理包括现场的环境、安全、状态等内容。管理一方面要确保员工能愉快地工作，另一方面要使产品设备符合具体要求。现场环境管理需要准备以下方面：第一，检验检测器具的有效性，并记录显示的数据；第二，当发现不符合要求的情况时，要及时采取措施进行处理，并确认处理结果。

（五）做好班组生产计划，安排岗位和人员

生产计划是一切工作的开始，好的计划是成功的一半。生产计划的内容包括人员的安排、设备的配置、物料的配合、生产周期的确定、工艺与工序的编排及品质的控制等。

**二、交接班管理**

交接班管理的任务是搞好岗位工作衔接，确保安全、文明、持续的生产。班组长应在每次交接班时做好自己的工作。

1. 交班

(1)交班人：交班组长。

(2)交班前工艺要求：1 小时内不得任意改变负荷和工艺条件，生产要稳定，工艺指标要控制在规定范围内，生产中的异常情况得到消除。

(3)设备要求：运行正常、无损坏。无反常状况，液(油)位正常、清洁无尘。

(4)原始记录要求：认真清洁、无扯皮、无涂改、项目齐全、指标准确；巡回检查有记录；生产概况、设备仪表使用情况、事故和异常状况都记录在记事本(或记事栏)上。

(5)其他要求：为下一班储备消耗物品，工器具齐全，工作场地卫生清洁等。

(6)接班者到岗后，详细介绍本班生产情况；解释记事栏中写到的主要事情；回答提出的一切问题。

(7)坚持“三不交班”：接班者未到不交班，接班者没有签字不交班，事故没有处理完不交班。

(8)坚持“二不离开”：班后会不开不离开车间，事故分析会未开完不离开生产车间。

2. 接班

(1)接班人：接班组长。

(2)到岗时间：提前 30 分钟。

(3)到岗检查项目：生产、工艺指标、设备记录、消耗物品、工具、器具和卫生等情况。

(4)接班要求：经进一步检查，如没有发现问题，则及时接班，并在操作记录上签字。

(5)接班责任：岗位一切情况均由接班者负责，将当班最后 1 小时的数据填入操作记录中，将工艺条件保持在最佳状态。

(6)坚持“三不接班”：岗位检查不合格不接班，事故没有处理完不接班，交班者不在不接班。

**三、班后会**

班后会是一天工作结束或告一段落，在下班前由班组长主持召开的一次班组会议。班后会以讲评的方式，在总结、检查生产任务的同时，总结、检查安全工作，并提出整改意见。班前会是班后会的前提与基础，班后会是班前会的继续和发展。

(一)班后会召开的意义

班后会有助于增强团队合作、促进信息交流、提升工作效率、促进创新和想法交流,对于团队发展和工作效率提升都具有重要意义。

(1)增强团队凝聚力:班后会可以让团队成员更加了解彼此,增进彼此之间的信任和友谊,从而增强团队的凝聚力和合作精神。

(2)促进信息交流:在班后会上,员工可以就工作中遇到的问题进行讨论,分享经验和知识,促进信息交流和共享,有助于解决工作中的问题。

(3)提升工作效率:通过班后会,可以及时了解班组成员的工作进展和计划,协调工作安排,避免重复劳动,提高工作效率。

(4)促进创新和想法交流:班后会也是一个促进创新和想法交流的平台,员工可以分享自己的想法和建议,从而促进团队的创新和进步。

(二)班后会召开程序

(1)参会人员:交班者全体,白班交班时要有一名车间领导参加。

(2)班后会时间:岗位交班后召开。

(3)各岗位人员介绍本班情况。

(4)值班组长综合发言。

(5)车间领导作指示。

(三)班后会召开的主要内容

(1)简明扼要地小结当天生产任务完成和执行安全规程的情况,既要肯定好的方面,又要找出存在的问题和不足。

(2)对工作中认真执行规程制度、表现突出的员工进行表扬。对违章指挥、违章操作、违反劳动纪律的员工视情节轻重和造成后果的大小,提出批评或进行处罚。

(3)对人员安排、作业(操作)方法、安全事项提出改进意见,对作业中存在的不安全因素和风险,提出防范措施。

(4)讨论其他与团队工作相关的事项。

## 示例1

海油发展深圳配餐公司东营终端班组(图5-1)现有员工68人,组建初期,由于地理位置偏僻,招工困难,导致招收的员工素质参差不齐。从全面开展班组建设工作以来,在公司的大力支持与指导下,该班组现场管理、安全生产、团队建设、服务创新、成本控制等工作走在公司前列。多年来,该班组共获得了10多项荣誉,主要包括:2014—2016年连续三年获得山东省东营市餐饮企业A级单位、免检单位,2015年、2016年"食安山东"餐饮服务品牌示范店,2017年"食安山东"餐饮服务示范单位,2016年、2017年(连续两年)海油发展"红旗班组"。

图 5-1　配餐公司东营终端班组

该班组每日组织班前会，对当天作业风险及控制措施进行提示，每会一提，每会一问。班前会采取分级召开形式，终端班组长组织各业务小组长召开，各业务小组长组织各小组组员单独召开。有效杜绝参会人员过多不专心参会的现象，突出各业务内容的针对性，有的放矢，真正达到提升班组组织力、员工凝聚力、队伍战斗力的目的。

## 示例 2

海油发展下属公司起重三班（图 5-2）是一支 15 人、平均年龄 30 岁的朝气团队，其中取得高级技师资格 1 人、工程师 1 人、高级工 6 人、中级工 5 人。“做精运维产业，做强起重行业”是他们的共同目标。2016 年全年“零事故”，按质按量完成公司下达的生产任务。全年收到表扬信、感谢信共计 9 封；顾客满意度全年平均分保持在 99 分以上。

图 5-2　海油发展下属公司起重三班

该班组采取规范的制度保障，确保团队稳步前行，其采取的措施有：

(1)有效的班会制度，使工作得到统筹安排，轮流分享事故案例和工作经验，使班组人员安全意识和工作技能得到提高。

(2)陆地安全、质量、技术人员交底。

(3)现场与甲方进行作业风险分析(JSA)。

(4)施工中的安全防护措施。

(5)规范的班前分析会和班后总结会(图 5-3)。

图 5-3　起重三班班前、班后会

# 第六章　班组生产现场安全管理

## 第一节　日常安全管理

### 一、关注现场作业环境

环境是引起意外事故非常重要的因素，比如，工作环境脏乱差、工厂布置不合理、搬运工具不合理、采光与照明差，这些工作场所危险因素都易造成事故发生。所以，班组长在安全防范中应关注作业环境，整理整顿生产现场，应时时关心以下事项：

(1)作业现场的采光与照明情况是否符合标准；

(2)通风通气状况如何；

(3)作业现场是否有杂物，会不会影响作业；

(4)作业现场的通道情况是不是足够宽敞畅通；

(5)作业现场是否有残油污水，会不会影响员工的作业；

(6)作业现场的窗户是否擦拭干净；

(7)防火设备的功能是否可以正常发挥，有没有进行定期的检查；

(8)载货的手动操作工具在不使用的情况时是不是放在指定位置；

(9)作业安全宣传与指导的标语是否贴在最引人注目的地方；

(10)经常使用的楼梯、货品放置台是否有摆放不良品；

(11)设备装置与机械是否符合安全手册要求置于最正确的地点；

(12)机械的运转状况是否正常？润滑油注油口有没有油漏到作业现场的地板上；

(13)下雨天，雨伞与雨具是否放置在规定的地方；

(14)作业现场是否放置有危险化学品，其管理是否妥善，是否做了定期检查；

(15)作业现场入口的门是否处于最容易开启的状态；

(16)放置废物与垃圾的地方通风系统是否良好；

(17)日光灯的台座是否牢固,是否清理得很干净;

(18)电气装置的开关或插座是否有脱落的地方;

(19)机械设备的附属工具是否零乱地放置在各处;

(20)班组长的指示与注意点,员工是否都能深入地了解,并依序执行;

(21)共同作业的同事是否能完全与自己配合;

(22)其他问题。

## 二、关注员工工作状态

关注员工的工作状态,是指在工作过程中,班组长需要关注员工是否存在身心疲劳现象。因为员工身体状况不好或因超时作业而引起身心疲劳,会导致员工在工作中无法集中注意力。

员工在追求高效率作业时,也要适时地根据自己的身体状况做出相应调整,不能在企业安排休息时间内做过于令人刺激兴奋的娱乐活动,这样不但浪费了休息时间,还会降低工作效率。通常,班组长要留意员工以下事项:

(1)员工对作业是否持有轻视的态度;

(2)员工对作业是否持有开玩笑的态度;

(3)员工对班组长的命令与指导是否持有反抗的态度;

(4)员工是否有与同事发生不和的现象;

(5)员工是否在作业时有睡眠不足的情形;

(6)员工身心是否有疲劳的现象;

(7)员工手、足的动作是否经常维持正常状况;

(8)员工是否经常有轻微感冒或身体不适的情形;

(9)员工对作业的联系与作业报告是否有怠慢的情形发生;

(10)员工是否有心理不平衡或担心的地方;

(11)员工是否有穿着不整洁的工作制服与违反公司规定的事项;

(12)其他问题。

## 三、督导员工严格执行安全操作规程

安全操作规程是前人在生产实践中摸索甚至是用鲜血换来的经验教训,集中反映了生产的客观规律。因此,要求员工严格按安全操作规程作业,并且要做到:

(1)精力高度集中。人的操作动作不仅要通过大脑的思考,还要受心理状态的支配。如果心理状态不正常,注意力就无法高度集中,在操作过程中极易发生因操作方法不当而引发事故的情况。

(2)文明操作。要确保安全操作,就必须做到文明操作,做到清楚任务要求,对所需原料性质十分熟悉,及时检查设备及其防护装置是否存在异常,排除设备周围的障碍物,力求做到准备充分。

操作中出现异常情况也属正常现象,切记不可过分紧张和急躁,一定要保持冷静并善于及时处理,以免酿成操作差错而产生事故;杜绝麻痹、侥幸、对不安全因素视若无物的现象，从小事做起，从自身做起，把安全放在首位。

## 四、监督员工严格遵守作业标准

经验证明，违章操作是绝大多数事故发生的主要原因。因此，为了避免发生事故，就要求员工必须严格认真遵守标准。在操作标准的制定过程中充分考虑影响安全方面的因素，违章操作很可能导致事故的发生。

对于班组长而言，要现场指导、跟踪确认。该做什么，怎样做，重点在哪，班组长应该对员工传授到位。不仅要教会，还要跟进确认一段时间，检查员工是否已经真正掌握操作标准，作业稳定与否，绝不能只是口头交代。

## 五、监督员工穿戴劳保用品

作为班组长，一定要熟悉本公司、本车间在何种条件下使用何种劳保用品，同时也要了解掌握各种劳保用品的用途。如果员工不按规定穿戴劳保用品，可以向其讲解公司的章程，向他们解释穿戴劳保用品的好处和不穿戴劳保用品的危害。在佩戴和使用劳保用品时，谨防发生以下情况：

(1)从事高空作业的人员，因没系好安全带发生坠落情况。

(2)从事电工作业(或手持电动工具)的人员因不穿绝缘鞋而发生触电事故。

(3)在车间或工地，不按要求着装工作服，或虽然穿了工作服，但穿着邋遢、敞开前襟、不系袖口等，容易造成机械缠绕事故。

(4)长发不盘入工作帽中，容易发生长发被卷入机器里的事故。

(5)不正确戴手套。有的该戴手套的不戴，造成手的烫伤、刺破等伤害；有的不该戴手套的却戴了，造成机器卷住手套，连同手也一齐带讲夫，甚至连胳膊也带进去的伤害事故。

(6)护目镜和面罩佩戴不适当、不及时，面部和眼睛遭受飞溅物伤害或灼伤，或受强光刺激，导致视力受伤。

(7)安全帽佩戴不正确，当发生物体坠落或头部受撞击时，造成伤害事故。

(8)在工作场所不按规定穿用劳保皮鞋，致使脚部受伤。

(9)各类口罩、面具选择使用不正确，因防毒护品使用不熟练，造成中毒伤害。

## 六、检查生产现场是否存在不安全状态

在现场巡查时，班组长要检查生产现场是否存在不安全状态，主要包括以下几个方面。

(1)检查设备的安全防护装置是否良好。防护罩、防护栏(网)、保险装置、连锁装置、指示报警装置等是否齐全、灵敏有效，接地(接零)是否完好。

(2)检查设备、设施、工具、附件是否有缺陷，制动装置是否有效，安全间距是否符合要求，机械强度、电气线路是否老化、破损，起重吊具与绳索是否符合安全规范要求，设备是否带“病”运转和超负荷运转。

(3)检查易燃、易爆物品和剧毒物品的储存、运输、发放和使用情况，是否严格执行了操作规章制度，通风、照明、防火等是否符合安全要求。

(4)检查生产作业场所和施工现场有哪些不安全因素。有无安全出口、登高扶梯,平台是否符合安全标准,产品的堆放、工具的摆放、设备的安全距离、操作者的安全活动范围、电气线路的走向和距离是否符合安全要求,危险区域是否有护栏和明显标志等。

**七、检查员工是否存在不安全操作**

在现场巡查时,班组长要检查在生产过程中员工是否存在不安全行为和不安全的操作,主要包括以下几个方面。

(1)检查有无忽视安全技术操作规程的现象。比如,操作无依据,没有安全指令,人为地损坏安全装置或弃之不用,冒险进入危险场所,对运转中的机械装置进行注油、检查、修理、焊接和清扫等。

(2)检查有无违反劳动纪律的现象。比如,在工作时间开玩笑、打闹、精神不集中、脱岗、睡岗、串岗、滥用机械设备或车辆等。

(3)检查日常生产中有无误操作、误处理的现象。比如,在运输、起重、修理等作业时信号不清、警报不鸣,对重物、高温、高压、易燃、易爆物品等处理错误,使用了有缺陷的工具、器具、起重设备、车辆等。

## 示例1

海油发展起重三班的安全隐患排查(陆地+海上现场):在蓬勃号单点上的吊机维修时,发现通往单点的栈桥存在质量隐患,他们将隐患报告甲方,甲方决定委托他们对质量隐患进行整改,避免了事故的发生(图6-1)。

图6-1 海油发展起重三班的安全隐患排查

## 示例2

6500队是自海洋石油测井公司成立以来成立的一支裸眼测井队伍,经过20多年的发展,6500队成为中海油服油技事业部陆地作业公司的一支综合测井队伍。目前6500队有员工19人,其中工程师5人(3名带队工程师,2名实习工程师),带班操作手2人,准带班3人具备常规作业带班能力,普通操作手6人,操作手兼司机3人。

6500队严格日常管理,为每一次测井保驾护航。通过早会,根据人员安排一天的工作内容，然后针对安排的工作存在的风险具体分析，每个人清楚自己今天的工作内容；通过日常安全检查，每周不定期进行安全检查活动，活动内容结合班组实际情况，有针对性地对小队设备、办公场所、车辆进行检查(图 6-2)。

图 6-2 海洋石油测井公司 6500 队安全检查

## 示例 3

垦利 3-2 油田电气班组紧紧围绕安全生产这一中心，深入挖潜降本增效这一主题，紧跟油田大事记的重要时间节点，全面开展自检自修工作，依靠科学管理，将点滴效益收入“囊中”。一直以来，电气班组致力于全面收齐设备各类基础资料、完工文件等，实现文件档案的全面化、精细化和制度化管理，为日后设备检修提供帮助。

该班组完成了首次渤海自营油田群防爆电气初始检查工作，为后续的油田安全建设提供了可靠的参考和依据，为平台的防爆电气安全运行奠定了基础，为后期的运行和维护提供了有力支持。

# 第二节　安全检查

班组安全检查，在于了解、发现生产现场的不安全因素（指设备、工具、附件等）、不安全的工作环境、不安全的操作行为和潜在的职业危害，以便采取措施，及时纠正，改善劳动条件，防止班组伤亡事故和职业病的发生。

## 一、班组安全生产检查的目的

班组安全生产检查是一项技术性较强又非常细致的工作，决不能走马观花，而是要周密地做好准备，按计划、按要求，切切实实地进行检查、记录和总结。要宣传贯彻党和国家的安全生产方针、政策、法令，提高员工的安全生产意识。因此，在安全生产检查中，把查思想作为一项重要的检查内容。要发动企业各职能部门，在业务范围内切实做好安全工作。

班组安全生产检查不是目的，针对发现的隐患，及时采取有效措施，防患于未然，这才是班组安全生产检查的目的。

## 二、班组日常安全检查“一班三检”制

“一班三检”是按安全检查制度的有关规定，每天都进行的、贯穿于生产过程中的检查。主要是通过班组长、工会小组劳动保护检查员、班组安全员及操作者的现场检查，以发现生产过程中一切事物的不安全状态和人的不安全行为。目前，很多行业实行“一班三检”制，即班前、班中、班后进行安全检查，“班前查安全，思想添根弦；班中查安全，操作保平安；班后查安全，警钟鸣不断”，这句话充分说明了“一班三检”制的意义和重要性。因此，班组即使面临的生产任务再重、时间再紧，也必须坚持“一班三检”制。

1. 注重实效，防止走过场

“一班三检”的侧重点各不相同。

“班前检查”的内容一般包括三项：①检查防护用品和用具，看班组成员是否按要求穿戴了防护用品，是否按规定携带了防护用具。如果不符合规定，应督促他们及时改正。②检查作业现场，看是否存在不安全因素，如果存在，应及时排除。③检查机械设备，看是否处于良好状态，如有故障则应及时检修。

“班中检查”的重点是对设备运行状况、作业环境危险因素进行检查，并制止和纠正违章行为，消灭事故苗头，确保班组成员按章操作和设备正常运行。

“班后检查”的内容是：检查工作现场和机械设备，做到工完场清，防护用品用具摆放有序，机械设备处于完好状态，不给下一班留下隐患。

对“一班三检”规定的检查项目，班组长及每个班组成员必须逐项进行认真检查，不放过任何一个可疑点。任何疏忽，都有可能成为事故的隐患。

2. 班中检查作为重点

上班至下班这段时间较长，班组成员实际的作业行为频繁，机械设备也都处于运行状态，难免会遇到许多新情况、新问题，因此，班中的安全检查是一个重点。班组长要做有心人，经常地督促检查。班组成员要随时注意自己作业岗位的安全状况，遇有重大事故隐患，应停止作业，并及时上报。在隐患消除、确保安全的情况下，才能重新作业。

3. 把检查督促与安全教育结合起来

一些班组成员对规章制度抱着消极应付的态度。如班组长在班前督促他戴上安全帽，他却认为“戴了没啥用”，嫌麻烦，作业中又把安全帽扔到一边。因此，班组长必须把抓制度与抓教育有机地结合起来，把“一班三检”中遇到的问题放到班组安全教育中去解决，只有班组成员的防护意识提高了，才能主动地进行检查，自觉地遵守规章。

4. 持之以恒，常抓不懈

坚持“一班三检”制，必须使实劲、有韧劲、有恒心。部分班组成员认为“天天检查，也没查出什么漏洞和隐患，隔三岔五检查一下就行了”，而使“一班三检”时紧时松，在上级强调或出了事故时，便抓得紧一些；时间一久又松懈下来，使制度形同虚设。这种认识和做法是十分危险的，应当认识到，以前没有检查出漏洞和隐患，不等于以后不出漏洞和隐患。在班组生产中必须天天讲安全，时时讲安全，而“一班三检”制是预防事故发生的有效措施。

**三、“一班三检”的方法和手段**

安全检查是运用安全系统工程的原理对系统中影响安全的有关要素逐项进行检查的一种方法。

1. 安全检查表

安全检查表是安全检查的一种有效工具。安全检查表是一个较为系统的安全问题清单，它事先把检查对象系统地加以剖析，查出不安全因素，然后确定检查项目，并按系统顺序编制成表。同时，安全检查表简明易懂，容易掌握。因此，班组应针对不同的检查对象，事先准备好相应的安全检查表，通过安全检查充分发现问题，不留任何隐患。

(1)安全检查表的填写

安全检查表的填写一般采用提问方式，即以“是”或“否”来回答，“是”表示符合要求，“否”表示存在问题，有待进一步改进。检查表内容要具体、细致，条理清楚，重点突出。表中应列举需要查明的所有不安全状态和行为，将其列为问题，并在每个提问后面设置改进措施栏。

(2)安全检查表的编制

安全检查表可以按生产系统、班组编写，也可以按专题编写。

在编制安全检查表时，要做到准确有效，即让检查表在实际中得到科学、合理的应用,检查表内容必须符合检查对象的实际情况,切忌生搬硬套,流于形式。

检查表既要突出重点,即要把经常出现事故隐患、最容易发生事故的项目作为重点,又要主次分明,即对检查项目按可能存在的危险程度,分为必检项目、评价项目、一般检查项目、经常检查项目。做到先主后次,重点突出,要求具体。

2. 安全检查的要求

检查是手段,目的在于及时发现问题、解决问题。班组长应该在检查过程中或检查以后,发动员工及时整改。对于一些长期危害员工安全健康的重大隐患,整改措施应件件有交代、条条有着落。为了督促各单位事故隐患整改工作的落实,可采用向存在事故隐患的单位下发"事故隐患整改通知书"的方式,指定其限期整改。

## 第三节　生产过程安全管理

### 一、生产过程中的人员管理

1. 交接班管理

一个完整的过程需要有始有终,工作也是如此。通常刚接班 10 分钟内班组容易出现各种状况。例如,人员迟到、旷工、情绪差、不稳定,材料出现缺料、品质差,机器出现异常、故障或缺工艺文件等。要交班时总体上可能比刚接班要稍微好一点,但出现的状况中人员方面的因素会更多些,例如:人员早退、上厕所、串岗、聊天、怠工、心情浮躁、做事敷衍等。另外,交班时的收尾工作也可能做不好,例如:台面忘记整理、忘记关灯、忘记关电源等。

作为班组长,该如何做好人员的交接班管理呢? 一般来说,主要是要提高员工的素质,确保员工能自主管理。第一,班组长应以身作则,凡事自己先做好,并在平时工作、开会和培训中多言传身教,对员工起到潜移默化的作用。第二,经常总结在该时段容易发生的问题,以此建立相应的对策,形成制度并严格执行。第三,从管理机制上采取预防措施,消除员工的不良情绪和行为。

2. 关注新员工

所谓新员工是指新入职人员、新近提拔人员或轮(转)岗人员等。作为班组长,要注重对新员工的管理,以防止新员工因岗位生疏而发生问题。在平时的工作中,对他们要进行重点管理,派专人负责,明确指导人员的职责,并严格把关。定时巡查,每隔一段时间去确认一下工作情况。

### 二、生产过程中的异常处理

1. 异常及异常的发现

异常就是生产过程中发生的各种问题和不正常现象。异常起初有可能很小,如果及时控制的话，一般都能化解；但如果未及时发现或控制不力，则可能扩大，严重时甚至酿成事故。班组长实施生产过程管理的主要目的就是消除异常，确保生产过程稳定，并进一步在稳定的基础上寻求改善机会。发现异常主要靠经验，所以，班组长日常工作中就应注意总结。

通常而言，班组长可通过如下途径获得经验：

第一，每天进行工作总结，并每月汇总一次，提炼出精华。

第二，善于发现员工们的亮点，及时总结并推广。

第三，树立工作中的参照标准，定期观摩、学习和对照。

第四，慎重对待领导的各种指示，并反复地体会和理解。

第五，借助管理工具，例如：控制图、趋势图等，通过对这些图表进行科学分析，找出工作中的异常兆头。

2. 异常发生的处理原则

(1)临时问题临时解决。临时问题指的是在一段时间内存在，而另一段时间内有可能会自动消失的问题。当出现临时问题时，班组长一定要掌握实施更改的时效。

(2)突发事件果断处理。突发事件指的是突然发生的影响生产秩序正常进行的事件。由于生产现场人多事杂，突然发生一些意想不到的事情在所难免，这就需要班组长沉着冷静，果断作出决定，稳住局面，并把负面影响降到最低。

当突发事件发生时，班组长应该按下列要求处理问题：①在第一时间赶到事发现场，挺身而出，指挥大家采取紧急应对措施，先稳住现场局面；②及时通知事件的责任部门和关联部门，全力配合管理者分析事发原因；③果断采取措施，解决问题，落实责任，验证采取措施的结果，并积极寻找预防和控制的方法。

(3)重大问题第一时间解决。所谓重大问题指的是问题属性比较严重、影响面比较大的事件。对于重大危害性事件，如果不及时处理的话后果可能会更严重。所以班组长一定要在第一时间内加以处理，而且不管处理结果如何，都要把具体的处理措施和最新状况向上级领导报告，听候领导指示。

## 第四节　班组设备管理

设备是生产力的重要组成部分和基本要素，也是企业赖以生存的物质条件之一，设备管理是提高经济效益的基础，是企业产量、质量、效率的保证。因此，企业必须保证设备始终处在无故障的状态下运行，而接触和使用设备最多的是企业一线班组人员。班组长作为现场管理人员，要了解设备管理的各个环节，并且保证生产的顺利进行和设备的安全运行。

## 一、班组长及组员设备管理职责

1. 班组长的具体职责

班组长在设备管理工作中的主要职责是组织员工合理使用设备，精心保养设备，及时维修设备，做好日常巡检、记录，使设备经常处于良好的状态。

(1)制定班组设备管理工作目标。

(2)建立完善的班组设备管理内容(包括班组台账、信息传递、原始凭证等)。

(3)组织并指导员工做好设备的维护保养、日常检验、清扫、加油和紧固等工作。

(4)做好检查工作，认真填写班组设备巡检记录。

(5)参与设备运行中的故障处理。

(6)建立岗位设备管理责任制，实行考核与评比制度，并严格组织实施，逐步提高班组设备管理水平。

(7)根据设备能力和状态安排生产，调整任务和负荷。

(8)配备合格的操作人员，并根据操作规程对员工的操作行为进行检查和监督。

(9)为设备创造良好的工作环境，对设备的隐患及时整改，确保不让设备带病运行。

(10)经常进行爱护机器设备的宣传和教育，使员工能自觉地爱护和正确使用设备，严格执行有关制度，养成良好的习惯，使合理使用设备的观念落实在行动中。

2. 设备操作人员的职责

设备操作人员上岗前须通过应知应会的考试，并根据要求取得相应的职业资格证书，证明其确实具有对设备的操作能力，熟悉并掌握设备的性能、结构、工艺加工范围和维护保养技术。对于大型、精密、贵重的设备和关键设备，应指定具有专门技能的员工操作，实行定人定机、持证操作。

(1)不准他人随意动用设备，不准擅离岗位，离岗必须停机、停车、停电；按规程操作设备，禁止超负荷或变更其使用性能。定期做好设备保养、维修。

(2)必须了解设备的构造，熟知设备的使用条件，并严格遵守。操作人员通过学习润滑、空压、油压、电气、传动、螺栓等基础事项后，经过实际的设备检验，明确设备的关键部位，掌握设备维护与管理的技能。

(3)操作人员凭证上岗，遵守交接班制度，保持设备清洁、完好，做好日常保养，管好工具、附件，不准遗失或非正常损失，发现异常应立即停机，切断电源后检查，对自己不能处理的问题应立即通知有关人员。

操作人员每天使用设备，设备的许多异常(异音、异常颤抖、异味、异常温度等)都是使用者最先知道，也应该是最清楚的。操作人员通过日常检验，尽早发现设备异常，对于故障预防意义重大。例如，进行简单的零件更换、将松动紧固；发现设备的不良状况，使不良复原；逐步掌握设备的性能，保证设备安全稳定地运行。

## 二、班组设备安全管理

1. 检查班组设备安全装置是否齐全可靠

应当安装安全装置的设备包括：

(1)机械切割、成型作业的机械部件；

(2)能向其他机器部件传送能量的组件，如飞轮、滑轮、传动带、连杆、轴、联轴器、凸轮、主轴、链条、曲柄或齿轮等；

(3)能够往复运动或旋转的所有活动件，以及包括进料机械和其他的附件；

(4)从机器伸出的托柄(如机床、橇块、过道等)，可能掉下来碰到人的平衡块等；

(5)有可能造成人员伤害的机器部件、功能元件或工艺设备等。

2. 安装安全装置应当遵循的原则

(1)防护设施必须要做到“四有四必有”，即“有洞必有盖、有台必有栏、有轮必有罩、有轴必有套”。

(2)加装的安全装置不能影响设备自身的运行，并确保安全装置的强度、刚度、耐久性及可视性。

(3)安全防护装置应结构简单、布局合理，不得有锐利的边缘和突缘，安全防护罩、屏、栏的材料及其运转部件的距离，应符合《机械安全 防护装置 固定式和活动式防护装置的设计与制造一般要求》(GB 8196—2018)的规定。

(4)根据易伤人部件的类型确定使用固定、连锁保护、自动式或可调式防护装置中的哪一类。选择原则是：如果情况允许均应安装固定防护装置，若不能安装固定防护装置，应安装连锁防护装置；若既不能安装固定式也不能安装连锁式防护装置，必须安装自动或可调式防护装置。

(5)高速运转的设备(如飞轮、转轴等)应用护栅、护罩进行防护，但使用的防护栅、罩不能给生产场所带来新的安全隐患，不能影响操作人员的正常操作或维护；采用防护网时应满足《机械安全 防护装置 固定式和活动式防护装置的设计与制造一般要求》(GB 8196—2018)对不同网眼开口尺寸的安全距离间的直线距离的规定。

(6)设有连锁装置的设备，应保证安全防护装置未起作用之前，设备不能运行。如果有些设备的转动部件不易加装安全装置，可在设备周围装设护栏，以防止人员接近机器的危险部位。

**三、班组设备保养与维护**

1. 设备保养

设备保养分为日常保养和定期保养。

日常保养是指设备操作人员对设备在班前、班中和班后做的例行保养。每日每班靠听、看、触、闻和简单测试仪器对设备规定部位在运行前、运行中、运行后进行的状态检查，及时发现故障征兆和事故隐患。班组长应该经常性地督促、检查操作人员的日常保养工作。操作人员的日常保养工作主要包括以下内容：

每日班前检查设备所有操作结构、紧固件，确保安全保险装置灵敏可靠。保持设备润滑良好，设备清洁，无腐蚀，无碰伤、砸伤、拉伤。

工作时间严格按操作规程精心操作，时刻注意设备的声响、温升、压力、指令信号、油位等是否正常，班中设备发生故障及时给予排除。

班后将设备擦拭干净，各种手柄、开关放在断开位置，做到设备表面清洁，产品、工具、工装等放置整齐，同时两班制要做好交接班记录。

日常保养配合日常检验进行，是一种不单独占据工时的保养方式。设备日常保养后，需填写设备检验表。检验表是对设备进行检验作业的原始记录，通常包括检验项目、检验方法、判定基准、检验周期、检验实施记录和异常情况记录。检验应注意如下事项：

(1)检验内容要有针对性，避免使用一张通用的表格来代替所有的设备检验表。

(2)检验标准清晰、合理且具有可操作性。防止检验表中出现一些判断不明确或有歧义的检验项目。

(3)防止检验事项过繁和不易记录。

(4)操作人员须严格按照检验基准进行检验，做到不漏项。

(5)操作人员检验时发现异常要及时汇报。

班组长要每日检查设备检验记录，设备维护人员应定期检查该记录。检验不但保证了设备的正常运行，又为计划检修提供了正确的信息依据。

日常保养结合日常检验同时进行，定期保养结合定期检验同时进行。

定期保养一般以专业维修人员为主，操作人员协助进行，定期保养应该使用先进的仪器设备和手段，以得到可靠的检查结果。定期保养侧重于检测设备或零部件的磨损程度，通过填写设备保养清单，建立机器设备“健康”档案信息，据此信息确定设备该如何检修或更换，以保障安全生产。

设备定期保养后，要填写“设备保养清单”，内容包括设备基本信息、保养内容、故障记录等。

设备基本信息：一般包括设备编码、名称、塑号、制造厂家、出厂日期、使用部门、操作者、保养日期等。

保养内容：一般包括设备内部的清洗，检查运动部件是否运转灵活，调整配合间隙，检查安全装置，检查润滑系统油路和过滤器，检查油箱、油位指示器并换油，检查电器线路和自动控制的元器件的动作是否正常。

故障记录：如发现设备故障，要在“设备保养清单”中详细记录故障的现象、具体排除的方法等。

2. 日常维护

班组设备日常维护，应贯彻预防为主的原则，做到整齐、清洁、润滑、安全。

(1)整齐。工具、工件、附件放置整齐。

(2)清洁。设备内外清洁，无油污、不漏油、不漏电。切屑和垃圾及时清扫干净。

(3)润滑。按时加油、换油。油质符合要求，油壶、油盖、油杯齐全，油毯、油线清洁，油标、油窗明亮醒目，油路畅通。

(4)安全。防护装置齐全，保险装置可靠，电器元件、导线绝缘，保护接地良好，线路管道完整不乱，冷却装置运行正常。

### 四、设备故障的班组应急处置

设备故障是指因人员、环境、设备自身原因使机械设备丧失部分功能，造成生产损耗加大、加工精度变小、生产流程不畅或停滞，甚至设备毁损的状况。设备自开始运行到最后退役，只要采取“预防为主”的管理措施，设备的故障率就会大大降低。设备都是人造的，也是由人来操纵的，所以，所有的设备故障背后也都有人的因素存在。只要方法、措施得当，设备故障的发生是可以预防的，甚至是可以消除的。然而，在向设备零故障挑战的过程中，故障仍不可避免，发生故障后的应急措施如下：

(1)切断电源，保护现场。设备发生故障后，操作者应立即切断电源，保护好现场，采取必要的应急措施，防止损失扩大，自己处理不了的问题应及时通知维修人员检查并排除故障。如设备严重损坏或属特大故障，应同时上报设备主管部门和其他有关部门，负责现场处理的主管人员应认真查看，详细记录，必要时拍照录像保存。

(2)召开故障现场分析会。一般故障现场分析会由使用单位主管领导负责组织进行，设备部门派人参加；重大及特大事故现场分析会应由单位主管领导或设备部门负责组织进行。

(3)故障处理必须坚持原因分析不清不放过、责任者未经过处理不放过、职工未受到教育不放过、没有防范措施不放过四大原则。

(4)抢修设备。设备故障原因分析清楚后，设备部门会同使用单位应积极做好设备抢修工作，以减小损失。

(5)及时填写“设备故障报告单”。

对于一般的设备故障，如果班组长可以较为顺利地进行处理，那么可以参照以下基本步骤：

(1)整理故障记录；

(2)找出事故原因；

(3)追究原因及列出检查项目；

(4)基于检查项目的实态试验或调查作出准确判断，并报告设备维护专员；

(5)不正常部位的复原；

(6)制定防止下次同类事故出现的对策措施；

(7)整理故障解析表并制作检验基准书。

## 示例1

中海油服公司海洋石油936平台检修班组，是一支享誉墨西哥片区的优秀青年先锋队，多次获评设备管理先进集体。目前共有班组成员11人，其中党员3人，班组长2人，包括电气、机械、轮机3个部门。检修班组坚持“思患预防、精益求精”的理念传承，坚持做好设备巡检和预防性维护，确保各台(套)设备完好有效，为保障平台安全、高效运转做出了积极贡献。

班组注重自修能力的提升，班组长带头跨部门技能交叉培训，认真研读设备资料，截至2020年11月完成自修项目546个，节省231万元，其中包括天车滑轮调换、钻井绞车更换链条、VFD逆变拆检、空压机大修、顶驱游动电缆修复等大型自修项目（图6-3），同时主动帮助片区兄弟平台组装吊车拔杆、主机大修、下驳接船等项目，做到自身平台和其他平台兼顾检修。

图6-3　中海油服海洋石油936平台检修班组吊车检查

## 示例2

海油工程LNG（液化石油气）分公司施工运维班组（图6-4），自2019年4月19日入场至2020年5月30日，在浙江LNG接收站二期工程项目F罐的安装工程中，实现连续安全施工407天，在内罐9%Ni钢TT焊应用中，焊接RT一次合格率达到99.67%，创历史最好成绩，实现了卓越的质量安全绩效。班组改变了LNG行业储罐内罐纵缝传统手工焊接方式，为LNG内罐焊接全面迈向自动化打下了坚实基础。

图6-4　海油工程LNG分公司施工运维班组

## 第五节 班组挂图看板管理

企业的统一性和纪律性是工业生产所要求的连续性、均衡性和节奏性的必要保障，也是提高劳动生产率、实现安全文明生产的基础。因此，凡是与现场作业密切相关的规章制度、标准、定额等，都应公之于众，并设立展板，如岗位责任制、操作程序图、工艺卡片等，要始终保持完整、正确和洁净，这就是各种管理状态、管理方法一目了然的目视管理。它使员工对各种管理的内容容易明白、易于遵守。

在市场飞速变化的今天，企业需要迅速响应市场，这使得企业不得不进行多品种、少批量、短交期的生产，现场管理的难度增大，而目视管理作为一种手段，能使员工提高工作效率，减少工作差错。

目视管理也被称为“看得见的管理”。挂图看板是目视管理中的一种载体，是发现问题、解决问题的非常有效且直观的手段，是优秀的现场管理必不可少的工具之一。挂图看板管理以视觉信号为基本手段、以信息公开为基本原则，借以推动班组员工的自主管理和自主控制。

### 一、班组挂图看板的作用

(1)传递班组生产信息，统一思想。生产现场人员多，而且由于分工的不同导致信息传递不及时的现象时有发生。而实施看板管理后，任何人都可以从挂图看板中及时了解现场的生产信息，并从中掌握自己的作业任务，避免了信息传递中的遗漏。此外，针对生产过程中出现的问题，生产人员可以提出自己的意见或建议，这些意见和建议大多都可通过挂图看板来展示，供大家讨论，最终形成统一思想，凝心聚力，朝着共同的目标努力。

(2)杜绝现场管理中的漏洞。通过挂图看板，生产现场管理人员可以直接掌握生产进度、质量等现状，为其进行管控决策提供直接依据。

(3)生产计划完成率提高。通过挂图看板，生产现场的工作业绩一目了然，使得对生产的绩效考核公开化、透明化，同时也起到了激励先进、督促后进的作用。

(4)保证班组生产现场作业秩序，提升公司的形象。班组挂图看板可提示作业人员根据挂图看板信息进行作业，对现场物料进行合理的处理，使生产现场作业有条不紊地进行，保障作业安全，提升公司形象。

(5)互相学习，共同进步。将班组员工优秀的操作心得、经验、案例等公布出来，供大家共同交流、学习。也可将员工的绩效情况公示上墙，营造员工间“比学赶帮超”的良好氛围。

### 二、班组挂图看板的主要内容

根据各个班组的管理目标和特征不同，挂图看板内容侧重点有所差异。一般来说，挂图看板的内容主要包括以下几大模块。

(1)班组名片：将班组的基本情况、组织结构图、班组文化等展示出来。

(2)上传下达：通知、文件等及时传达。

(3)目标及绩效管理：每月绩效目标、绩效完成情况、绩效改善分析等。

(4)班组人员激励情况：班组之星评选、奖励公示等。

(5)班组学习模块：安全目标、安全格言、安全案例分析、风险预控、安全提示。

(6)班组文化模块：班组文化故事、班组活动掠影、班组人文关怀、沟通天地、生日祝福等。

**三、班组挂图看板的设计原则**

1. 自主创新原则

很多企业在挂图看板建设上采用的是统一模板、统一模式的方法，在很多案例中，我们都看到一个事实，即"一统就死"。有的班组挂图看板栏目设计丰富，形式美观，但是应该每周、每月更新的内容却仍旧是陈旧的内容。班组成员的解释是：原本设计的挂图看板不是这些内容，后来公司进行了统一，原本的很多想法和创意都被抹杀了，现在对这个挂图看板没感情也没兴趣。要保证班组挂图看板有生命力，必须由班组成员根据班组管理的特点，发挥创意自己来设计，这样的挂图看板班组才愿用、爱用。当然，企业可以对一些必须具备的内容模块提出要求，其他内容由班组自行创意和设计，百花齐放才有活力和生命力。

2. 全员参与原则

班组挂图看板应全员参与，班组长组织、辅导全员进行班组挂图看板的设计，同时班组挂图看板的内容更新也要全员参与，可以为每个板块确立一名负责人，定期负责该板块内容的更新。

3. 管理一目了然原则

班组挂图看板一定程度上反映了班组日常管理是如何开展的，使班组管理"一目了然"。在设计班组挂图看板时，可思考一下：现在班组的早、晚例会是怎么开的？学习是怎么组织的？人员是如何激励的？安全是如何管理的？绩效是如何管理的？将其中的核心方法、工具提炼出来，便是挂图看板的核心内容。

# 第七章　班组现场6S管理

工作现场是人和环境的综合体，现场管理是对工作行为和作业环境的管理，是班组长运用科学的管理思想、管理方法和管理手段，对现场的各种要素，如人（操作者、管理者）、机（设备）、料（原材料）、法（工艺、检测方法）、环（环境）、资（资金）、能（能源）、信（信息）等资源进行合理配置和优化组合，以保证一项工作任务的顺利完成。井然有序的作业现场表明了人与环境的和谐统一，是安全生产的基础，也是班组现场管理期望达到的目标。

## 第一节　6S概述

说起6S，就得从5S谈起。5S管理方法起源于日本，它在日本民间流传了200多年，江户时代的日本商人已开始习惯丢弃不想要的东西，以空为静、以变为新、以新求存，养成良好的经商理念，因此，整理、整顿是5S启蒙的理念。

战后，日本曾经历过产品粗制滥造、质量低劣的时期。在20世纪50年代，他们以传统的管理方法推行“整理”“整顿”的2S管理理念，目的是控制产品质量。

经过艰苦探索，日本企业界在2S的基础上摸索出发展“清扫”“清洁”“素养”的3S管理理念来维持精良品质和环境，从而形成了5S管理理念。从改善现场管理、加强产品质量控制开始，进而提升人的品质，实现产品品质的精益求精。

日本丰田汽车公司在其长期的生产经营管理实践中，在传统5S管理的基础上不断完善。他们认为，生产安全始于整理、整顿，如果没有一个良好的、安全的工作空间，就无法维持正常的生产秩序，故加上了“安全”这个S，成为“6S”。它使丰田汽车在20世纪70年代一举打破了美国垄断世界轿车市场的霸主地位。丰田不断努力给员工灌输责任感和纪律性，创造出良好的现场管理水平，在1986年就有了《现场6S管理方法》这一著作的问世，号称拥有“世界第一现场管理模式”，在日本众多的企业里掀起学习现场6S管理方法的热潮。

6S管理是现代工厂行之有效的现场管理理念和方法，其作用是：提高效率，保证质量，使工作环境整洁有序，预防为主，保证安全。6S的本质是一种强调执行力和纪律性的文化，不怕困难，想到做到，做到做好，落实好6S工作，为其他管理活动打下良好基础。6S管理内容如下。

(1)整理(Seiri)：将工作场所的任何物品区分为有必要和没有必要的，有必要的留下来，其他的都清除掉。目的：腾出空间，空间活用，防止误用，营造清爽的工作场所。

(2)整顿(Seiton)：把留下来的必要用的物品依规定位置摆放，并放置整齐，加以标识。目的：工作场所一目了然，消除寻找物品的时间；整整齐齐的工作环境，消除过多的积压物品。

(3)清扫(Seiso)：将工作场所内看得见与看不见的地方清扫干净，保持工作场所干净、亮丽。目的：稳定品质，减少工业伤害。

(4)清洁(Seiketsu)：将整理、整顿、清扫进行到底，并且制度化，经常保持环境处在美观的状态。目的：创造明朗现场，维持上面3S成果。

(5)素养(Shitsuke)：每位员工养成良好的习惯，按章办事，培养积极主动的精神(也称习惯性)。目的：培养有好习惯、遵守规则的员工，塑造团队精神。

(6)安全(Security)：重视员工的安全教育，每时每刻都有安全第一观念，防患于未然。目的：建立起安全生产的环境，所有的工作应建立在安全的前提下。

用以下的简短语句来描述6S，便于记忆：

整理：要与不要，一留一弃；

整顿：科学布局，取用快捷；

清扫：清除垃圾，美化环境；

清洁：清洁环境，贯彻到底；

素养：形成制度，养成习惯；

安全：安全操作，以人为本。

## 第二节　6S的实施

### 一、整理——把不必要的清除

这里的整理就是将工作现场要与不要的东西区别出来，保留有用的，清除不需要的物品。这样，可防止材料的误用、误送，创造一个清洁的工作场所。所以，班组长在作业现场整理时，一定要将不必要的物品果断地处理掉。

班组长在作业现场整理工作时，可从以下几个方面着手进行。

1. 深刻领会开展6S的目的，达成共识

(1)确认不需要的东西，多余的库存会造成浪费；

(2)向全体员工宣讲,以取得共识;

(3)下发整改的具体措施;

(4)定出整改的要求。

2. 对工作现场进行全面检查

检查出哪些东西是多余的,具体见表 7-1。

表 7-1　整理活动检查表

| 检查区域 | 检查内容 |
| --- | --- |
| 办公场地(包括现场办公桌区域) | 办公室抽屉、文件柜的文件、书籍、档案、图表、办公桌上的物品、测试品、样品、公共栏、看板、墙上的标语、月历等 |
| 地面(特别注意死角) | 机器设备、大型工模夹具,不良的半成品、材料,置放于各个角落的良品、不良品、半成品,油桶、油漆、溶剂、黏结剂,垃圾筒,纸屑、竹签、小部件 |
| 室外 | 堆在场外的生锈材料,料架、垫板上之未处理品、废品,杂草,扫把、拖把、纸箱 |
| 工装架上 | 不用的工装、损坏的工装、其他非工装之物品,破布,手套、酒精等消耗品,工装(箱)是否合用 |
| 仓库 | 原材料、废料、储存架、柜、箱子、标识牌、标签、垫板 |
| 天花板 | 导线及配件、蜘蛛网、尘网、单位部门指示牌、照明器具 |

3. 制定“需要”与“不需要”的标准

对工作现场进行全面盘点。就现场盘点的物品逐一确认,明确哪些是“需要”的,哪些是“不需要”的。

根据上面的确认,制定“需要”与“不需要”标准表,员工根据标准表实施“大扫除”,对于现场不需要的物品,诸如用剩的材料、多余的半成品、切下的料头、切屑、垃圾、废品、多余的工具、报废的设备、员工的个人生活用品等,要坚决清理出生产现场,这项工作的重点在于坚决把现场不需要的东西清理掉。整理的实施要点就是对生产现场摆放的物品进行分类,从而区分出物品的使用等级,一般可以将物品划分为“不用”“很少用”“较少用”“经常用”这四个等级。

对于“不用”的物品,应该及时清理出工作现场,进行废弃并处理;对于“很少用”“较少用”的物品,也应该及时进行清理,改放在储存室中,当需要使用时再取出来;对于“经常用”的物品,就应该保留在工作现场附近。

4. 制定废弃物处理方法

实施分类:依据分类,该报废的一定要报废,该集中保存的由专人保管。

(1)设定不要物品的回收制度;

(2)设定循环、转让、烧毁、掩埋等处理方法;

(3)设定废弃小组;

(4)尽量不要制造不要物品;

(5)按不同种类对垃圾进行分类处置。

## 二、整顿——让物品一目了然

所谓整顿，就是把要的东西按规定位置摆放整齐，并做好标识。目的是使工作现场整整齐齐，需用之物随手可取，方便寻找，营造一个整齐的工作环境。

1. 现场整顿

(1)用 5W1H 方法发现存在的问题。首先，用 5W1H 法对现场进行分析，尤其是对平面布置、搬运路线和物品摆放要进行分析，从中发现问题。然后，对问题追根溯源，一直分析到能采取措施为止。

(2)合理放置，方便取放。对物件的整顿并不在于单纯的码放整齐，而是要使物件拿出容易、放回方便，有明确的秩序，让人一目了然，容易查找和归位。

(3)整顿结果的标识。整顿完成后，为了能立即拿到使用的物品，可利用标牌、指示牌等予以标识，指示牌内容应清清楚楚指明物品名称、分类、数量、存放位置或由谁使用等。总而言之，标识的目的是明确“是什么”和“在哪里”，让人一目了然。

2. 现场整顿原则

(1)决定放置场所

①经整理所留下的需要的东西、物品，要定位存放；

②依使用频率来决定放置场所和位置；

③用标志漆颜色(建议黄色)划分通道与作业区域；

④不许堵塞通道；

⑤限定堆放高度；

⑥不合格品撤离工作现场；

⑦不明物撤离工作现场；

⑧挂图看板要置于显眼的地方，且不妨碍现场的视线；

⑨危险物、有机物、溶剂应放在特定的地方；

⑩无法避免将物品放于定置区域时，可悬挂“暂放”牌，并注明理由和时间。

(2)决定放置方法

①放置的方法有 H 架、箱柜、塑料篮、袋子等方式；

②在放置时，尽可能安排物品的先进先出；

③尽量利用框架，立体存放，提高收容率；

④同类物品集中放置；

⑤框架、箱柜内部要明显易见；

⑥必要时设定标识，注明物品“管理者”及“每日检验负责人”；

⑦清扫器具以标准方式放置。

## 三、清扫——时刻保持工作环境干净

清扫就是将现场不需要的物品清除掉，保持工作环境无垃圾、无污秽，以保证生产安全，减少工业灾害。

1. 清扫准备

(1)安全教育。对员工做好清扫的安全教育,对可能发生的事故(触电、挤压碰伤、涤剂腐蚀、坠落砸伤、灼伤烫伤等不安全因素)进行预防和警示。

(2)设备常识教育。对员工就设备的老化、出现的故障、可以减少人为劣化因素的方法、减少损失的方法等进行教育。使他们通过学习设备基本构造,了解其工作原理,能够对出现尘垢、漏油、漏气、振动、异常等状况的原因进行分析。

(3)技术准备。制定相关作业指导书,明确清扫工具、清扫位置、加油润滑等基本要求,螺丝钉卸除和紧固的方法及具体顺序步骤。

2. 清扫实施步骤

(1)决定清扫的对象。清扫对象有物品放置场所、设备、空间三类。

①物品放置场所。物品有各式各样的,其放置的场所也有差异,所以在清扫之前必须了解要清扫什么。物品放置场所的清扫对象为:制品仓库、零件仓库、材料仓库、工厂内半成品放置处、零件放置处、生产线内放置处、机械工程内放置处、工具棚架等。

②设备。与设备有关的清扫对象为机器、设备、焊具、工具、刀具、量具、模具、车辆、搬运工具、作业台、橱柜、桌子、椅子、备品。

③空间。空间的清扫对象为地面、作业区、通道、墙壁、梁柱、天花板、窗户、房间、电灯。

(2)决定清扫责任人。安排清扫责任人及清扫周期(每天清扫或是隔日清扫)。具体要做到:

①编制清扫责任位置图。以平面图的形式,把现场的清扫范围分到各小组,再由各小组划分至个人。公共区域可利用轮值和门前承包的方式进行。

②制定清扫日程表。使清扫作业日程化,公共区域可采用轮流值日制。制定日程表的步骤是:首先确定公共区域,包括会议室、休息室、厕所、图书室等;然后进行任务分配,责任到人,规定清扫的内容及验收标准,最后编制日程表,并公布轮值表,责任人间相互传阅。

### 四、清洁——将日常清扫程序化

清洁就是对清扫后状态的保持。将前 3S(整理、整顿、清扫)工作内容制度化、规范化,贯彻执行并保持清洁的状态。

清洁的标准包含三个要素:干净、高效、安全。

在开始时,要对“清洁度”进行检查,制定出详细的检查表。

检查的要点为:范围内是否有不必要的东西?工具可以立即使用吗?每天早上都有扫除工作吗?工作结束时收拾整理了吗?

1. 检查有哪些不要的东西(整理)

(1)不要物品的检查点。在 3S 之后,应在工作现场检查是否有不要的物品。

(2)将废弃物品编制一览表并处理,要点为:①库存与设备是企业的资产;②个人不能任意处分;③编制废弃库存品、废弃设备一览表;④一定要如实上报;⑤与相关责任人协商后处理。

2. 检查物品的放置方法(整顿)

(1)列出物品放置的时间、方式、地点及其他要求。

(2)明确物品分类、整理频率及相关责任人。

3. 消除灰尘、垃圾的检查点(清扫)

(1)清扫的检查点及方法。如在窗框用手指抹抹看,即大致可以知道工作现场的清扫程度,也可运用白手套检查法。

(2)填写清扫检查表。清扫检查表的用途是明确工作环境的清洁状态及相关责任人,使清扫工作程序化、制度化。

**五、素养——养成良好的习惯**

素养是指员工时刻牢记6S规范,自觉地进行整理、整顿、清扫,从而达到清洁、节约、安全,使6S活动更注重实际效果,而不是流于形式。素养是使员工在言行举止上都养成良好的习惯。

1. 明确素养的目的

企业通过提高素养活动,营造一个积极向上、富有合作精神的团队,其目的是:全体员工高标准地维护现场环境整洁和美观,自愿实施整理、整顿、清扫、清洁、素养、安全的6S活动,成为遵守规章制度并具有良好习惯的人才。

2. 制定相关的规章制度

规章制度是员工的行为准则,是达成共识、形成企业文化的基础。制定相应的"语言礼仪""行为礼仪"及"员工守则"等,努力促成员工提高素养。

3. 实施员工培训

企业应要求每一位员工遵守规章制度和工作纪律。此外,还要创造一个良好的工作氛围。多数员工遵规守纪,少数人就会抛弃坏习惯,转而向好的方面发展。提高员工素养,培养员工的工作热情,提高工作效率。

**六、安全——营造零事故环境**

安全就是通过制度和具体措施来提升企业现场安全的管理水平,以防止事故的发生。安全是现场管理的前提和决定性因素。没有安全,一切都失去了意义。

1. 班组现场安全管理目的

(1)保证人员的生命安全。

(2)保证生产环境、生产设备的安全。

(3)建立切实可靠的安全体系。

(4)减少因安全事故造成的经济损失。

2. 现场安全管理内容

(1)推行6S管理。安全管理的重要方面是整理、整顿、清扫的质量。如果工作现场油污遍地、混乱不堪,就会造成安全隐患。

(2)要在安全隐患的识别和分析上下功夫。例如在分析高空作业是用安全绳还是用吊篮时，要分别列出各种安全隐患和预防措施。为了不漏项，要正确适时召开安全风险分析会，利用群体的智慧来发现和解决问题。

(3)要设立安全标识(警告、禁止、指示、提示)。

(4)要定期完善隐患识别和预防措施的内容。

(5)建立安全巡视制度。

## 示例 1

海油发展起重三班的 6S 管理经验如下(图 7-1、图 7-2、图 7-3)。

1. 整理、整顿、清扫、清洁，我们的企业形象不断提高。

图 7-1　海油发展起重三班 6S 管理(1)

2. 齿轮箱维修按照可视化、行迹化管理，按照工艺流程施工，维修完成后分作业区存放，有助于提高工作效率，为海上维修保养提供有力保障。

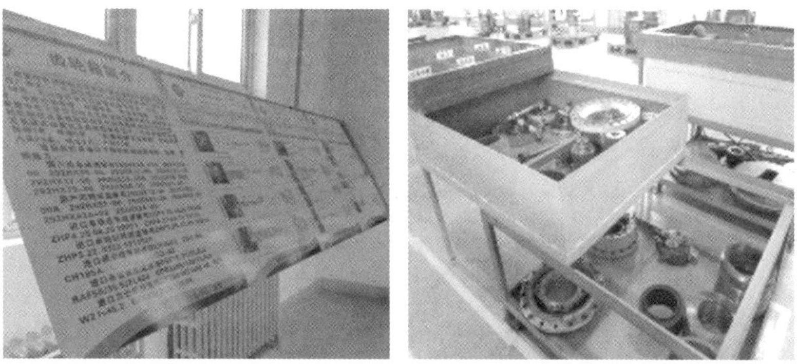

图 7-2　海油发展起重三班 6S 管理(2)

3. 现场施工管理：从环境到空间位置，从设备到机具，从使用到存放，都有着相应的管理规定。

图 7-3　海油发展起重三班 6S 管理(3)

## 示例 2

海油发展公司的油田化学渤海生产中心生产班组，每天工作结束后，实施班后 6S 活动，改善作业环境(图 7-4)。

图 7-4　海油发展公司的油田化学渤海生产中心生产班组 6S 管理

1. 花 5 分钟对自己的工作范围进行整理、整顿、清扫。
2. 将材料、工具放回规定位置。
3. 清洁次日要用的工具、包装物、抹布。
4. 清倒工作垃圾，并分类。
5. 关闭电源、气源、水源。
6. 整理中控室、休息室、更衣室。

## 示例 3

海油发展深圳配餐公司东营终端班组从全面开展班组建设工作以来，在公司领导的大力支持与指导下，现场管理、安全生产、团队建设、服务创新、成本控制等基础工作取得了良好成效。多年来，该班组共获得了 10 多项荣誉。2014—2016 年连续三年获得山东省东营市餐饮企业 A 级单位、免检单位，2015 年、2016 年被评为“食安山东”餐饮服务品牌示范店，2017 年被评为“食安山东”餐饮服务示范单位，2016 年、2017 年连续两年被评为海油发展“红旗班组”。

该班组高度重视现场 6S 标准的管理和执行。大到整体布局、小到工器具摆放，均通过看板、定位、画线、挂标识牌等方法实现对设备、工具、物品、流程、操作等生产要素的可视化，达到“有图必有物、有物必有位、有位必分类、分类必标识”的最佳效果（图 7-5、图 7-6）。

图 7-5　配餐公司东营终端班组菜板、抹布分区分色管理

图 7-6　配餐公司东营终端班组半成品分类管理

## 第三节　常见 6S 误区

随着国内越来越多的企业开始实施 6S 管理，对 6S 管理的了解也越来越清楚，但有些企业在实施 6S 管理时仍存在误区，常见的 6S 管理误区如下。

**误区一：领导与员工都很忙，没时间做 6S**

有些领导口头支持 6S，但并没有在行动上表现出来。如果领导找借口不关注 6S、不亲身参与 6S，中层管理人员就会对推进活动和现场问题搪塞推诿，逃避应付，一线班组员工就更是能偷懒就偷懒，不会全力投入。

6S管理是现场工作的一部分，搞好6S工作是员工工作职责的一部分。这与员工忙不忙没有关系。

6S这个必须做的工作如果没有做好，会造成工作岗位混乱、工具找不到、设备得不到及时维修而影响生产进度、物料出问题导致生产不顺畅、投诉频繁甚至订单流失等危及企业生存的现象。

企业生产现场的状况一般都比较复杂，经常会出现很多预想不到的问题。工作人员除了要从事生产之外，还需要花费相当多的精力用于解决问题。在这种环境下，员工疲于奔命，领导忙于救火，但这种忙碌很有可能并不会给企业的发展带来多少动力，而变成瞎忙，缺少与企业发展相契合的重点。

所以必须要找一个突破口来解决这些问题，6S就是突破口之一。6S的实施正是为了打好现场基础，减少问题发生，即使有可能发生，也可以提前发现问题并及时进行解决，防止大的损失出现。

当然，在6S推进初期，由于历史遗留问题多，确实有一些“补课”式的工作要做，会增加一些工作量，这就要求高层领导、各级主管和一线班组员工能够认识到6S的重要作用与长远意义，一鼓作气地改善，然后不断地维持下去。

**误区二：班组员工的文化水平与不情愿限制了6S的发展**

很多企业在推进6S时，希望员工能够主动参与，取得显著成效，但如果实施一段时间后，发现效果并不明显，就将6S活动推进失败的原因归结为员工。认为员工文化水平不高，而且有抵触情绪，所以造成了6S推行的失败。

6S活动的推进，尤其是在推进早期，很多员工的确并不愿意进行6S活动，因为他们认为这项活动给他们添加了许多不必要的工作量。同时，由于大多数企业的一线班组员工文化水平不高，学历以初中、高中为主，甚至更低，但6S管理不是什么高深莫测的东西，关键在于员工去执行，并养成良好习惯。就算是文化水平高的员工，如果不认真地执行6S管理规定，同样会成为6S推进的障碍。所以，推进6S成功的关键在于各级管理人员有决心和有正确的意识，而不在于员工本身。

更重要的是，越是平均文化水平低的企业越应该进行6S活动。因为6S管理本身是培养员工形成良好习惯的过程，目的是提高员工的素养。也就是说，公司员工本身素养低就是要推进6S的原因，而不是恰恰相反，把员工素质差、文化程度不高当成不推进6S的理由。

基层员工文化程度越低，越应该通过推进6S打好现场改善的基础，打好人员提升的基础。这就要求企业应制定带有强制性的执行标准，要求员工遵守6S管理规章制度，并通过奖惩措施来进行刺激落后、鼓舞先进。

员工素质的高低与主动参与性不是6S活动的基础，而是6S活动的目标和结果。

**误区三：通过罚款才能迫使员工全力工作**

一些推行6S的企业曾经总结出经验，那就是罚款比奖励更有效。对某些企业的某段时间来讲,这种结论是正确的。

但是,一个企业主要是通过罚款来进行日常管理的话,并不会给员工带来很高的积极性。因为如果长期依赖罚款来推进6S,员工自主管理的能力很难提升,素质很难提高,使6S长期徘徊于低级阶段。

所以,6S管理要强调压力与动力相结合。不仅仅靠考核、罚款等压力来推进,同样要通过动力来拉动,即通过看板管理、可视化管理、竞赛活动、改善提案等方法激励员工不断地改善。

**误区四:6S就是大扫除,没必要兴师动众**

很多企业的员工,甚至包括领导对6S管理理解有偏差,认为6S仅仅是一种大扫除、打扫卫生,仅仅是生产现场的划线、标识,只是为了改善企业形象所开展的活动。6S就是为了在企业有客户或者政府官员进行参观、考察、视察的时候,留下好的印象而准备的。

要知道,6S活动与大扫除的区别在于:大扫除是临时性的,而6S是持续的活动;大扫除是单项的,6S是综合性现场管理;大扫除只是为了现场干净,而6S是为了改善现场环境、提升作业效率、人员素养。二者过程不同,目标也不同。

6S管理看似简单,却包含了企业现场管理的许多方面:从现场环境到物料管理,从设备保养到人员安全,从制度贯彻到创新活动,从作业效率到员工素养,6S成功的实施可以为提升企业产品的品质、降低成本,保证及时交货打下坚实的基础。

更重要的是,6S的落实与坚持非常困难。越是看似简单的事情,想做到精深就越难。要让员工认识到“简单”6S的重要作用,要持续进行整理、整顿、清扫,要定期进行现场安全活动和现场检查活动,要让员工在遵守规章制度的同时具有持续改善的意识,这些其实都并不简单。

另外,6S不是一个两个人的事,是全员参与的事情,必须要兴师动众。只有通过人人参与现场改善,才能达到6S的最终目的。

**误区五:公司早就做过6S了,没有什么好效果**

有的企业做了一段时间的6S管理工作,但并没有与企业实际相结合,导致改善效果不明显。于是,就武断地认为6S活动并没有什么用处。

其实,造成效果不好的原因可以从三个维度来分析:广度、深度与时间。

广度方面,公司只重视整理和清扫这两个S,不重视其他S,将6S变成了卫生活动、大扫除行动。这就造成6S的效力没能充分发挥出来,从而效果大减。

深度方面,是由于企业只做表面工作、搞形式,没有深入下去,没能实现从整齐亮丽型6S到改善型6S的升级,这就无法从效率、成本、质量等方面给企业带来实质性的效果。

时间方面,开始轰轰烈烈,但没有长期坚持。6S管理是一个长期的过程,是持续改进的基础,不是搞搞短期活动或运动就能解决问题的。

所以，要想有好的效果，就要全面、深入、持久地开展 6S 活动，而不是浮在表面进行。随着 6S 管理的推进，要把 6S 当成企业现场管理的一部分，融入企业整体管理当中。

**误区六：6S 活动只花钱不赚钱**

企业的根本目的之一就是为了最大限度地追求经济效益。有些企业的领导者缺乏远见，认为开展 6S 活动是只花钱，不赚钱的事情，是项赔本生意，因而不愿意实施。

一般来说，6S 活动的开展初期确实需要投入一点资金，并且很难在短期内形成直接的、较大的经济收益。但是，需要注意的是，虽然 6S 无法带来直接的经济效益，但是实施 6S 后所带来的生产效率提高、成本降低、减少安全隐患、提升员工士气等方面的改进是无法用金钱来衡量的长远意义。因此，企业领导者应该重视 6S 工作，并持之以恒地实施 6S 活动，为企业盈利打好坚实的基础。

**误区七：6S 只是搞形式，没有实质性作用**

许多人认为整理、整顿、清扫、清洁、素养和安全等 6S 活动过于注重形式，缺少实质性的内容，对企业没什么用处。要明白，形式确实是 6S 特征之一，但不是唯一特征。

“形式主义”在推进 6S 初期是必需的，我们确实需要一些形式，例如宣传、培训、可视化、礼仪规范等。这些形式的目的是为了使员工通过不断的视觉冲击，感受 6S 的存在和 6S 的规范，这样才有可能在短期内见效，迅速改变现场的环境面貌，并为养成良好的工作习惯做准备。

我们要有形式，更要理解这些形式存在的意义和目的，不能仅仅停留在表面上，而没有深刻理解隐藏在形式背后的真正目的。

整齐亮丽型 6S 是前期的基础，改善型 6S 则是后期的重点和持续开展的重要方向。6S 的实施过程就是从“形式化”到“行事化”再到“习惯化”。因此，所谓的形式主义是 6S 向“习惯化”迈进的早期过渡阶段的表现，是为了更快实现“习惯化”的方法。

**误区八：我们做得挺好，没必要实施 6S**

这话看似有一定道理，要成为优秀企业，不一定非要实施 6S 活动，比如：大名鼎鼎的麦当劳、肯德基就不搞 6S。

那么他们真的没有实施 6S 吗？其实，他们只是没有打着 6S 的旗号进行现场管理而已，没用 6S 之名，却有 6S 之实。这些优秀的企业把 6S 的内涵通过其他管理模式充分展现了出来。

这些企业有杂物吗？没有，因为整理做得好。

这些企业物品乱吗？没有，因为整顿做得好。

这些企业满地垃圾吗？没有，因为清扫做得好。

这些企业有许多安全隐患吗？没有，因为安全搞得好。

这些企业员工松松垮垮缺乏素养吗？没有，因为素养搞得好。

由此可见,这些没有打着6S旗号的企业,已经将具有公司特点的6S管理理念融入日常管理当中了。

**误区九:6S能"包治百病"**

很多企业在推行6S活动的时候总是希望6S活动能够"包治百病",解决企业内部的所有问题。但实际上,6S只是企业提升竞争力的一项基本工作,它产生的效果范围仅包括工作现场的环境以及员工的素养。

一个企业要想获得盈利,除了开展6S活动之外,还必须在战略管理、营销策略等方面下工夫。因此,期待6S是"包治百病"的灵丹妙药是不切实际的。

但是,6S管理是现场管理的基础,是企业提升产品质量、降低生产成本、保证交货期的基础,而质量、成本、交货期是企业内部管理的核心竞争力。6S尽管不能解决企业的所有问题,但是却是解决许多问题的基本条件。

**误区十:6S能立竿见影、速战速决**

有些企业认为,6S活动比较简单,试图短期见效。在推行之初,就制定各种检查标准和奖惩标准,然后颁布下去。但是却只告诉员工不应该怎么做,而没有告诉员工应该怎么做,更没有告诉员工怎么做更好。

从一开始就通过检查代替辅导推进,会引起基层主管和一线班组员工的不满,因为他们会觉得6S活动就是罚钱、增加工作量,而6S推进部门只知道检查和罚款,并不知道如何才能更好地带动所有员工自觉自发地进行6S活动。所以如果盲目地想要立刻起到立竿见影的效果,从一开始推进6S就进行得比较粗糙,单纯地认为6S是大扫除,这样会适得其反,很快就会反弹,从而回到从前状态。因此,一定要循序渐进,从宣传教育到试点,从样板到全面推进,从整齐亮丽型6S到改善型6S。

企业在实施6S管理之前,先了解这些可能存在的误区,那么企业实施6S管理将能达到事半功倍的效果。

第三部分

# 风险管控篇

# 第八章　危险有害因素辨识

目前，我国海洋石油作业面临着开发风险逐年增加，生产设施老化严重，应急救援能力薄弱，恶劣天气强度、频度加大等各种不利因素，安全生产形势十分严峻。为切实把安全生产各项措施落到实处，各级安全生产管理人员必须掌握风险识别方法，了解海洋石油各个生产作业环节中可能存在的危险有害因素，以便预防作业环境中风险的发生、控制或降低风险发生的概率，加强现场安全管理的针对性和有效性。

## 第一节　基础知识

### 一、术语定义

（一）危险因素

危险因素是指能对人造成伤亡或对物造成突发性损害的因素。危险因素是构成事故的物质基础，它表示劳动生产过程中的物质条件（如工具、设备、机械、产品、劳动场所、环境等）的固有危险性质和它本身潜在的破坏能量。

（二）有害因素

有害因素是指能影响人的身体健康，导致疾病或对物造成慢性损害的因素。通常情况下，二者并不严格加以区分，而统称为危险有害因素，主要指客观存在的危险、有害物质或能量超过临界值的设备、设施和场所等。

（三）危险源

危险源是指可能造成人员伤害或疾病、财产损失、环境破坏或这些情况组合的根源或状态（摘自 ISO 45001）。不同的危险源在导致事故发生、造成事故伤亡后果时表现各异，所以对其识别、控制方式也不尽相同。根据危险在事故发生、发展过程中的作用，把危险源分为两大类，即第一类危险源和第二类危险源。

（1）第一类危险源是生产过程中存在的，可能发生意外释放的能量（能源或能源

载体)或危险物质。第一类危险源的危险性与有害物质数量的多少、能量强度的大小有直接关系,常见的第一类危险源有:

①产生、供给能量的装置、设备,如发电机、蒸汽机、核反应堆等;

②有害物质和能量载体,如粉尘、高处放置的物品、旋转的飞轮等;

③危险物质,如危险化学品、核废料等;

④生产加工储存危险物质的装置、设备或场所,如原油储罐、生产危险化学品的车间等;

⑤使人体或物体具有较高势能的装置、设备或场所,如电梯、吊篮、高层建筑临边等;

⑥一旦与之接触,将导致能量向人体意外释放的载体,如高温金属、带电物体等;

⑦一旦失控可能发生能量蓄积或突然释放的装置、设备或场所,如化学反应釜、压力容器等;

⑧一旦失控会产生巨大能量的装置、设备或场所,如蒸汽锅炉、油气处理厂等。

(2)第二类危险源是导致能量或危险物质约束或限制措施破坏或失效的各种因素,主要包括人的失误、物的故障、环境因素和管理缺陷四个方面。

①人的失误可能直接造成第一类危险源的失控,也可能造成物的故障,进而导致事故发生。

②物的故障是指由于某种原因导致的性能低下而不能实现预定功能的现象。物的故障可能直接造成有害物质和能量的约束破坏而发生事故。

③环境因素主要指系统运行的环境因素,如温(湿)度、照明、振动、噪声、粉尘、通风等物理环境和企业、社会等软环境。

④管理缺陷实际是指人—机(物)—环境的安排上出现失误。在硬件上没有使机(物)和环境保障人的安全,在软件上没有制定人—机(物)的交互规则或制定的规则被违反而不能生效,无法消除机对人的伤害。管理缺陷属于导致事故发生的间接原因,但同时又是促使人失误、机(物)故障、环境不良等情况出现的直接原因。

(四)危险化学品重大危险源

危险化学品重大危险源是指长期地或者临时地生产、搬运、使用或者储存危险物质,且危险物质的数量等于或超过临界量的单元。单元是指一个(套)生产装置、设施或场所,或同属一个工厂的且边缘距离小于 500 m 的几个(套)生产装置、设施或场所。

(五)临界量

临界量是指对于某种或某类危险物质规定的数量,若单元中的物质数量等于或超过该数量,则该单元定为重大危险源。

储存量超过其临界量包括以下两种情况:

(1)单元内有一种危险物品的储存量达到或超过其对应的临界量;

(2)单元内储存多种危险物品且每一种物品的储存量均未达到或超过其对应临界量,但满足下面的公式:

$$\frac{q_1}{Q_1}+\frac{q_2}{Q_2}+\cdots+\frac{q_n}{Q_n}\geqslant 1$$

式中,$q_1$,$q_2$,…,$q_n$——每一种危险物品的实际储存量,单位为吨(t);$Q_1$,$Q_2$,…,$Q_n$——对应危险物品的临界量,单位为吨(t)。

(六)危险源辨识

危险源辨识是指识别危险源的存在并确定其特性的过程(摘自 OHSAS 18001)。

(七)工作场所(劳动场所)

工作场所(劳动场所)是指职工从事职业活动的地点和空间。

(八)工作条件(劳动条件)

工作条件(劳动条件)是指职工在工作中的设施条件、工作环境、劳动强度和工作时间的总和。

(九)工作环境(劳动环境)

工作环境(劳动环境)是指工作场所及周围空间的安全卫生状态和条件。

(十)事故

事故是指发生在人们的生产、生活活动中的,造成死亡、疾病、伤害、损坏或者其他损失的意外事件。

(十一)未遂事件

未遂事件是指存在潜在可能导致人员伤害、死亡或财产损失的系列事件,但损失并未在此次事故中发生,但下次同样的情形下却有可能产生严重后果的事件。

(十二)隐患

隐患是指可导致事故发生的物的不安全状态、人的不安全行为及管理上的缺陷。隐患具有隐蔽性、潜伏性和不稳定性,在某种特定条件下就会转化为事故。隐患的管理级别取决于其可能导致事故发生的风险程度(发生概率和严重程度)和整改难度两个因素。

## 二、危险有害因素基础知识

(一)危险有害因素与事故的关系(图 8-1)

过量的能量和危险物质存在的装置、设备、设施和场所,就是“危险源”。对于危险源,我们尽可能降低其存在的能量和危险物质的数量,以便减轻事故的灾害。

(二)危险有害因素产生的原因

所有危险有害因素尽管表现形式不同,但从本质上讲,之所以能造成危险或有害后果(伤亡事故、损害人身健康、环境影响和物的损坏等),均可归结为存在能量、有害物质或能量、有害物质失去控制两方面的因素,并导致能量的意外释放或有害物质泄漏、散发。因此,存在能量、有害物质及其失控是危险有害因素产生的根本原因。

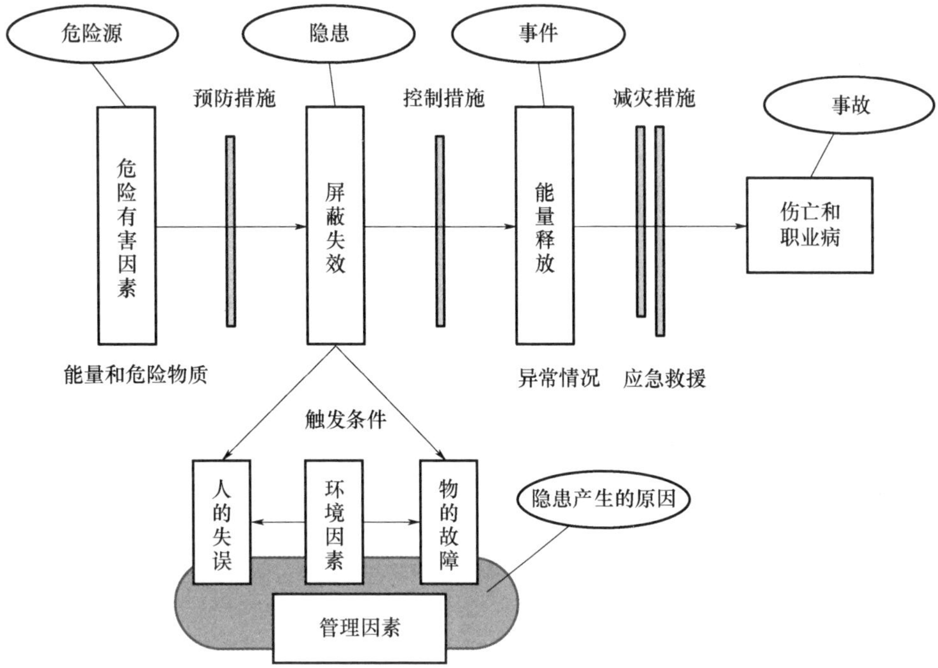


图 8-1 危险有害因素与事故关系图

1. 有害物质和能量的存在

能量、有害物质是危险有害因素产生的根源，也是最根本的危险有害因素。一方面，系统具有的能量越大、存在的有害物质的数量越多，系统的潜在危险性也就越大；另一方面，只要进行生产活动，就需要相应的能量和物质（包括有害物质），因此，危险有害因素是客观存在的，是不能完全消除的。

例如：蒸汽锅炉内部高温、高压气体的压力能，高处作业（或起吊的重物等）的势能，带电导体上的电能，行驶车辆（或各类机械运动部件、工件等）的动能，噪声的声能，激光的光能，高温作业及剧烈放热反应工艺装置的热能和各类辐射能等都是能量，在一定条件下都能造成各类事故和危害。

有害物质在一定条件下能损伤人体的生理机能和正常代谢功能，破坏设备和物品的效能，也是最根本的有害因素。

例如：生产过程中由于有毒物质、腐蚀性物质、有害粉尘、窒息性气体等有害物质的存在，当它们直接、间接与人体或物体发生接触时，能导致人员的损伤、死亡和物体的损坏、破坏，所以都是有害因素。

2. 有害物质和能量的失控

在生产中，人们通过工艺和工艺装备使能量、物质（包括有害物质）按人们的意图在系统中流动、转换，进行生产的同时又必须约束、控制这些能量、有害物质，消除、减弱产生不良后果的因素，使之不能发生危险、危害后果。如果出现失控（没有控制、屏蔽措施或控制、屏蔽措施失效），就可能会发生能量、有害物质的意外释放和泄漏，从而造成人员伤亡和财产损失，所以失控也是一类危险有害因素。它主要体现在设备故障（含缺陷）、人员失误、外界环境和管理缺陷四个方面，并且四者之间是相互影响的；它们大部分是一些随机出现的现象或状态，很难预测它们在何时、何地、以何种方式出现，是导致危险、危害发生的主要因素。失控的原因有以下几种情况。

（1）设备故障（包括生产、控制、安全装置和设施完整性等）

在生产过程中，故障的发生是不可避免的，故障的发生具有随机性、渐近性或突发性。造成故障发生的原因很复杂（认识程度、设计、制造、磨损、疲劳、老化、检查和维修保养、人员失误、环境、其他系统的影响等），但故障发生的规律是可知的，通过定期检查、维修保养和分析总结，可使多数故障提前得到控制（避免或减少）。

例如：电气设备绝缘损坏、保护装置失效造成漏电伤人，短路保护装置失效又造成变配电系统的破坏；超载限制或起升安全装置失效使钢丝绳断裂、重物坠落；围栏缺损、安全带及安全网质量低劣造成高处坠落事故，都是故障引起的危险有害因素。

（2）人员失误

人员失误泛指人员的不安全行为中产生不良后果的行为（即人员在作业过程中，违反劳动纪律、操作程序和方法等具有危险性的做法）。人员失误是导致事故发生的重要因素之一，影响人员失误的因素很多，但发生人员失误的规律和失误率通过大量的观测、统计和分析，也是可以预测的。

具体来说，人员失误是指由于不正确态度、技能或知识不足、健康或生理状态不佳和劳动条件（设施条件、工作环境、劳动强度和工作时间）影响造成的不安全行为。我国《企业职工伤亡事故分类》（GB 6441—1986）将不安全行为归纳为操作失误（忽视安全、忽视警告）造成安全装置失效、使用不安全设备、手代替工具操作、物体存放不当、冒险进入危险场所、攀坐不安全位置、在起吊物下作业（停留）、机器运转时加油（修理、检查、调整、清扫等）、有分散注意力行为、忽视使用必须使用的个人防护用品或用具、不安全装束、对易燃易爆等危险品处理错误等 14 类。

例如：误合开关使检修中的线路或电气设备带电，导致检修中的设备意外启动；未经检测、忽视警告标志或不佩戴呼吸器等护具，进入缺氧、有毒作业场所；吊索具选用不当、吊重绑挂方式不当，使钢丝绳断裂、吊重失稳坠落；不按规定穿戴工作服（帽），使头发或衣袖卷入运动工件等，都是人员失误形成的危险有害因素。

（3）外界环境

温度、湿度、风雨雪、照明、视野、噪声、振动、通风换气、色彩等外界环境条件都会引起设备故障或人员失误，是发生失控的间接因素。

（4）管理缺陷

系统安全管理是为保证及时、有效地实现系统安全目标，在预测、分析的基础上进行的计划、组织、协调、检查等工作，是预防管理缺陷、减少人员失误的有效手段。

# 第二节　危险有害因素的分类与识别

## 一、危险和有害因素分类

《生产过程危险和有害因素分类与代码》(GB/T 13861—2009)按导致事故的直接原因，将生产过程中的危险和有害因素分为人的因素、物的因素、环境因素和管理因素四大类，分别用代码表示，共分四层，第一、二层分别用一位数字表示大类、中类；第三、四层分别用二位数字表示小类、细类。

1. 人的因素(第一类)

(1)心理、生理性危险和有害因素(11)

①负荷超限(1101)。体力负荷超限(110101)、听力负荷超限(110102)、视力负荷超限(110103)、其他负荷超限(110199)。

②健康状况异常(1102)。

③从事禁忌作业(1103)。

④心理异常(1104)。情绪异常(110401)、冒险心理(110402)、过度紧张(110403)、其他心理异常(110499)。

⑤辨识功能缺陷(1105)。感知延迟(110501)、辨识错误(110502)、其他辨识功能缺陷(110599)。

⑥其他心理、生理性危险和有害因素(1199)。

(2)行为性危险和有害因素(12)

①指挥错误(1201)。指挥失误(120101)、违章指挥(120102)、其他指挥错误(120199)。

②操作错误(1202)。误操作(120201)、违章作业(120202)、其他操作错误(120299)。

③监护失误(1203)。

④其他行为性危险和有害因素(1299)。

2. 物的因素(第二类)

(1)物理性危险和有害因素(21)

①设备、设施、工具、附件缺陷(2101)。强度不够(210101)，刚度不够(210102)，稳定性差(210103)，密封不良(210104)，耐腐蚀性差(210105)，应力集中(210106)，外形缺陷(210107)，外露运动件(210108)，操纵器缺陷(210109)，制动器缺陷(210110)，控制器缺陷(210111)，设备、设施、工具、附件其他缺陷(210199)。

②防护缺陷(2102)。无防护(210201)，防护装置、设施缺陷(210202)，防护不当(210203)，支撑不当(210204)，防护距离不够(210205)，其他防护缺陷(210299)。

③电伤害(2103)。带电部位裸露(210301)、漏电(210302)、静电和杂散电流

(210303)、电火花(210304)、其他电伤害(210399)。

④噪声(2104)。机械性噪声(210401)、电磁性噪声(210402)、流体动力性噪声(210403)、其他噪声(210499)。

⑤振动(2105)。机械性振动(210501)、电磁性振动(210502)、流体动力性振动(210503)、其他振动危害(210599)。

⑥电离辐射(2106)。

⑦非电离辐射(2107)。紫外辐射(210701)、激光辐射(210702)、微波辐射(210703)、超高频辐射(210704)、高频电磁场(210705)、工频电场(210706)。

⑧运动物伤害(2108)。抛射物(210801)、飞溅物(210802)、坠落物(210803)、反弹物(210804)。

⑨明火(2109)。

⑩高温物质(2110)。高温气体(211001)、高温液体(211002)、高温固体(211003)、其他高温物质(211099)。

⑪低温物质(2111)。低温气体(211101)、低温液体(211102)、低温固体(211103)、其他低温物质(211199)。

⑫信号缺陷(2112)。无信号设施(211201)、信号选用不当(211202)、信号位置不当(211203)、信号不清(211204)、信号显示不准(211205)、其他信号缺陷(211299)。

⑬标志缺陷(2113)。无标识(211301)、标志不清晰(211302)、标志不规范(211303)、标志选用不当(211304)、标志位置缺陷(211305)、其他标志缺陷(211399)。

⑭有害光照(2114)。

⑮其他物理性危险和有害因素(2199)。

(2)化学性危险和有害因素(22)

①爆炸品(2201)。

②压缩气体和液化气体(2202)。

③易燃液体(2203)。

④易燃固体、自燃物品和遇湿易燃物品(2204)。

⑤氧化剂和有机过氧化物(2205)。

⑥有毒品(2206)。

⑦放射性物品(2207)。

⑧腐蚀品(2208)。

⑨粉尘与气溶胶(2209)。

⑩其他化学性危险和有害因素(2299)。

(3)生物性危险有害因素(23)

①致病微生物(2301)。细菌(230101)、病毒(230102)、真菌(230103)、其他致病微生物(230199)。

②传染病媒介物(2302)。

③致害动物(2303)。

④致害植物(2304)。

⑤其他生物性危险和有害因素(2399)。

3. 环境因素(第三类)

(1)室内作业场所环境不良(31)

①室内地面滑(3101)。

②室内作业场所狭窄(3102)。

③室内作业场所杂乱(3103)。

④室内地面不平(3104)。

⑤室内梯架缺陷(3105)。

⑥地面、墙和天花板上的开口缺陷(3106)。

⑦房屋基础下沉(3107)。

⑧室内安全通道缺陷(3108)。

⑨房屋安全出口缺陷(3109)。

⑩采光照明不良(3110)。

⑪作业场所空气不足(3111)。

⑫室内温度、湿度、气压不适(3112)。

⑬室内给排水不良(3113)。

⑭室内涌水(3114)。

⑮其他室内作业场所环境不良(3199)。

(2)室外作业场地环境不良(32)

①恶劣气候与环境(3201)。

②作业场所和交通设施湿滑(3202)。

③作业场所狭窄(3203)。

④作业场所杂乱(3204)。

⑤作业场所不平(3205)。

⑥航道狭窄、有暗礁或险滩(3206)。

⑦脚手架、阶梯和活动梯架缺陷(3207)。

⑧地面开口缺陷(3208)。

⑨建筑物和其他结构缺陷(3209)。

⑩门和围栏缺陷(3210)。

⑪作业场所基础下沉(3211)。

⑫作业场所安全通道缺陷(3212)。

⑬作业场所安全出口缺陷(3213)。

⑭作业场地光照不良(3214)。

⑮作业场地空气不良(3215)。

⑯作业场地温度、湿度、气压不适(3216)。
⑰作业场地涌水(3217)。
⑱其他室外作业场所不良(3299)。
(3)地下(含水下)作业环境不良(33)
①隧道/矿井顶面缺陷(3301)。
②隧道/矿井正面或侧壁缺陷(3302)。
③隧道/矿井地面缺陷(3303)。
④地下作业面空气不良(3304)。
⑤地下火(3305)。
⑥冲击地压(3306)。
⑦地下水(3307)。
⑧水下作业供气不当(3308)。
⑨其他地下作业环境不良(3399)。
(4)其他作业环境不良(39)
①强迫体位(3901)。
②综合性作业环境不良(3902)。
③以上未包括的其他作业环境不良(3999)。
4. 管理因素(第四类)
(1)职业安全健康组织机构不健全(41)
(2)职业安全健康责任制未落实(42)
(3)职业安全健康管理规章制度不完善(43)
①建设项目“三同时”制度未落实(4301)。
②操作规程不规范(4302)。
③事故应急预案及响应缺陷(4303)。
④培训制度不完善(4304)。
⑤其他职业安全健康管理规章制度不健全(4399)。
(4)职业安全健康投入不足(44)
(5)职业健康管理不完善(45)
(6)其他管理因素缺陷(49)

## 二、海洋石油行业危险有害因素

(一)主要物料危险有害因素

主要物料包括原油、天然气、钻井液、各类化学剂等。它们的危险因素有天然气的易扩散性、易燃易爆性,原油的易流动、易挥发、易燃、受热后可沸溢、易带静电等性质,所用化学剂的危险性等。有害因素有油气组分的毒性、钻井液的毒性、所用化学剂的毒性、辐射危害等。

1. 石油对环境的影响

(1)石油污染对水环境的危害

①大片油膜覆盖在海水表面，严重妨碍了海水的复氧功能，减弱自净，导致生物窒息；

②油膜影响具有光合作用的浮游生物；

③油膜和油珠具有很强的黏稠性，造成生物的物理性损伤；

④造成鱼类等畸形产生；

⑤使水产生物带有臭味。

(2)石油污染对土壤环境的危害

①堵塞土壤空隙、降低土壤渗透性和破坏土质；

②阻碍根部的呼吸和对水分、养分的吸收。

(3)石油污染对大气环境的危害

①油膜挥发污染；

②燃烧产物导致温室效应；

③燃烧和炼制产生的废气污染：含有大量有毒的物质——硫氧化物($SO_x$)、硫化氢、硫醇、硫醚、氮氧化物($NO_x$)、氨、CO、$CO_2$、酚类化合物、甲醛及其他醛类化合物、多种结构类型的多环芳烃类化合物[如苯并(a)芘]、大量的碳粒(颗粒物)，它们中绝大多数是大气中的主要污染物。

2. 石油、石油产品及其毒性

(1)石油及含硫化合物的毒性

含烷烃高的原油，其蒸气具有麻醉和痉挛作用；芳香烃含量高的原油，易出现慢性中毒，有的还具有致癌作用。

石油中含硫化合物主要包括硫化氢、元素硫、硫醇、硫醚、二硫化物等，石油在炼制过程中，在高温作用下，二硫化物可热解成硫醇、硫醚，继而还可进一步析出硫化氢。

含硫化合物的毒性如下：

①硫醇类：有机硫化物，硫醇类遇高温能分解成硫化氢，遇到氧化剂或在空气中能逐渐氧化为二硫化物，继而转成硫化氢。硫醇类具有特殊恶臭，具有麻醉作用。分子量高的硫醇易通过皮肤引起中毒，甚至死亡。

②硫醚类：硫醚类具有轻微的醚味。带有不饱和基的硫醚毒作用较大。

③硫杂环化合物类：很容易在生物体内蓄积，能在水生食物链中逐级放大。毒性主要表现为致突变性和致癌性。

(2)石油馏分及其毒性

沥青是石油分馏后剩下的残渣，沥青成分很复杂，以芳烃、环烷烃为主，含少量的链烷烃，还有硫、氧、氮的衍生物。很多沥青中含有苯并(a)芘。

沥青对机体有直接的刺激作用，无论是沥青粉尘还是挥发出来的气体，对皮肤和黏膜都有刺激作用；长期接触沥青的工人，皮肤会有扁平疣状赘生物，并可癌变。

(3)石油及其燃料馏分的燃烧产物毒性

石油燃烧产物主要有 $NO_x$、CO、$SO_2$、致癌多环芳烃[苯并(a)芘]、硝基多环芳烃($NO_2$-PAHs)、醛类、氰化氢、氨、硫酸盐、碳粒、颗粒物等。这些燃烧产物的毒性及其对环境造成的污染程度，都要比其燃烧前的原物质更为严重。燃烧颗粒物的毒性如下。

①燃烧产生的颗粒物绝大多数是含碳有机物的燃烧不完全产物，另有少量添加剂。这些颗粒物的产量比燃煤颗粒产量少得多，但其毒性很强。这些颗粒物的粒径都很小，容易沉积在呼吸道的深部，损伤细支气管和肺泡。

②液化石油气燃烧颗粒物的致突变性明显高于燃煤颗粒物。

③汽油的燃烧颗粒物含有数十种有机成分，主要包括多环芳烃、苯类化合物、卤代烃、杂环化合物和环氧化物等，表现出明显的致突变效应。

④柴油燃烧的颗粒物成分更为复杂，已鉴定出 100 多种有机物。其中多环芳烃有 40 多种，硝基多环芳烃有 50 多种。IARC 和 USEPA 都将柴油尾气定为“人类可能致癌物”。

硝基多环芳烃($NO_2$-PAHs)是由硝基与多环芳烃结合而成的一大类化合物。其种类很多，有近百种。常见的有 1-硝基芘、二硝基芘、硝基苯并芘、二硝基荧蒽、四硝基芘等。硝基多环芳烃主要存在于柴油、汽油、原油等燃烧的颗粒物中，硝基多环芳烃具有多种遗传毒性，并能与 DNA 结合，形成 DNA 加合物。

(4)溶剂的一般毒性

大多数溶剂都会对中枢神经系统产生抑制作用，所以被称为中枢神经毒物，溶剂的神经毒性所引起的症状类似于普通麻醉剂的作用。作用的机理可能是溶剂和某些细胞的细胞膜间物理作用，致使细胞膜对离子的通透性发生改变。

低浓度中毒症状：恶心、眩晕、意识模糊、共济失调。

高浓度中毒症状：抽搐、昏迷和死亡。

①链烷是含有碳氢化合物的有机溶剂，通式为 $C_4H_{10}$ 以上的 $C_nH_{2n+2}$，包括戊烷到十九烷。大多数是高亲脂性的，它们易通过皮肤和肺吸收，能快速输送到全身，不易直接排泄掉。烷是中枢神经系统的抑制剂，由烷引起的中毒症状包括麻醉、昏迷、头痛、恶心、意识模糊，严重情况下会失去知觉。碳数从 1～8 的烷碳氢化合物溶剂对中枢神经系统的毒性会逐渐增强。

②正己烷(n-Hexane)$CH_3CH_2CH_2CH_2CH_2CH_3$ 主要作为溶剂，尤其是作为植物油的提取溶剂，以及合成橡胶、塑料、涂料、漆的溶剂，实验用试剂以及低温温度计的溶液等。

吸收：一般通过摄入残留正己烷溶剂的食物、蒸气吸入、皮肤吸附被人体吸收。

分布：正己烷是一种高亲脂质性物质，主要分布于脂质含量高的组织中，在脑、肝、肾中的含量最高。

排泄：人体脂肪组织中正己烷的半衰期为 64 小时，如从脂肪组织中完全排出正己烷需10天之久。

毒性作用：是一种神经抑制剂，慢性暴露能引起多种神经病症，如疲劳、肌肉无力，上下肢末梢出现感觉异常，有刺痛感。正己烷的代谢物2,5-己二醇的神经毒性很大。

③苯常用作涂料、塑料及橡胶的溶剂。

吸收与分布：苯被人体吸收的主要途径是吸入，吸入的苯30%～80%进入血液循环中，苯在脂肪组织的含量最大。

代谢：吸收的苯有50%以原形态经肺部呼出，约有10%的苯以原形态在体内蓄积，其余的苯在体内肝脏中通过P450混合功能氧化酶系统进行代谢，苯的氧化物（如苯酚）是毒性最强的代谢物。

毒性作用：急性暴露于苯环境中会导致人的中枢神经系统的抑制和血液毒性（如再障和白血病），有致癌作用。急性成骨细胞白血病是与苯暴露有关的最常见的恶性肿瘤。

④烷基苯的常见种类有甲苯、二甲苯和乙苯。

甲苯可经呼吸道、皮肤和消化道被人体吸收，经消化道可完全吸收，与苯相似。

甲苯的脂溶性更强，主要分布于富含脂肪的组织，肾上腺、脑、骨髓和肝脏最多。进入人体内的甲苯约80%被氧化为苯甲醇，进而代谢成为苯甲酸，并与甘氨酸结合形成马尿酸从尿中排出。甲苯的半衰期为15～20小时，人体对甲苯的解毒能力很强。急性暴露于甲苯环境中主要影响中枢神经系统，症状包括头痛、昏迷、疲劳、肌肉无力、眩晕、麻木；长期慢性暴露于甲苯环境中可造成神经衰弱症候群，但不会诱发癌症及引起造血系统和骨髓的损害。

二甲苯通过吸入能快速吸收60%～65%。吸入的二甲苯约90%被氧化为甲基苯甲酸，以甲基马尿酸的形式被排泄。二甲苯的半衰期为20～30小时，与蛋白质紧密结合。它是主要的皮肤刺激物，长期暴露于二甲苯环境中，会引发脱脂性皮炎。

二甲苯也能抑制中枢神经系统，其症状是疲劳、恶心、头痛和共济失调。

动物暴露于纯二甲苯中不会引起苯所特有的对造血系统的损害；不表现出致癌、致突和致畸作用。

乙苯为低毒类溶剂。

⑤醇类在工业上和实验室常用作溶剂，它主要作用于人体的神经系统，对视神经有特殊的选择作用，主要具有麻醉作用，其作用随碳原子数目的增加而增强。顺序为：叔丁醇＞正丁醇＞丙醇＞乙醇＞甲醇。

甲醇中毒主要表现为急性中毒，一般误食甲醇或饮用含甲醇浓度较高的酒精时所致。如误服5～10 mL可导致严重中毒，15 mL可致失明，30 mL左右可致死，潜伏期常为8～36小时，有饮酒史者，则潜伏期可延长。甲醇抑制中枢神经系统，症状包括头痛、眩晕、恶心、呕吐，严重的出现上腹痛、视觉模糊、心动过缓、浅慢呼吸、昏迷和死亡。

作用机理：甲醇在肝中被醇脱氢酶代谢为甲醛，然后生成甲酸。大量摄入甲醇后，生成的甲醛或甲酸损害视神经，由此导致失明，甲醛的作用可能更强。

乙醇($C_2H_5OH$)的毒性通过肺、胃、肠道和皮肤损伤人体，乙醇可被迅速吸收，可按照体液水分比例分布到全身，容易通过血脑屏障被运输。吸收的乙醇90%被代谢为乙醛，然后生成乙酸，并通过糖酵解途径生成$CO_2$和$H_2O$。残余乙醇通过呼出或由尿、汗、唾液排出。高剂量的乙醇被认为是中枢神经系统的抑制剂，乙醇的主要毒理学影响是对发育胎儿的影响，乙醇易通过胎盘进入胎儿循环中，造成胎儿乙醇综合征。

1,1,1-三氯乙烷(甲基氯仿)$CH_3CCl_3$主要用于氯化聚高分子材料生产中的溶剂。通过肺和胃肠道，1,1,1-三氯乙烷被快速吸收。作用的器官主要是中枢神经系统，中毒症状包括头痛、定向力障碍、嗜睡、抽搐、麻木、昏迷、死亡。

1,1,2,2-四氯乙烷$CHCl_2CHCl_2$抑制中枢神经，是工业使用的氯化碳氢化合物中毒性最强的一种。具有潜在肝脏毒性，对肝脏的损伤主要表现为急性或亚急性的坏死或脂肪变性。对肾脏的损害能引起肾炎，如在尿中可出现白蛋白、管状物等。

三氯乙烯$C_2HCl_3$广泛用作干洗剂、脱脂剂和溶剂，还可作为溶剂从咖啡中提取咖啡因。曾在医学上用作麻醉剂。暴露于三氯乙烯蒸气能引起眼睛、鼻和喉的刺激，严重的会出现中枢神经系统抑制症状。三氯乙烯也能对肾和肝造成损害。有研究认为三氯乙烯是一种致癌物。

四氯乙烯(全氯乙烯)$C_2Cl_4$，会引起中枢神经系统症状，主要表现为头痛、混乱、定向障碍、昏迷、死亡。有研究认为它是一种致癌物。

(二)建造阶段危险有害因素(表8-1)

表8-1　建造阶段危险有害因素

| 序号 | 潜在危险作业/因素 | 危害后果 |
| --- | --- | --- |
| 1 | 喷砂除锈作业 | 作业人员产生呼吸道疾病;环境污染;对其他工种造成影响 |
| 2 | 在密闭与半密闭场所中进行油漆作业 | 人员中毒 |
| 3 | 焊接作业 | 作业人员视力受到影响;矽肺病 |
| 4 | 气割作业 | 人员伤亡 |
| 5 | 脚手架的安装 | 人员坠落及伤亡 |
| 6 | 高空作业 | 人员伤亡 |
| 7 | 无损探伤作业 | 长期的健康危害 |
| 8 | 起重作业 | 人员伤亡;设备损坏 |
| 9 | 组装作业 | 人员伤亡 |
| 10 | 触电 | 人员伤亡 |
| 11 | 噪声(打砂轮、发电空压机) | 损伤听力 |

(三)拖航吊装阶段危险有害因素(表 8-2)

表 8-2 拖航吊装阶段危险有害因素

| 序号 | 潜在危险作业/因素 | 危害后果 |
|---|---|---|
| 1 | 主结构设计不合理;吊点设计不合理 | 主结构失稳;被吊物坠落 |
| 2 | 船舶碰撞 | 船舶进水;船舶沉没;进度推迟;设备丢失 |
| 3 | 恶劣天气 | 组块移动;缆绳断裂 |
| 4 | 吊机的能力不满足要求;指挥系统失灵;索具不满足要求 | 吊物坠落;井口区破坏;导管架破坏;吊机损坏;人员伤亡 |
| 5 | 驳船就位不满足要求 | 无法完成吊装作业 |
| 6 | 起吊物碰撞设备或人员 | 设备损坏;人员伤亡 |
| 7 | 施工现场指挥混乱 | 人员伤亡;碰撞损坏设备;破坏船只 |
| 8 | 员工的安全意识淡薄 | 人员伤亡;项目进度延迟;额外费用 |
| 9 | 没有完善的劳动保护制度 | 工伤残疾;人员伤亡 |
| 10 | 员工有心脏病、精神病等严重疾病 | 人员伤亡 |

(四)海上安装阶段危险有害因素(表 8-3)

表 8-3 海上安装阶段危险有害因素

| 序号 | 潜在危险作业/因素 | 潜在危害 |
|---|---|---|
| 1 | 单点的改造过程 | 工作船与海上浮式生产储油装置(FPSO)的碰撞 |
| 2 | 船舶抛锚;安装过程中的落物 | 对已铺设的海管和海缆造成破坏 |
| 3 | 安装过程中海底管道或海底电缆损坏 | 可能损坏泄漏点;海缆不能正常工作 |
| 4 | 打桩作业 | 平台的稳定性差 |
| 5 | 支持船的不稳定 | 支持船与导管架碰撞 |
| 6 | 调试过程导致一些管线或主要设备失效 | 进度推迟;增加费用 |
| 7 | 多个承包商同时在平台上作业时协调工作混乱 | 进度推迟;设备损坏;人员伤亡 |
| 8 | 高压测试作业中产生的危害 | 人员伤亡;设备损坏 |
| 9 | 主要结构安装尺寸不匹配 | 额外费用;较大的海上返工 |
| 10 | 热工作业带来的危害 | 火灾;人员伤害 |
| 11 | 不适当的处理造成气瓶的损坏 | 影响工作进度;对人员造成一定的危害 |
| 12 | 恶劣天气 | 设备损坏;人员伤亡 |

(五)钻完井阶段危险有害因素(表 8-4)

表 8-4　钻完井阶段危险有害因素

| 序号 | 潜在危险作业/因素 | 潜在危害 |
|---|---|---|
| 1 | 钻具疲劳损坏或质量不合格 | 影响进度;增加成本;井下事故 |
| 2 | 作业程序有误或不按程序作业导致井下落物 | 损坏工具;影响进度;增加成本 |
| 3 | 海底地基松软 | 钻井船就位滑移 |
| 4 | 泥浆性能差,循环速度和时间不够 | 钻具被埋、被卡;井壁坍塌;影响进度 |
| 5 | 地层压力预测不准 | 井喷、井漏、碳氢化合物泄漏;设备损坏;钻具被埋;毁井 |
| 6 | 井况复杂,泥浆性能不稳定 | 井喷、井漏、碳氢化合物泄漏;设备损坏;钻具被埋;毁井 |
| 7 | 防喷器部件老化,损坏 | 井喷 |
| 8 | 射孔后未及时下入生产管柱 | 井喷、碳氢化合物泄漏 |
| 9 | 井筒内未灌满压井液 | 井口油气泄漏;井喷 |
| 10 | 防喷装置装好后不进行试压 | 井喷 |
| 11 | 射孔弹质量不合格和射孔方式不当 | 射孔效果不理想;产能受影响 |
| 12 | 射孔弹保管不当 | 射孔弹在地面爆炸;人员伤亡 |
| 13 | 相关设备的静电引爆射孔弹 | 射孔弹在地面爆炸;人员伤亡 |
| 14 | 无线电引爆射孔弹 | 射孔弹在地面爆炸;人员伤亡 |
| 15 | 没有完善的劳动保护制度 | 人员伤亡 |
| 16 | 钻井水系统不能满足钻井要求 | 用船送水所造成额外费用;推迟钻井 |

(六)交互式作业危险有害因素(表 8-5)

表 8-5　交互式作业危险有害因素

| 序号 | 潜在危险因素 | 潜在危害 |
|---|---|---|
| 1 | 钻井船再就位不准确 | 钻井船滑移;不能满足钻井的要求 |
| 2 | 钻井船的排烟道产生的火花同时在钻井平台或采油平台上有碳氢化合物泄漏 | 火灾;人员伤亡;设备损坏 |
| 3 | B 平台冷放空与钻井过程中的切割作业 | 火灾 |
| 4 | 交互式作业中事故升级 | 人员伤亡;设备损坏 |

（七）生产阶段危险有害因素（表 8-6）

表 8-6 生产阶段危险有害因素

| 序号 | 潜在危险因素 | 潜在危害 |
|---|---|---|
| 1 | 灭火剂危害 | 人员健康的影响 |
| 2 | 碳氢化合物、原油等泄漏 | 火灾；人员伤亡 |
| 3 | 甲板和结构上结冰 | 人员意外事故；对直升机作业、人员撤离、人员调动、海上作业产生一定的影响 |
| 4 | 极端低温，尤其是伴随大风的恶劣天气 | 系统冻结；海管和设施间的管线被冰冻住 |
| 5 | 在危险区中电气设备等级配备不正确 | 可燃性气团的爆炸 |
| 6 | 生产设施中高压电的影响 | 爆炸，火灾；人员的伤亡 |
| 7 | 高压电缆的损坏 | 失去动力；严重的漏电；人员伤亡、结构损坏 |
| 8 | 阀门失效、密封效果差 | 无法有效和安全的操作 |
| 9 | 各种环境因子对立管的损坏 | 原油泄漏 |
| 10 | 沙子对工艺设备的侵蚀 | 阀门冲蚀；设备壁厚减薄；碳氢化合物的泄漏 |
| 11 | 内腐蚀 | 碳氢化合物的泄漏；消防水系统堵塞 |
| 12 | 外腐蚀 | 碳氢化合物的泄漏；设备损坏；失去结构的完整性 |
| 13 | 公用系统失效 | 消防水系统损失或其他安全保护系统损失；生活区丧失居住功能 |
| 14 | 润滑剂和油漆储存不当 | 易燃、可燃物质的聚集 |
| 15 | 在生活区可燃物质的危害 | 火灾 |
| 16 | 柴油泄漏 | 泄漏造成火灾和烟雾；环境污染 |
| 17 | 高压 | 压力容器爆炸 |
| 18 | 设备维修 | 火灾；高处坠落；人员伤亡 |
| 19 | 润滑剂和带压流体带来的不利影响 | 泄漏造成火灾和烟雾 |
| 20 | 机械表面的危害 | 人员伤害（灼伤） |
| 21 | 焊接和热工作业带来的影响 | 火灾 |
| 22 | 致癌物质等引起的人员长期健康问题 | 人员伤害，长期健康的影响 |
| 23 | 逃生、救生设施失效 | 在事故状态下，人员无法逃生，造成人员伤亡 |
| 24 | 机械的噪声和振动引起的危害 | 潜在的人员听力损失，降低对命令的反应性；由于振动导致设备和管线的损坏 |
| 25 | 食物/水的质量不符合卫生要求 | 引起人员生病 |
| 26 | 材料问题：不相容性、不同性质材料、磁化、污染 | 接触腐蚀、泄漏 |

续表

| 序号 | 潜在危险因素 | 潜在危害 |
|---|---|---|
| 27 | 生产物流被海水污染 | 生产流程的堵塞、结垢，对油藏的影响 |
| 28 | 火灾导致结构强度丧失 | 结构和工艺系统损坏 |
| 29 | 地震 | 严重的结构损坏 |
| 30 | 流冰 | 对结构和立管产生磨蚀 |
| 31 | 高水位 | 对结构产生危害 |
| 32 | 雾 | 碰撞；无法指挥空中和海上运输 |
| 33 | 闪电 | 点燃放空管或其他可燃物质；损坏电气设备和系统 |
| 34 | 生产平台没有有效的安全保障 | 设备丢失和对设施恶意破坏；无法控制的作业状态 |
| 35 | 直升机在起降过程中其他高设备和吊机作业 | 直升机与其他高设备进行碰撞 |
| 36 | 直升机误操作撞在甲板或设施上 | 直升机对平台生产设施的碰撞；人员伤亡；直升机毁坏 |
| 37 | 供应船对设施的碰撞 | 结构的损坏，对船和平台上人员的影响 |
| 38 | 渔船在油田附近排烟、排火 | 火灾 |
| 39 | 非油田大型船舶对平台的碰撞 | 严重的结构损坏；潜在的人员伤亡和设备损坏 |
| 40 | 员工有心脏病、精神病等严重疾病 | 人员伤亡 |

## 三、生产设备或装置的危险有害因素识别

1. 工艺设备、装置的危险有害因素识别

工艺设备、装置的危险有害因素一般从以下几个方面识别：

(1)设备本身是否能满足工艺设计的要求，包括设备是否由具有资质的制造厂生产，特种设备的设计、生产、安装和使用是否具有相应的资质或许可证；

(2)是否具备相应的安全附件或安全防护装置，如安全阀、压力表、温度计、液压计、阻火器、防爆阀等；

(3)是否具备指示性安全技术措施，如超限报警、故障报警、状态异常报警等；

(4)是否具备紧急停车装置；

(5)是否具备检修时不能自动投入、不能自动反向运转的安全装置。

2. 专业设备的危险有害因素识别

(1)化工设备的危险有害因素识别

此类识别，一般需分析以下四点：

①是否有足够的强度；

②是否密封安全可靠；

③安全保护装置是否配套；

④适用性强否。

(2)机械加工设备的危险有害因素识别

机械加工设备的危险有害因素识别可以根据以下标准、规程进行查对：《机械加工设备一般安全要求》《磨削机械安全规程》《剪切机械安全规程》《起重机械安全规程》《电机外壳防护等级》《蒸汽锅炉安全技术监察规程》《热水锅炉安全技术监察规定》《特种设备质量监督与安全监察规定》。

3. 电气设备的危险有害因素识别

电气设备的危险有害因素识别应紧密结合工艺的要求和生产环境的状况来进行，一般可从以下几方面进行识别：

(1)电气设备的工作环境是否属于爆炸和火灾危险环境，是否属于粉尘、潮湿或腐蚀环境，在这些环境中工作时对电气设备的相应要求是否满足；

(2)电气设备是否具有国家指定机构的安全认证标志，特别是防爆电器的防爆等级；

(3)电气设备是否为国家公布的淘汰产品；

(4)用电负荷等级对电力装置的要求；

(5)电气火花引燃源；

(6)触电保护、漏电保护、短路保护、过载保护、绝缘、电气隔离、屏护、电气安全距离等是否可靠；

(7)是否根据作业环境和条件选择安全电压，安全电压值和设施是否符合规定；

(8)防静电、防雷击等电气联结措施是否可靠；

(9)管理制度方面的完善程度；

(10)事故状态下的照明、消防、疏散用电及应急措施用电的可靠性；

(11)自动控制系统的可靠性，如不间断电源、冗余装置等。

4. 特种机械的危险有害因素识别

(1)起重机械

有关机械设备的基本安全原理对于起重机械都适用。这些基本原理有：设备本身的制造质量应该良好，材料坚固，具有足够的强度而且没有明显的缺陷。所有的设备都必须经过测试，而且进行例行检查，以保证其完整性，应正确使用设备。

对于起重机械，主要识别以下危险有害因素：

①翻倒：由于基础不牢、超机械工作能力范围运行和运行时碰到障碍物等原因造成；

②超载：超过工作载荷、超过运行半径等；

③碰撞：与建筑物、电缆线或其他起重机相撞；

④基础损坏：设备置放在坑或下水道的上方，支撑架未能伸展，未能支撑于牢固

的地面；

⑤操作失误：由于视界限制、技能培训不足等造成；

⑥负载失落：负载从吊轨或吊索上脱落。

(2)厂内机动车辆

厂内机动车辆应该制造良好、没有缺陷，载重量、容量及类型应与用途相适应。车辆所使用的动力类型应当是经过检查的，因为作业区域的性质可能决定了应当使用某一特定类型的车辆。在不通风的封闭空间内不宜使用内燃发动机的动力车辆，因为会排出有害气体。车辆应加强维护，以免重要部件(如刹车、方向盘及提升部件)发生故障，任何损坏均需报告并及时修复。操作员的头顶上方应有安全防护措施。应按使用说明操作厂内机动车辆及其附属设备。

对于厂内机动车辆，主要识别以下危险有害因素：

①翻倒：提升重物动作太快，超速驾驶，突然刹车，碰撞障碍物，在已有重物时使用前铲，在车辆前部有重载时下斜坡，横穿斜坡或在斜坡上转弯、卸载，在不适的路面或支撑条件下运行等，都有可能发生翻车；

②超载：超过车辆的最大载荷；

③碰撞：与建筑物、管道、堆积物及其他车辆之间的碰撞；

④楼板缺陷：楼板不牢固或承载能力不够。在使用车辆时，应查明楼板的承重能力(地面层除外)；

⑤载物失落：如果设备不合适，会造成载荷从叉车上滑落的现象；

⑥爆炸及燃烧：在电缆线短路、油管破裂、粉尘堆积或电池充电时产生氢气等情况下，都有可能导致燃烧及爆炸。运载车辆在运送可燃气体时，本身也有可能成为火源；

⑦乘员：在没有乘椅及相应安全设施时，不应载有乘员；

⑧只能因紧急情况而不是工作目的来使用应急系统；

⑨使用地面围栏，禁止未经批准人员进入作业区；

⑩要防止接触过顶动力线，为此要事先检查，并与其保持规定的距离。

(3)传送设备

最常用的传送设备有胶带输送机、滚轴和齿轮传送装置，对于传送设备，主要识别以下危险有害因素：

①夹钳：肢体被夹入运动的装置中；

②擦伤：肢体与运动部件接触而被擦伤；

③卷入伤害：肢体绊卷到机器轮子、带子之中；

④撞击伤害：不正确的操作或者物料高空坠落造成的伤害。

5. 锅炉及压力容器的危险有害因素识别

(1)锅炉及压力容器的分类

锅炉及压力容器是广泛用于工业生产、公用事业和人民生活的承压设备，包括锅炉、压力容器、有机载热体炉和压力管道。我国将锅炉、压力容器、有机载热体炉和压力管道等定为特种设备，即在安全上有特殊要求的设备。为了确保特种设备的使用安全，国家对其设计、制造、安装和使用等各环节，实行国家劳动安全监察。

①锅炉及有机载热体炉：两者都是一种能量转换设备。其功能是用燃料燃烧（或其他方式）释放的热能加热给水或有机载热体，以获得规定参数和品质的蒸汽、热水或热油等。锅炉的分类方法较多，按用途可分为工业锅炉、电站锅炉、船舶锅炉、机车锅炉等；按出口工作压力的大小可分为低压锅炉、中压锅炉、高压锅炉、超高压锅炉、亚临界压力锅炉和超临界压力锅炉。

②压力容器：广义上的压力容器就是承受压力的密闭容器，因此，广义上的压力容器包括压力锅、各类储罐、压缩机、航天器、核反应罐、锅炉和有机载热体炉等。但为了安全管理上的便利，往往对压力容器的范围加以界定。《特种设备安全监察条例》（国务院令 549 号）规定，最高工作压力大于或等于 0.1 MPa，容积大于或等于 25 L，且最高工作压力与容积的乘积不小于 20 MPa · L 的容器为压力容器。因此，狭义的压力容器不仅不包括压力很小、容积很小的容器，也不包括锅炉、有机载热体炉、核工业的一些特殊容器和军事上的一些特殊容器。压力容器的分类方法也很多，按设计压力的大小分为常压容器、低压容器、中压容器、高压容器和超高压容器；根据安全监察的需要分为第一类压力容器、第二类压力容器和第三类压力容器。

③压力管道：是指在生产、生活中使用，用于输送介质，可能引起燃烧、爆炸或中毒等危险性较大的管道。压力管道的分类方法也较多，按设计压力的大小分为真空管道、低压管道、中压管道和高压管道；从安全监察的需要分为工业管道、公用管道和长输管道。

(2)锅炉与压力容器危险有害因素及其识别

对于锅炉与压力容器，主要从以下几方面对危险有害因素进行识别：

①锅炉压力容器内具有一定温度的带压工作介质是否失效；

②承压元件是否失效；

③安全保护装置是否失效。

由于安全防护装置失效或（和）承压元件的失效，使锅炉压力容器内的工作介质失控，从而导致事故的发生。

常见的锅炉压力容器失效有泄漏和破裂爆炸。所谓泄漏是指工作介质从承压元件内向外漏出或其他物质由外部进入承压元件内部的现象。如果漏出的物质是易燃、易爆、有毒物质，不仅可以造成热（冷）伤害，还可能引发火灾、爆炸、中毒、腐蚀或环境污染。所谓破裂爆炸是承压元件出现裂缝、开裂或破碎现象。承压元件最常见的破裂形式有韧性破裂、脆性破裂、疲劳破裂、腐蚀破裂和蠕变破裂等。

6. 登高设备的危险有害因素识别

此类设备主要有梯子、脚手架、吊笼、升降工作平台、动力工作平台等，其主要的危险有害因素有：

(1)不安全的作业方法;

(2)支撑地基下沉或支撑物毁坏;

(3)自身材质、结构等方面存在设计缺陷;

(4)承载物体超重;

(5)安装不正确、检查不到位、维护不全面;

(6)使用方法错误而造成设备不稳定;

(7)没有配套的安全保护设施,如周围的防护网;

(8)没有配备安全帽、安全带或安全鞋;

(9)未经批准使用或更改作业设备;

(10)设备故障:运动部件卡住、电动或液压系统失效;

(11)安放方法不正确,使装置不牢固;

(12)设备周围没有设置警示标志,容易发生外来撞击等;

(13)忽视环境影响,强行作业,如在强风情况下操作吊笼。

7. 危险品外包装的危险有害因素识别

(1)包装的材质、型式、规格及包装方法是否与所包装的危险品特性相适应;

(2)包装的强度是否合适,防压、防震、防爆性能是否良好;

(3)包装的密封是否良好,是否能有效防止液体危险品泄漏;

(4)包装的材质是否符合储存地点温度、湿度等环境条件的要求;

(5)包装内层是否有内涂层或进行防护处理,能够防止内装物品的腐蚀;

(6)包装是否能承受来自内部挥发性液体产生的内部压力,内部是否留有足够的膨胀空间(预留容积);

(7)有降压装置的包装,排气孔的设计和包装结构是否能防止内装液体物品泄漏和外界杂质进入,排出的气体是否有毒,是否对人造成危险、对环境造成污染;

(8)内装液体爆炸物品时,包装的封闭是否能有效地防止渗漏;

(9)内装液体爆炸物品时,以钢桶、铝桶、金属桶或以金属做衬里的包装箱的密封是否良好,钢桶或铝桶的封闭装置是否有合适的垫圈;

(10)内装爆炸物品时,包装内部必须衬垫妥实,防止在运输过程中发生移动;

(11)内装对外部电磁辐射敏感的爆炸物品时,包装是否具备防止外部电磁辐射的功能。

**四、作业环境的危险有害因素识别**

作业环境中的危险有害因素主要有危险物品、工业噪声与振动、温度与湿度、辐射等。

1. 危险物品的危险有害因素识别

危险物品的识别应从其理化性质、稳定性、化学反应活性、燃烧及爆炸特性、毒性及健康危害等方面进行分析与识别。

危险物品的物质特性可从危险化学品安全技术说明书中获取。危险化学品安全技术说明书主要由成分/组成信息、危险性概述、理化特性、毒理学资料、稳定性和反应活性等16项内容构成。

GB 13690—2009《化学品分类和危险性公示　通则》将化学品危险分为理化危险、健康危险和环境危险三大类。

(1)理化危险。爆炸物、易燃气体、易燃气溶胶、氧化性气体、压力下气体、易燃液体、易燃固体、自反应物质或混合物、自燃液体、自燃固体、自热物质和混合物、遇水放出易燃气体的物质或混合物、氧化性液体、氧化性固体、有机过氧化物、金属腐蚀剂。

(2)健康危险。急性毒性、皮肤腐蚀/刺激、严重眼损伤/眼刺激、呼吸或皮肤过敏、生殖细胞致突变性、致癌性、生殖毒性、特异性靶器官系统毒性——一次接触、特异性靶器官系统毒性——反复接触、吸入危险。

(3)环境危险。主要为危害水生环境。

2. 工业噪声与振动的危险有害因素识别

噪声能引起职业性噪声聋或引起神经衰弱、心血管疾病及消化系统等疾病的高发，会使操作人员的失误率上升，严重的会导致事故发生。

工业噪声可以分为机械噪声、空气动力性噪声和电磁噪声三类。

噪声危害的识别主要根据已掌握的机械设备或作业场所的噪声确定噪声源、声级和频率。

振动危害有全身振动和局部振动，可导致中枢神经、自主神经功能紊乱、血压升高，也会导致设备、部件的损坏。振动危害的识别则应先找出产生振动的设备，然后根据国家标准，参照类比资料确定振动的危害程度。

## 五、与手工操作有关的危险有害因素识别

在从事手工操作，搬、举、推、拉及运送重物时，有可能导致的伤害有椎间盘损伤、韧带或筋损伤、肌肉损伤、神经损伤、挫伤、擦伤、割伤等。其危险有害因素识别如下：

(1)远离身体躯干拿取或操纵重物；

(2)超负荷的推、拉重物；

(3)不良的身体运动或工作姿势，尤其是躯干扭转、弯曲、伸展取东西；

(4)超负荷的负重运动，尤其是举起或搬下重物的距离过长，搬运重物的距离过长；

(5)负荷有突然运动的风险；

(6)手工操作的时间及频率不合理；

(7)没有足够的休息及恢复体力的时间；

(8)工作的节奏及速度安排不合理。

# 第三节　危险源辨识

防止事故发生、将危害及影响降到可接受的最低程度是HSE管理体系运行的目标，对风险的正确而科学的识别、评价和有效管理是达到此目的的关键所在。

HSE管理体系是建立在“绝大多数事故都是可以避免的”管理理念上，也就是说，如果我们能够预先知道会发生特定的一种危害，就能够通过管理和技能来避免事故发生或者设法使人、环境和财产免受损害，即能够对风险进行控制。

## 一、开展危险源辨识准备工作

(1)设计危险源辨识、风险评价和风险控制使用的表格；

(2)资料收集(生产涉及的环境、各类人员、设备、物资材料等)；

(3)编制危险源提示表(或危险源调查表)；

(4)确定危险源辨识的范围；

(5)对作业活动进行分类。

## 二、危险源辨识

### (一)危险源辨识必须做到的“三个覆盖”

(1)常规和非常规的活动(例如临时性的检修、维护等)；

(2)所有进入作业场所人员的活动(例如参观、访问、实习等)；

(3)所有作业场所内的设施(例如临时租赁、临时安装的设备等)。

### (二)危险源辨识的考虑因素

各部门、各单位进行危险源辨识时应考虑以下几种情况。

1. 三种时态

(1)过去。指以往产生并遗留下来的，对目前的活动和过程仍存在影响的风险；

(2)现在。指目前正发生或存在并对活动和过程持续产生影响的风险；

(3)将来。指计划中的活动在将来可能产生影响的风险。

2. 三种状态

(1)正常。指连续、稳定、例行和已做出计划安排的活动状态；

(2)异常。指非例行的、不经常发生的活动状态；

(3)紧急。指可能突发的导致发生安全事故或职业病的危险源。

3. 有关安全健康法律、法规及其他要求

4. 过去出现过的险情、紧急或灾难事件

5. 相关方的意见和建议

### (三)确定为危险源的原则

(1)违反安全健康法律、法规及其他要求的；

(2)潜在尚未发生但后果极为严重,影响安全生产的;

(3)过去因类似原因发生过异常情况的;

(4)相关方产生抱怨的。

(四)危险化学品重大危险源的辨识

1. 单元内危险物质的辨识

需要考虑以下三个方面:

(1)单元内从每次存放某种危险物质的时间计时起 2 日内;

(2)单元内每年存放某种危险物质的次数超过 10 次;

(3)单元内的危险物质是否在非正常作业条件下产生。

如果单元内储存着多种的危险物质,那么在辨识过程中生产经营单位应当首先考虑危险性最大的那种物质是否超出上述的定义范围,这样生产经营单位就可以基本辨识出单元内的危险物质。

2. 危险物质最大量的确定

当生产经营单位对单元内的危险物质辨识清楚后,该危险物质的量也应该被确定下来。

(1)对于存放危险物质储罐和其他容器的储存区重大危险源来说,危险物质的量应当是储罐或者其他容器的最大容积量。注意这个最大容积量不同于最大实际使用量,这一点生产经营单位必须在申报表格中进行详细说明。

(2)对于存放危险物质储罐和其他容器的生产场所重大危险源来说,危险物质的量应当是目前储罐或者其他容器的实际存在最大量。

(3)对于危险物质的包装储存区来说,危险物质的量应当是目前实际存在的物质最大量。这些数据应当从每天、每季度或者自身规定的时间段内的登记情况来获取。注意这个量不同于储存区的最大容积量,这一点生产经营单位必须在申报表格中进行详细说明。

(4)对于管道来说,危险物质的量应当是发生重大事故后,生产区域外管道所能泄漏出的物质最大量。

(5)如果单元内存在危险物质的数量低于相对应物质临界量的 2%,并且该物质放到单元内任何位置都不可能成为重大事故发生的诱导因素,那么就其本身而言,单元内应该不会发生重大事故,这时该危险物质的数量不计入辨识指标的计算中。但生产经营单位应当提供相应的文件说明,指出该物质的具体位置,证明其不会引发重大事故。

**三、常用的危险源辨识方法**

(一)经验分析法

1. 对照分析法

对照分析法是指对照有关标准、法规、检查表或依靠分析人员的观察能力,借助于经验和判断能力,直观地对评价对象的危险因素进行分析的方法。其优点是简便、易行，缺点是容易受到分析人员的经验、知识和占有资料局限等方面的限制。安全检查表是在大量实践经验基础上编制的，具有应用范围广、操作性强、形式简单等特点，安全检查表对危险有害因素的辨识具有极为重要的作用。

安全检查表用于辨识危险有害因素，需预先确定各个方面的安全检查内容，依据安全相关法规和标准，参考相应专业知识和经验，检查内容针对工程项目实际，逐项予以回答“是”“否”或“有”“无”，凡不具备的条款均为问题所在。对照 GB/T 13861—2009《生产过程危险和有害因素分类与代码》得出危险有害因素的名称、分类和代码；对照 GB 6441—1986《企业职工伤亡事故分类》和《职业病目录》得出可能发生的事故和职业病。

2. 类比推断法

类比推断方法是利用相同或类似工程作业条件的经验以及安全的统计来类比推断评价对象的危险有害因素。它也是实践经验的累积和总结。对那些相同的企业，他们在事故类别、伤害方式、伤害部位、事故概率等方面极其相似，作业环境的监测数据、尘毒浓度等方面也具有相似性，他们遵守相同的规律，这就说明其危险有害因素和导致的后果是完全可以类推的。因此，新建的工程项目可以考虑借鉴现有同类规模和装备水平的同类企业，以此辨识危险和有害因素具有较高的置信度。

3. 专家评议法

专家评议法实质上集合了专家的经验、知识和分析、推断能力，特别是对同类装置进行类比分析，辨识危险有害因素不失为一种好办法。

(二)系统安全分析法

系统安全分析法常用于复杂系统或没有事故经验的新开发系统，常用的系统安全分析方法有预先危险性分析(PHA)、失效模式和后果分析(FMEA)、材料性质和生产条件分析法。

1. 预先危险性分析(PHA)

PHA 是在进行某项工程活动(包括设计、施工、生产、维修等)之前，对系统存在的各种危险有害因素(类别、分布)、出现条件和事故可能造成的后果进行宏观、概略分析的系统安全分析方法。其目的是早期发现系统的潜在危险有害因素，确定系统的危险性等级，提出相应的防范措施，防止这些危险因素发展成为事故，避免考虑不周所造成的损失。

预先危险性分析是一种应用范围较广(人、机、物、环境等方面的危险因素对系统的影响)的定性分析方法。它是由具有丰富知识和实践经验的工程技术人员、操作人员和安全管理人员经过分析、讨论实施的。

分析步骤：

(1)熟悉对象系统

尽可能确切了解对象系统的生产目的、工艺流程、生产设备、物料、操作条件、辅助设施、环境状况等资料；搜集类似系统、设备和事故统计、分析资料，以弥补早期分析时对象系统资料有限的不足。

(2)分析危险有害因素和触发事件

从能量转化、有害物质、设备故障、人员失误及外界影响等方面分析系统存在的危险有害因素。为防止遗漏,可将系统分为若干个子系统,逐个子系统查找、记录。

分析触发事件。触发事件是系统危险有害因素导致事故、危害发生的条件(实质上也是一种危险有害因素),是事故、危害发生的直接原因。

(3)推测可能导致的事故类型和危险(危害)程度

(4)确定危险有害因素后果的危险等级

按危险有害因素导致的事故、危害的危险(危害)程度,将危险有害因素划分为四个危险等级:

1 级,安全的,可以忽略;

2 级,临界的,处于事故边缘状态,暂时尚不能造成人员伤亡和财产损失,应予排除或采取控制措施;

3 级,危险的,会造成人员伤亡和系统损坏,要立即采取措施;

4 级,破坏性的,会造成灾难性事故,必须立即排除。

(5)制定相应安全措施

按危险有害因素后果的危险等级,采取相应的对策措施。

2. 失效模式和后果分析(FMEA)

失效模式和后果分析在风险评价中占有重要地位,是一种非常有用的方法,主要用于预防失效。但在试验、测试和使用中又是一种有效的诊断工具。它如果与失效后果严重程度分析(FMECA)联合起来,应用范围更加广泛。

失效模式和后果分析是一种归纳法。对于一个系统内部每个部件的每一种可能的失效模式或不正常运行模式都要进行详细分析,并推断它对整个系统的影响、可能产生的后果以及如何才能避免或减少损失。其分析步骤大致如下:

(1)确定分析对象系统;

(2)分析失效类型和产生原因;

(3)研究失效类型的后果;

(4)填写失效模式和后果分析表格;

(5)风险定量评价。

这种分析方法的特点是从元件的故障开始逐次分析其原因、影响及应采取的对策措施。FMEA 可用在整个系统的任何一级(从航天飞机到设备的零部件),常用于分析某些复杂的关键设备。

3. 材料性质和生产条件分析法

了解生产或使用的材料性质是危害辨识的基础。危害辨识中常用的材料性质有毒性、生物退化性、气味阈值、物理性质、化学性质、稳定性、燃烧及爆炸特性等。初始危害辨识可通过简单比较材料性质来进行,如对火灾,只要辨识出易燃和可燃材料，就可将它们划分为各类火灾危害进行评价。生产条件也会产生危险，或使生产过程中材料的危险性加剧，例如，水就其性质来说没有爆炸危险，然而，如果生产工艺的温度和压力超过了沸点，则存在蒸汽爆炸的危险。此外，分析生产条件也可使有些危险材料免于进一步分析和评价，例如，某材料的闪点高于 400 ℃，而生产在室温和常压下进行，这就可以排除材料引发重大火灾的可能性。在危险源辨识时既要考虑正常的生产过程，也要考虑生产不正常的情况，既要考虑现时的情况，还要考虑过去和将来出现或可能出现的情况。

# 第九章　风险分级管控

风险管理流程如图 9-1 所示。

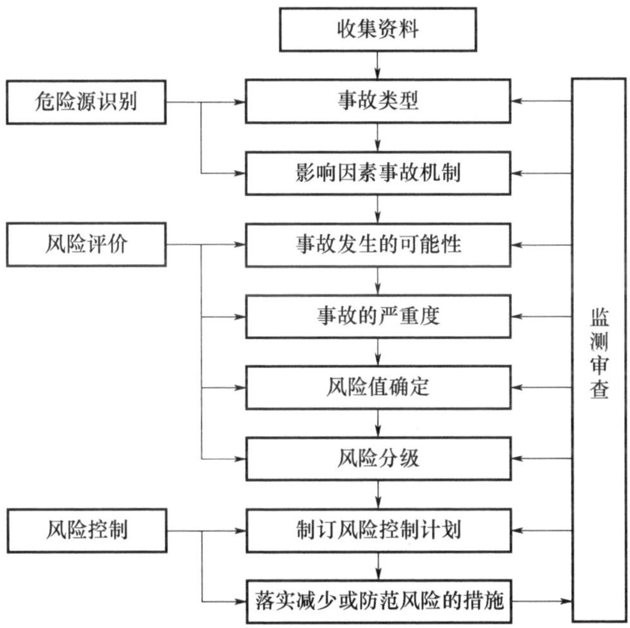


图 9-1　风险管理流程图

## 第一节　风险评价与分级

通常情况下，人们认为风险等同于危险，但严格地讲，风险与危险是两个不同的概念。危险是事物的固有属性，是可能造成潜在损失的征兆，而风险（$R$）是描述危险程度的客观量，又称为风险度或危险性，它由两部分组成：一是危险事件出现的概

率;二是后果的严重程度和损失的大小。可用发生概率 $P$ 和损失程度 $C$ 的函数来表示:

$$R = f(P, C)$$

发生概率($P$):导致事故发生的可能性;

损失程度($C$):事故发生后能够带来多大的人员伤亡或财产损失。

## 一、安全评价

安全评价是以实现安全为目的,应用安全系统工程原理和方法,辨识与分析工程、系统、生产经营活动中的危险有害因素,预测发生事故造成职业危害的可能性及其严重程度,提出科学、合理、可行的安全对策措施建议,作出评价结论。

安全评价过程包括危险有害因素辨识及危险和危害程度评价两部分。如图 9-2 所示。

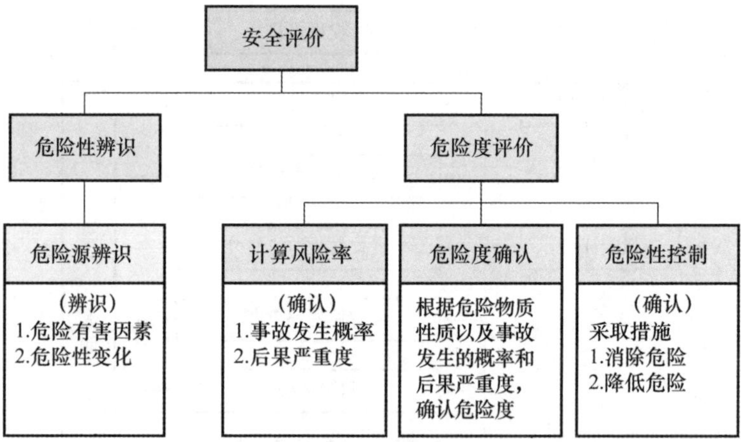


图 9-2 安全评价过程

风险评价是安全管理和决策科学化的基础,是依靠现代科学技术预防事故的具体体现,选择评价方法的要点如下:

(1)考虑方法的应用是否具有合理性;

(2)考虑行业的生产工艺特点;

(3)考虑本企业员工的综合素质状况;

(4)考虑本企业的资源状况;

(5)适合行业的特点,简单可行。

## 二、风险分级管控

### (一)风险等级划分

风险等级分为重大(红色)、较大(橙色)、一般(黄色)、低(蓝色)四个等级。各等级对应标志色如表 9-1 所示。

表 9-1 风险等级及标志色

| 风险等级 | 标志色 |
|---|---|
| 重大 | 红色 |
| 较大 | 橙色 |
| 一般 | 黄色 |
| 低 | 蓝色 |

(二)风险评价方法

评价小组对排查辨识出的风险因素进行评估,可选择风险矩阵法(L·S)或作业条件危险性分析(LEC)等评估方法。这里辨识分级采用作业条件危险性分析(LEC),对排查出来的风险确定等级,风险等级从高到低划分为重大风险、较大风险、一般风险和低风险,分别用红、橙、黄、蓝四种颜色标示。

1. 作业条件危险性分析法(格雷厄姆-金尼法)

这是作业人员在具有潜在危险性环境中进行作业时的一种危险性半定量评价方法,它是由美国格雷厄姆和金尼提出的,他们认为,影响作业条件危险性的因素是$L$(事故发生的可能性)、$E$(人员暴露于危险环境的频率)、$C$(一旦发生事故可能造成的后果),$L$、$E$、$C$ 的分值见表 9-2、表 9-3 和表 9-4,用这三个分值的乘积 $D=L\times E\times C$ 来评价作业条件的危险性(表 9-5),$D$ 值越大,作业条件的危险性越大。

表 9-2 事故发生的可能性分值 $L$

| 分值 $L$ | 10 | 6 | 3 | 1 | 0.5 | 0.2 | 0.1 |
|---|---|---|---|---|---|---|---|
| 事故发生的可能性 | 完全会被预料到 | 相当可能 | 可能但不经常 | 完全意外很少可能 | 可以设想很不可能 | 极不可能 | 实际上不可能 |

表 9-3 暴露于危险环境的频率分值 $E$

| 分值 $E$ | 10 | 6 | 3 | 2 | 1 | 0.5 |
|---|---|---|---|---|---|---|
| 暴露于危险环境的频率 | 连续暴露 | 每天工作时间内暴露 | 每周一次或偶然暴露 | 每月暴露一次 | 每年几次暴露 | 非常罕见地暴露 |

表 9-4 事故造成的后果分值 $C$

| 分值 $C$ | 100 | 40 | 15 | 7 | 3 | 1 |
|---|---|---|---|---|---|---|
| 事故造成的后果 | 10 人以上死亡 | 数人死亡 | 1 人死亡 | 严重伤残 | 有伤残 | 轻伤、需救护 |

表 9-5　危险性等级划分标准

| 危险性分值 $D$ | $D \geqslant 320$ | $160 \leqslant D < 320$ | $70 \leqslant D < 160$ | $D < 70$ |
|---|---|---|---|---|
| 危险程度 | A | B | C | D |
| | 重大风险 | 较大风险 | 一般风险 | 低风险 |

2. 风险矩阵法($L \cdot S$)

风险的数学表达式为:$R = L \times S$。其中:$R$ 代表风险度,$L$ 代表发生伤害的可能性,$S$ 代表发生伤害后果的严重程度。从偏差发生频率、安全检查、操作规程、员工胜任程度、控制措施五个方面对危害事件发生的可能性($L$)进行评价取值(表 9-6),取五项得分的最高分值作为其最终的 $L$ 值。

表 9-6　可能性赋值表

| 赋值 | 偏差发生频率 | 安全检查 | 操作规程 | 员工胜任程度(意识、技能、经验) | 控制措施(监控、连锁、报警、应急措施) |
|---|---|---|---|---|---|
| 5 | 每次作业或每月发生 | 无检查(作业)标准或不按标准检查(作业) | 无操作规程或从不执行操作规程 | 不胜任(无上岗资格证、无任何培训、无操作技能) | 无任何监控措施或有措施从未投用。无应急措施 |
| 4 | 每季度都有发生 | 检查(作业)标准不全或很少按标准检查(作业) | 操作规程不全或很少执行操作规程 | 不够胜任(有上岗资格证,但没有接受有效培训,操作技能差) | 有监控措施但不能满足控制要求,措施部分投用或有时投用。有应急措施但不完善或没演练 |
| 3 | 每年都有发生 | 发生变更后检查(作业)标准未及时修订或多数时候不按标准检查(作业) | 发生变更后未及时修订操作规程或多数操作不执行操作规程 | 一般胜任(有上岗资格证,接受培训,但经验、技能不足,曾多次出错) | 监控措施能满足控制要求,但经常被停用或发生变更后不能及时恢复。有应急措施但未根据变更及时修订或作业人员不清楚 |
| 2 | 每年都有发生或曾经发生过 | 标准完善但偶尔不按标准检查、作业 | 操作规程齐全但偶尔不执行 | 胜任(有上岗资格证,接受有效培训,经验、技能较好,但偶尔出错) | 监控措施能满足控制要求,但供电、连锁偶尔失电或误动作。有应急措施但每年只演练一次 |
| 1 | 从未发生过 | 标准完善,按标准进行检查、作业 | 操作规程齐全,严格执行并有记录 | 高度胜任(有上岗资格证,接受有效培训,经验丰富,技能、安全意识强) | 监控措施能满足控制要求,供电、连锁从未失电或误动作。有应急措施且每年至少演练二次 |

从人员伤亡情况、财产损失、法律法规符合性、环境破坏和对企业声誉影响五个方面对后果的严重程度(S)进行评价取值(表9-7),取五项得分的最高分值作为其最终的S值。

表9-7 严重程度赋值表

| 赋值 | 人员伤亡情况 | 财产损失(设备设施损坏) | 法律法规符合性 | 环境破坏 | 企业声誉影响 |
|---|---|---|---|---|---|
| 1 | 一般无损伤 | 一次事故直接经济损失5000元以下 | 完全符合 | 基本无影响 | 影响限于本岗位或作业点 |
| 2 | 1~2人轻伤 | 一次事故直接经济损失5000元及以上,1万元以下 | 不符合公司规章制度要求 | 设备、设施周围受影响 | 没有造成公众影响 |
| 3 | 造成1~2人重伤,3~6人轻伤 | 一次事故直接经济损失在1万元及以上,10万元以下 | 不符合事业部程序要求 | 作业点范围内受影响 | 引起省级媒体报道,一定范围内造成公众影响 |
| 4 | 1~2人死亡或严重职业病 | 一次事故直接经济损失在10万元及以上,100万元以下 | 潜在不符合法律法规要求 | 造成作业区域内环境破坏 | 引起国家主流媒体报道 |
| 5 | 3人及以上死亡,7人及以上重伤 | 一次事故直接经济损失在100万元及以上 | 违法 | 造成周边环境破坏 | 引起国际主流媒体报道 |

确定了$L$和$S$值后,根据$R=L\times S$计算出风险度$R$的值(表9-8)。

表9-8 风险度取值表

| 可能性$L$ | 严重程度$S$ | | | | |
|---|---|---|---|---|---|
| | 1 | 2 | 3 | 4 | 5 |
| 1 | 1 | 2 | 3 | 4 | 5 |
| 2 | 2 | 4 | 6 | 8 | 10 |
| 3 | 3 | 6 | 9 | 12 | 15 |
| 4 | 4 | 8 | 12 | 16 | 20 |
| 5 | 5 | 10 | 15 | 20 | 25 |

(三)风险分级管控措施

1. 风险分级管控的基本原则

安全风险等级从高到低划分为四级。

A级:重大风险/红色风险,评估属不可容许的危险。必须建立管控档案,应由企业重点负责管控,必须立即整改,不能继续作业,只有当风险等级降低时,才能开始或继续工作。

B级:较大风险/橙色风险,评估属高度危险。必须建立管控档案,必须制定措施进行控制管理,应由本企业安全主管部门和各职能部门根据职责分工负责管控。

C级:一般风险/黄色风险,评估属中高度危险。应由所在车间负责管控,公司(厂)安全管理部门负责监督落实。

D级:低风险/蓝色风险,评估属轻度危险和可容许的危险。应由所在的班组负责管控,车间负责监督落实。

2. 升级管控

(1)涉及下列情形的B级、C级风险,应直接确定为A级:①构成危险化学品一级、二级重大危险源的场所和设施;②涉及重点监管化工工艺的主要装置;③危险化学品长输管道;④同一作业单元内现场作业人员10人以上的。

(2)涉及下列情形的C级风险,应直接确定为B级:①构成危险化学品三级、四级重大危险源的场所和设施;②涉及剧毒化学品的场所和设施;③化工企业开停车作业或者非正常工况操作;④同一作业单元内现场作业人员3人以上的。

**三、安全对策措施的制定**

安全对策措施是要求设计单位、生产单位、经营单位在建设项目设计、生产经营、管理中采取的消除或减弱危险有害因素的技术措施和管理措施,是预防事故和保障整个生产、经营过程安全的对策措施。

1. 安全对策措施的基本要求

(1)能消除或减弱生产过程中产生的危险、危害;

(2)处置危险和有害物,并降低到国家规定的限值内;

(3)预防生产装置失灵和操作失误产生的危险、危害;

(4)能有效地预防重大事故和职业危害的发生;

(5)发生意外事故时,能为遇险人员提供自救和互救条件。

2. 制定安全对策措施应遵循的原则

(1)安全技术措施等级顺序

当安全技术措施与经济效益发生矛盾时,应优先考虑安全技术措施上的要求,并按下列等级顺序选择安全技术措施:

①直接安全技术措施

生产设备本身应具有本质安全性能,不出现任何事故和危害。

②间接安全技术措施

若不能或不完全能实现直接安全技术措施时,必须为生产设备设计出一种或多种安全防护装置(不得留给用户去承担),最大限度地预防、控制事故或危害的发生。

例如:施工现场“有洞必有盖,有台必有栏,有轮必有罩,有轴必有套,有轧点必有挡板”。

③指示性安全技术措施

当间接安全技术措施无法实现或实施时，须采用检测报警装置(图 9-3)、警示标志(图 9-4)等措施，警告、提醒作业人员注意，以便采取相应的对策措施或紧急撤离危险场所。

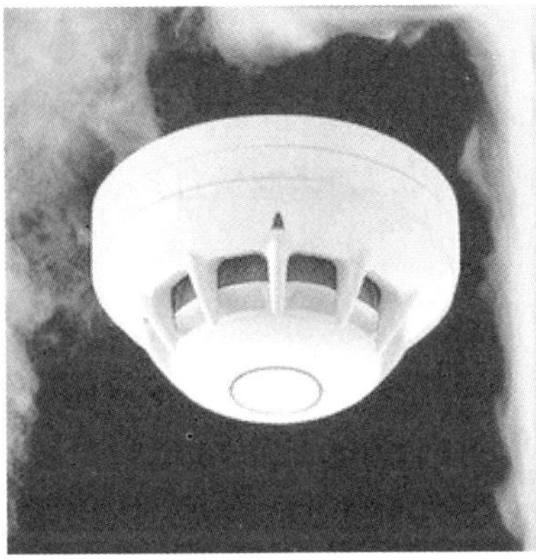

图 9-3 烟雾探测报警器

图 9-4 安全指示牌(部分)

若间接、指示性安全技术措施仍然不能避免事故、危害发生，则应采用安全操作规程、安全教育、培训和个体防护用品(图 9-5)等措施来预防、降低系统的危险、危害程度。

(2)根据安全技术措施等级顺序要求应遵循的具体原则

①消除。通过合理的设计和科学的管理，尽可能从根本上消除危险有害因素，如采用无害化工艺技术，生产中以无害物质代替有害物质、实现自动化作业、遥控技术等。

②预防。当消除危险有害因素有困难时，可采取预防性技术措施，预防危险、危害的发生，如使用安全阀、安全屏护、行程限位器(图 9-6)、漏电保护装置、安全电压、熔断器、防爆膜、事故排放装置等。

图 9-5 个体防护用品

图 9-6 行程限位器

(防止起重机发生撞车或限制在一定范围内行驶的保险装置)

③减弱。在无法消除危险有害因素和难以预防的情况下,可采取减少危险、危害的措施,如局部通风排毒装置、生产中以低毒性物质代替高毒性物质、降温措施、避雷装置、消除静电装置、减振装置、消声装置等。

④隔离。在无法消除、预防、减弱危险有害因素的情况下,应将人员与危险有害因素隔开和将不能共存的物质分开,如遥控作业、安全罩、防护屏、防火门(图 9-7)、隔离操作室、安全距离、事故发生时的自救装置(如防护服、各类防毒面具)等。比如防火门可以确保在逃生时间内保护逃生的人免受火灾的威胁,包括阻隔浓烟及热力。

⑤连锁。当操作者失误或设备运行一旦达到危险状态时,应通过连锁装置终止危险、危害发生。如加油站的加油枪(图 9-8),接触油面自动跳停。

⑥警告。在易发生故障和危险性较大的地方,配置醒目的安全色、安全标志,必要时设置声、光或声光组合报警装置(图 9-9)。

图 9-7 防火门

图 9-8 加油站油枪

图 9-9 防爆警报器(声光报警装置)

(3)安全对策措施应具有针对性、可操作性和经济合理性

针对性是指针对不同行业的特点和评价中提出的主要危险有害因素及其后果,提出对策措施。

由于危险有害因素及其后果具有隐蔽性、随机性、交叉影响性，对策措施不仅要针对某项危险有害因素孤立地采取措施，而且应以系统全面地达到国家安全指标为目的，采取优化组合的综合措施。

提出的对策措施是设计单位、建设单位、生产经营单位进行安全设计、生产、管理的重要依据，因而对策措施应在经济、技术、时间上是可行的，能够落实和实施的。此外，要尽可能指明对策措施所依据的法规、标准，明确具体的对策措施，以便于应用和操作，如不宜笼统地将“按某某标准有关规定执行”作为对策措施提出。

经济合理性是指不应超越国家及建设项目生产经营单位的经济、技术水平，按过高的安全指标提出安全对策措施。即在采用先进技术的基础上，考虑到进一步发展的需要，以安全法规、标准和指标为依据，结合评价对象的经济、技术状况，使安全技术装备水平与工艺装备水平相适应，求得经济、技术、安全的合理统一。

(4)对策措施应符合有关的国家标准和行业安全设计规定的要求

在评价中，应严格按有关设计规定的要求提出安全对策措施。

## 第二节 风险控制管理

### 一、系统化 HSE 风险管理体系是风险管理的基础

HSE 管理体系的危害辨识、风险评价和风险控制来源于风险管理的思想。风险管理是研究风险发生规律和风险控制技术的一门新兴管理学科，通过危害辨识、风险评价，并在此基础上优化组合各种风险管理技术，对风险实施有效的控制和妥善处理风险所致损失的后果，期望达到以最少的成本获得最大安全保障的目标。

也就是说，风险管理的实质是以最经济合理的方式，消除风险导致的各种灾害后果，它包括危害辨识、风险评价、风险控制等一整套系统而科学的管理方法，即运用系统论的观点和方法研究风险与环境之间的关系，运用安全系统工程的理论和分析方法去辨识危害、评价风险，然后根据成本效益分析，针对用人单位所存在的风险作出客观而科学的决策，以确定处理风险的最佳方案。

HSE 管理体系运行的主线是风险控制，而基础是危害辨识和风险评价，如图 9-10所示。

为了控制风险，首先要对组织所有作业活动中存在的危害加以识别，然后评价每种危害的危险程度，依据法规要求和组织 OHS(Occupational Health & Safety，职业健康和安全)方针确定不可承受的风险，而后针对不可承受的风险予以控制：制定目标和管理方案；落实运行控制；准备紧急应变；加强培训，提高 OHS 意识；通过监控机制发现问题并予以纠正。

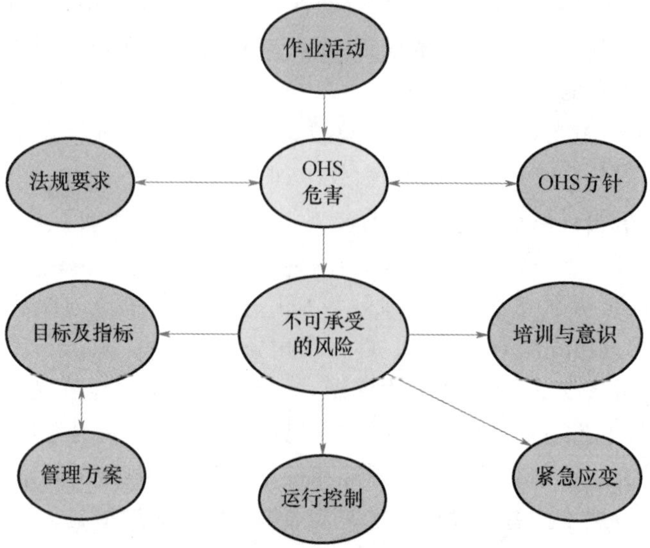


图 9-10　风险与 HSE 管理体系的要求

**二、前期预防是风险管理的关键**

安全评价也称危险度评价或风险评价。安全评价以实现系统安全为目的，应用安全系统工程的原理和方法，对系统中存在的危险因素、有害因素进行辨识与分析，判断系统发生事故和职业危害的可能性及其严重程度，从而为制定防范措施和管理决策提供科学依据。进行安全评价是促进企业安全生产的必要条件之一。通过安全评价能够使企业有效地减少事故和职业危害，系统地进行安全管理，用最少的投资达到最佳的安全效果，迅速提高安全技术人员的业务水平，促进各项安全标准的制定和可靠数据的积累。海洋石油行业较早引入了该项技术，并在海洋石油勘探开发上得到了广泛的应用。

1988 年 7 月 6 日，某国的海洋平台爆炸事故发生后，该国政府组成了事故调查组，在调查报告中提出了 106 条建议，这些建议大多被政府采纳。其中之一是：每座海上设施要向政府提交安全状况报告，报告中作业者必须证明其海上设施在“全部生产周期”内安全地从事各项活动。

我国海洋石油勘探开发作业借鉴了这一做法，按照国家安全生产监督管理总局海洋石油作业安全办公室（简称海油安办）要求，现已形成了以安全评价为基础的勘探开发 HSE 风险控制机制。这就是作业者负责、第三方把关、政府监管的风险管理模式。

1. 总体开发方案编制阶段

在海上油气田总体开发方案编制阶段，作业者应编写安全分析报告。安全分析报告的编写采用项目类比方法与初步风险分析方法（PHA），对拟建项目进行安全条件论证和安全评价，报告中应列出重大危险源并对风险程度进行评价，评价报告必须报海油安办审查、备案。

2. 设计阶段

在设计阶段，作业者应委托第三方发证检验机构对安全设施的设计进行审查，同时作业者还应编制安全篇。安全篇由作业者或委托专业安全评价机构采用危险与可操作性研究（HAZOP）方法进行分析，并对安全分析报告中重大危险源及其控制措施列表说明。

3. 施工、建造、运输、试运转阶段

在施工、建造、运输、试运转阶段，由第三方发证检验机构对这一阶段中的每一环节，如材料、设备厂家、操作工序、操作人员资格（如焊工）、施工质量、建造质量等进行严格的检验把关，以确保建造质量和设备质量。第三方发证检验机构还应对设计图纸进行审查，对施工建造的质量及安全设施控制效果进行把关，对检验合格的生产设施颁发“油气生产设施发证检验证书”。

4. 正式投产前

在正式投产前，作业者在取得第三方发证检验机构颁发的“油气生产设施发证检验证书”的基础上，安全办公室对作业者管理体系、应急方案进行综合审查，审查合格后颁发安全许可证书。

5. 生产阶段

在生产过程中，作业者应聘请第三方发证检验机构对设施进行作业过程检验并重新获得“油气生产设施发证检验证书”，接受安全办公室换发安全许可证审查。

**三、风险管控告知制度**

（1）在醒目位置和重点区域分别设置安全风险告知栏，制作岗位安全风险告知卡，标明主要安全风险、可能引发事故隐患类别、事故后果、管控措施、应急措施及报告方式等内容。

（2）对存在重大安全风险的工作场所和岗位，设置明显的警示标志，并强化危险源监测和预警。

（3）为作业人员提供必需的安全防护用具和安全防护服装，书面告知危险岗位的操作规程并确保其熟悉和掌握有关内容及违章操作的危害。

（4）加强风险教育和技能培训，每季度至少组织安全风险辨识评估技术人员进行辨识、评估专项培训。每半年至少对全员进行一次以安全风险、危险源辨识评估为主的教育培训，确保涉险岗位每名员工都能熟练掌握安全风险的基本特征及防范、应急措施。

（5）向从业人员如实告知作业场所和工作岗位存在的危险因素、防范措施及事故应急措施。

# 第十章　隐患排查治理

我们见到的危险源一般都稳定在某种状态，使危险源暂时稳定的手段，我们称之为“屏蔽措施”或“安全防护措施”。但是“屏蔽措施”或“安全防护措施”有四个天敌：人的不安全行为、物的不安全状态、生产环境不良、安全管理失效。这些天敌是造成隐患的直接原因，也是造成事故的直接原因，它们是使危险源屏蔽措施失效的触发条件。隐患排查就是要找出破坏“屏蔽措施”或“安全防护措施”的各种天敌；隐患治理就是针对存在隐患的危险源，加强其“屏蔽措施”或“安全防护措施”，降低隐患出现的概率，降低事故出现的可能性。

事故的出现是隐患造成的。对隐患未采取有效的控制措施或控制措施失效，隐患就会爆发，使能量和危险物质释放。若与人、设备或财产接触，就可能导致“事件”，造成损失的事件就转变成事故。

## 第一节　隐患的分类

**一、基础管理类隐患**

主要是指生产经营单位资质证照、安全生产管理机构及人员、安全生产责任制、安全生产管理制度、安全操作规程、教育培训、安全生产管理档案、安全生产投入、应急救援、特种设备基础管理、职业卫生基础管理、相关方基础管理、其他基础管理等方面存在的缺陷。

**二、现场管理类隐患**

主要是指特种设备现场管理、生产设备设施、场所环境、从业人员操作行为、消防安全、用电安全、职业卫生现场安全、有限空间现场安全、辅助动力系统、相关方现场管理、其他现场管理等方面存在的缺陷。

1. 参照集团公司《安全环保事故分级与调查规范》分类

事故隐患按照可能造成的事故类型可分为 25 类：物体打击、车辆伤害、机械伤害、起重伤害、触电、淹溺、高处坠落、坍塌、中毒和窒息、灼烫、火灾、爆炸、井喷失控、冒顶片帮、透水、爆破、道路交通事故、水体污染、大气污染、土壤污染、辐射事故、溢油、化学品泄漏、海损、其他伤害。

2. 按可能造成事故的原因分类

按原因可分为四类:人的不安全行为、物的不安全状态、场所的不安全因素、管理上的缺陷。

3. 按可能造成事故的严重后果和治理难度分类

按后果和难度可分为两类:①一般事故隐患,是指危害和整改难度较小,发现后能够立即整改排除的隐患;②重大事故隐患,是指危害和整改难度较大,应当全部或者局部停产停业,并经过一定时间整改治理方能排除的隐患,或者因外部因素影响致使生产经营单位自身难以排除的隐患。

## 第二节　隐患排查

### 一、隐患排查总体要求

事故隐患应做到闭环管理。

“四不推”——凡是能够解决的事故隐患,班组不推给车间,车间不推给厂,厂不推给主管部门,主管部门不推给上级部门。

“五落实”——责任、资金、措施、期限、应急预案。

隐患排查常态化,每月定期报送排查情况。

重大事故隐患要挂牌督办,定期上报整改进展,直至整改完成验收后,方可摘牌。

### 二、隐患排查工作主要内容

(1)制定隐患排查计划或方案;

(2)按计划或方案组织开展隐患排查工作;

(3)对隐患排查结果进行汇总并登记后,进入隐患治理流程,发现重大事故隐患,还需上报当地安全监察部门,并按《安全生产事故隐患排查治理暂行规定》中的重大事故隐患治理流程治理。

### 三、隐患治理工作主要内容

(1)建立隐患治理台账,落实隐患的整改责任人、整改完成时间、整改措施和临时防范措施、整改资金、验收标准及验收人,俗称“五定”,隐患治理台账也称“五定”表;

(2)整改责任人按照整改措施完成整改(如需临时防范措施,还应在整改期间落实临时防范措施)并上报验收人;

(3)验收人按验收标准对隐患整改情况进行评估,评估合格同意隐患闭环,评估不合格要重新进行整改；

(4)每季度及每年要对企业隐患排查治理情况进行统计分析。分析可以从以下几个方面入手，例如可以分析不同类型隐患占比，也可以按不同月度、季度等不同周期进行对比分析等。除此之外，建议关注两个方面：一是同一类型的隐患是否存在反复发生情况，要深入剖析原因，分析是否存在制度、机制缺陷以及之前治理措施的有效性，以便持续改进；二是同一区域发现隐患的数量是否存在持续增长的情况，持续增长的区域要重点分析区域内相关管理人员安全责任落实情况或者其他原因。

## 第三节　隐患分级治理

### 一、作业任务分析法

作业任务分析法是对每一项作业任务进行分析，逐步查找作业过程中可能出现的事故隐患，主要步骤如下：

(1)界定各作业的实施步骤；

(2)分析每一步骤可能产生的危害；

(3)评审现有防范措施的有效性；

(4)提出改善建议。

### 二、安全检查表法

安全检查表法是指对工程、系统的设计、装置条件、实际操作、维修等过程按照事先编制好的安全检查表逐项进行详细的检查，以发现系统中存在的事故隐患。具体步骤如下：

(1)选定一个检查的生产过程，收集相关资料(法律法规、标准、工艺、规章制度、原料特性、以往可借鉴的事故案例等基本信息)。

(2)对收集的材料进行分析整理，明确生产过程中可能存在的事故隐患，编制安全检查表，按安全检查表进行逐项辨识。

### 三、直观经验分析法

直观经验分析法主要是利用同行业以往的事故教训和专家的经验判断对系统存在的事故隐患进行辨识。主要有以下两种形式：

1. 经验法

对照有关标准、法规进行检查，依靠人员的经验进行现场观察、分析和判断，发现系统中存在的事故隐患。

2. 类比法

利用工程系统、作业条件的经验、劳动安全卫生的统计资料的相同或相似信息进行类推、分析、评价，发现系统中存在的事故隐患。

# 第四节 班组常见隐患

## 一、人的不安全行为的表现

(1)操作错误,忽视安全,忽视警告;

(2)造成安全装置失效;

(3)使用不安全设备;

(4)手代替工具操作;

(5)物体存放不当;

(6)冒险进入危险场所;

(7)攀、坐不安全位置;

(8)在起吊物下作业、停留;

(9)机器运转时进行维修、清理等作业;

(10)有分散注意力的行为;

(11)不佩戴或不正确佩戴劳动防护用品;

(12)不安全装束;

(13)对易燃、易爆等危险物品处理错误。

## 二、物的不安全状态的表现

(1)防护、保险、信号等装置缺乏或有缺陷;

(2)设备、设施、工具、附件有缺陷;

(3)个人防护用品用具缺少或有缺陷;

(4)生产(施工)场地环境不良。

## 三、生产(施工)场地环境不良的表现

(1)照明光线不良:照度不足;作业场地烟雾尘弥漫,视物不清;光线过强。

(2)通风不良:无通风;通风系统效率低;风流短路;停电停风时放炮作业;瓦斯排放未达到安全浓度放炮作业;瓦斯超限;其他。

(3)作业场所狭窄。

(4)作业场地杂乱。

(5)交通线路的配置不安全。

(6)操作工序设计或配置不安全。

(7)地面滑:地面有油或其他液体;冰雪覆盖;地面有其他易滑物。

(8)储存方法不安全。

(9)环境温度、湿度不当。

## 四、管理缺陷的表现

主要有七类，也是造成生产安全事故的主要间接原因。

(1)技术和设计上缺陷。

(2)安全生产教育培训不够。

(3)劳动组织不合理。

(4)对现场工作缺乏检查或指导错误。

(5)没有安全生产管理规章制度和安全操作规程，或者不健全。

(6)没有事故防范和应急措施或者不健全。

(7)对事故隐患整改不力，经费不落实。

事故隐患是导致事故发生的物的不安全状态、人的不安全行为及工作环境不良或管理上的缺陷。“隐患”是潜藏或不易发现的危险，是事故的潜在因素。但是，隐患不一定就会导致事故，根据海因里希理论，发生事故造成重伤、轻伤、无伤害的比例为 1∶29∶300，如图 10-1 所示。

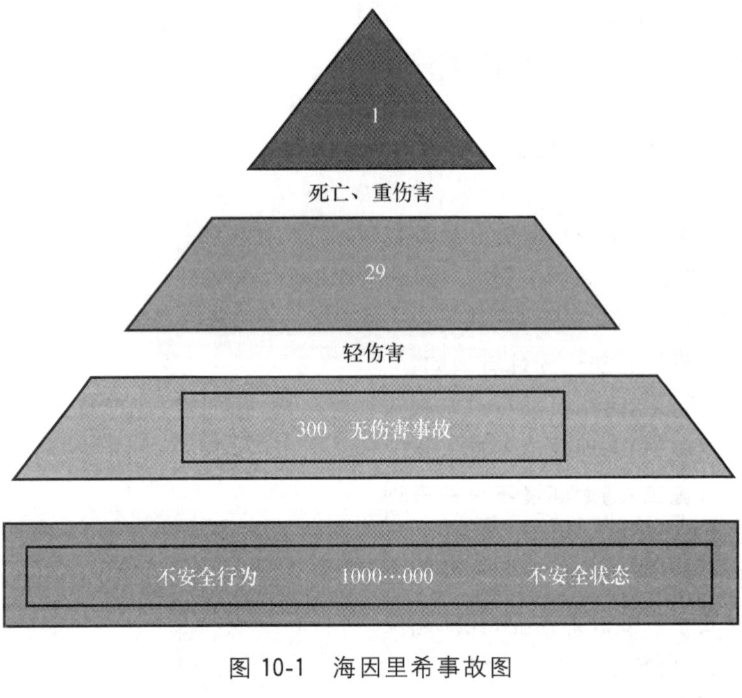


图 10-1 海因里希事故图

偶然事故不能作为判断系统是否危险的标准，降低风险应从控制隐患入手。没有被辨识的危险因素也是隐患。没有被辨识是因为知识或经验的局限，但是隐患并没有因为没有被辨识而不导致事故的发生。安全管理工作的重点就是控制隐患。风险是不可避免的，但事故是可以避免的。

海洋石油历史经验告诉我们，大多数事故是发生在海上作业过程中的，而发生事故的原因往往是某一环节疏漏。例如，发生在某国石油天然气平台的爆炸事故，原因非常简单，当晚两台凝析油注入泵中的一台发生故障，夜班人员试图启动另一台停用待修泵，但他们不知道那台泵的泄压安全阀已经拆掉，在该位置仅装了一个盲板法兰，且没有上紧。结果凝析油从此处泄漏，并造成天然气积聚遇明火爆炸。2010 年 3 月 15 日 00 时 22 分（当地时间），某国石油公司海上半潜式采油平台发生爆炸，事故主要原因是：安装在右舷尾部立柱第 4 层甲板处的应急排放罐的排放泵被拆除维修，为安全起见，维修人员将该排放罐放空阀关闭，关闭由工艺流程进入该罐的阀门，就是因为这个阀门没有完全关死，油气进入应急罐，造成应急罐超压爆炸。爆炸破坏了邻近的消防管线，大量海水进入柱内，最终导致平台翻沉。

如何控制维修作业风险？实践证明，海上维修作业前的安全评价制度是一种有效、可行的方法。作业前要充分识别与作业有关的所有隐患，制定控制措施，判断其是否处于可接受水平是作业过程中风险管理措施之一；更重要的是，作业者要根据作业风险大小建立作业审批制度。经不断探讨，海洋石油作业已经建立以安全评价为基础的作业风险控制制度，其做法如下。

（1）判定维修作业风险等级。在开始作业前根据维修作业复杂程度，初步判断其风险等级，为下一步确定安全评价组织方式及审批控制打下基础。

（2）组织实施评价。根据作业复杂程度和初步确定的风险程度确定评价小组。重大维修项目，如拖航、吊装等重大海上施工作业，高温高压井作业，边采边钻联合作业，危险性高的重大维修、改造项目，并购或租赁大型设施等，由公司级主管部门成立评价小组，组织实施评价；一级动火、进入限制空间等一般性维修作业，由现场平台经理或项目经理组织成立评价小组，并组织实施评价。

（3）严格审查。建立评价结果和控制措施审核制度，维修作业规模小、风险低的作业由平台经理或项目负责人审查批准；重大海上维修项目、钻完井作业等安全评价结果及控制措施应得到上级公司认可，审批等级随着风险等级的升高而升高。

危害识别与风险评估管理流程如图 10-2 所示。

## 示　例

海油工程建造事业部天津建造公司结构作业部一队组装二班，在 15000 多个安全工时里，实现了“质量安全零事故”的 QHSE（质量、健康、安全、环境）管理目标，这是全体班组成员本着“始于现场、终于现场”的理念，始终把 QHSE 工作放在首位，把功夫下在一线，不放过任何一个小隐患、小违章实现的。为持续提高班组成员 QHSE 管理理念，班组创新开展岗位 QHSE 达标大比拼，不仅提高了班组成员的质量安全素质，更出色地保障了在建项目的安全生产。

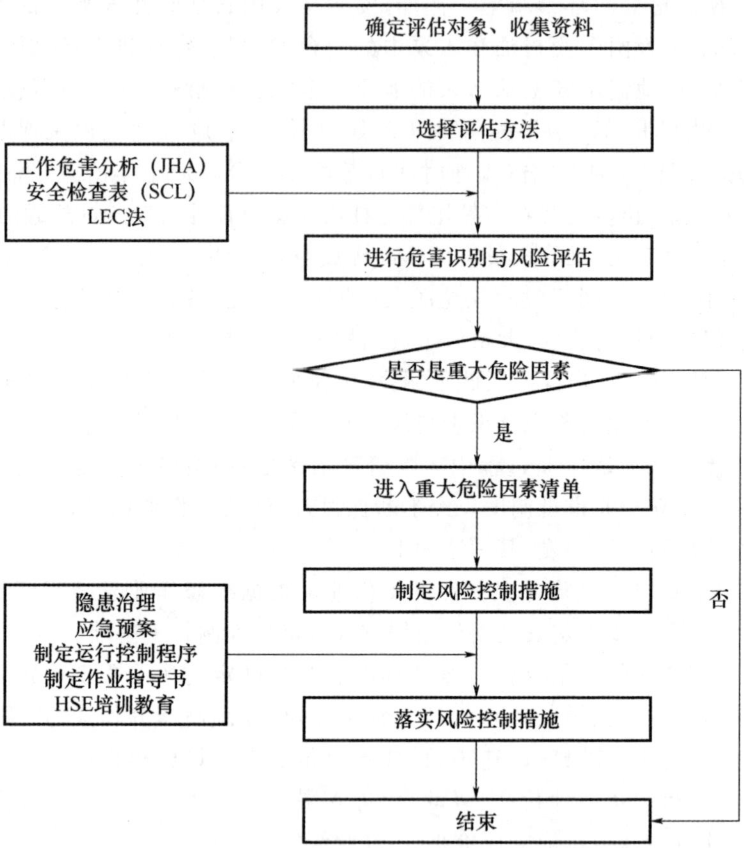


图 10-2　危害识别与风险评估管理流程图

# 第十一章　作业安全管理

## 第一节　作业许可

### 一、作业许可(PTW)的基础知识

(一)术语

1. 特殊作业

对操作者本人、他人及周围建(构)筑物、设备、设施的安全可能造成危害的作业。作业类型可参考《化学品生产单位特殊作业安全规范》(GB 30871—2014)、中海油十大高风险作业等。

2. 责任区

作业人员具有属地管辖权的区域,或作业人员在被限定的区域内、作业期间具有管辖权。

3. 影响设备设施完整性作业

可能影响设备设施结构安全、原有功能,或可能造成能量、危险物质释放的作业。

(二)作业许可分类分级

1. 分级要求

(1)作业现场负责人对现场施工组织、人员分工、安全设施使用、风险削减措施的有效性及作业现场应急处置负责。

(2)作业现场安全监督员对作业许可审批、实施等全过程负督查责任。对出现的与管理级别、审批结果、安全措施等不符的人的不安全行为、物的不安全状态、不良的作业环境等提出警告,并下令进行纠正。

(3)作业现场监护人对现场作业人员安全防护用品、应急器材使用的有效性以及人身安全受到威胁时,采取的保护行为负责。

(4)所有施工作业人员应严格遵守风险削减措施,严格执行设备、工艺操作规

程，对本岗位安全操作负责。

2. 分类原则

根据作业活动是否属于特殊作业、是否影响设备设施完整性、是否属于作业人员的责任区三个维度，将作业活动划分为八类（表 11-1、图 11-1）。

表 11-1　各类作业活动描述表

| 类别 | 作业活动描述 |
|---|---|
| 第一类 | 非责任区、不影响设备设施完整性、特殊作业 |
| 第二类 | 非责任区、影响设备设施完整性、特殊作业 |
| 第三类 | 责任区、影响设备设施完整性、特殊作业 |
| 第四类 | 责任区、不影响设备设施完整性、特殊作业 |
| 第五类 | 非责任区、不影响设备设施完整性、非特殊作业 |
| 第六类 | 非责任区、影响设备设施完整性、非特殊作业 |
| 第七类 | 责任区、影响设备设施完整性、非特殊作业 |
| 第八类 | 责任区、不影响设备设施完整性、非特殊作业 |

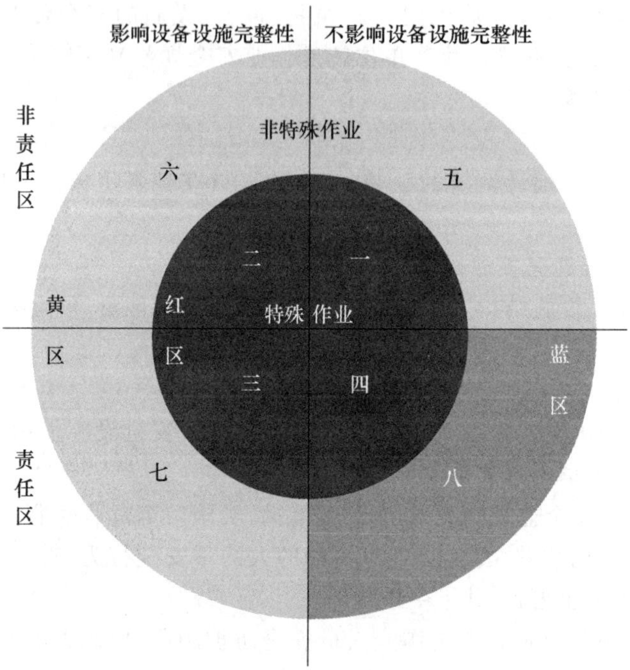


图 11-1　作业活动分类图

(三)中海油各业务板块作业活动分类基本清单

1. 油气生产板块

(1)特殊作业清单(表11-2)

表11-2 油气生产板块特殊作业清单

| 序号 | 作业清单(括号内为易漏项目) |
|---|---|
| 1 | 热工作业 |
| 2 | 受限空间作业 |
| 3 | 试压、高压作业(高压取样、高压冲洗) |
| 4 | 大型吊装作业 |
| 5 | 高处作业 |
| 6 | 舷外作业 |
| 7 | 电气维修作业(临时用电) |
| 8 | 爆炸、放射性及有毒有害作业(化学清洗) |
| 9 | 挖掘作业 |
| 10 | 潜水作业 |
| 11 | 喷砂作业 |
| 12 | 脚手架作业 |

(2)影响设备设施完整性的作业清单(表11-3)

表11-3 油气生产板块影响设备设施完整性的作业清单

| 序号 | 作业清单 |
|---|---|
| 1 | 设备设施安装、检修、拆除、隔离 |
| 2 | 管线安装、检修、拆除、隔离 |
| 3 | 组块安装、拆除 |
| 4 | 通球作业 |

(3)非责任区不影响设备设施完整性的作业清单(表 11-4)

表 11-4 油气生产板块非责任区不影响设备设施完整性的作业清单

| 序号 | 作业清单 |
| --- | --- |
| 1 | 设备设施调试、标定及检验 |
| 2 | 管线维护、检验 |
| 3 | 单点/FPSO 连接、解脱 |
| 4 | 水下装置及结构物检验 |

(4)责任区不影响设备设施完整性的作业清单(表 11-5)

表 11-5 油气生产板块责任区不影响设备设施完整性的作业清单

| 序号 | 作业清单 | 特别控制要求 |
| --- | --- | --- |
| 1 | 直升机接送 | |
| 2 | 生产流程切换 | |
| 3 | 靠船带缆作业 | |
| 4 | 生产日常操作、实验室操作 | |
| 5 | 设备日常维护、检查、保养 | |
| 6 | 设备启动、停止、切换 | |
| 7 | 管线、阀门等日常故障处理 | |
| 8 | 机修间内作业 | 特种作业资质 |
| 9 | 日常吊装作业 | 司索指挥资质 |
| 10 | 物料搬运、整理(叉车作业) | 特种设备操作资质 |
| 11 | 药剂加注 | |
| 12 | 油气外输作业 | 外输方案、联合检查表 |
| 13 | 油气水取样、化验 | |
| 14 | 船舶航行、拖航作业 | 拖航方案 |
| 15 | 船舶靠/离驳平台、码头作业 | |
| 16 | 日常巡回检查 | |
| 17 | 卫生清洁 | |
| 注:通用控制要求:岗位培训/持证上岗、操作规程/维保规程/作业方案、安全检查、PPE(个人防护装备)、现场应急处置方案 | | |

2. 油田服务板块

(1)特殊作业清单(表 11-6)

表 11-6 油田服务板块特殊作业清单

| 序号 | 作业清单(括号内为易漏项目) |
| --- | --- |
| 1 | 热工作业 |
| 2 | 受限空间作业 |
| 3 | 高处作业 |
| 4 | 舷外作业(救生艇、营救艇释放和回收) |
| 5 | 电气作业(危险区域电气作业、临时用电) |
| 6 | 危险化学品使用(爆炸品、放射品使用) |
| 7 | 高压试压作业 |
| 8 | 吊系物及其他起重设施试重 |
| 9 | 吊篮吊人作业 |
| 10 | 交叉作业 |
| 11 | 潜水作业 |
| 12 | 脚手架作业 |

(2)影响设备设施完整性的作业清单(表 11-7)

表 11-7 油田服务板块影响设备设施完整性的作业清单

| 序号 | 作业清单 |
| --- | --- |
| 1 | 设备的拆除与隔离 |
| 2 | 陆地设备检修作业 |
| 3 | 海上平台设备检修作业 |
| 4 | 船舶设备检修作业 |

(3)非责任区不影响设备设施完整性的作业清单(表11-8)

表11-8　油田服务板块非责任区不影响设备设施完整性的作业清单

| 序号 | 作业清单 |
|---|---|
| 1 | 直升机、第三方设备供/受油 |
| 2 | 平台/船舶靠泊码头、船舶靠平台 |
| 3 | 第三方修理、检验 |
| 4 | 第三方作业(电测、试油、固井、下套管等) |
| 5 | 在已投产生产设施上进行安装、调试、维修、检验等 |

(4)责任区不影响设备设施完整性的作业清单(表11-9)

表11-9　油田服务板块责任区不影响设备设施完整性的作业清单

| 序号 | 作业清单 | 特别控制要求 |
|---|---|---|
| 1 | 直升机接送 | |
| 2 | 船舶航行、靠离泊作业 | 操船手册 |
| 3 | 半潜式平台卸载、压载、起/抛锚、拖带和就位作业 | 操船手册 |
| 4 | 自升式平台升/降船、拔桩、拖带、就位和压载作业 | 操船手册 |
| 5 | 物探船采集、水下作业 | 操船手册 |
| 6 | 钻、完、修井作业岗位日常操作 | 岗位技能培训 |
| 7 | 钻、完、修井,压裂、试气流程作业 | 监督指令、钻井手册等 |
| 8 | 设备设施岗位日常操作 | |
| 9 | 设备设施PMS(计划保养系统)保养 | PMS保养系统 |
| 10 | 检修间设备设施日常操作和维保 | |
| 11 | 作业材料、生活物资补给 | |
| 12 | 叉车作业 | 特种设备操作资质 |
| 13 | 日常巡回检查 | 日常巡回检查表 |
| 14 | 日常清洁 | |
| 注:通用控制要求:岗位培训/持证上岗、操作规程/维保规程/作业方案、安全检查、PPE、现场应急处置方案 | | |

3. 海洋工程板块

（1）特殊作业清单（表 11-10）

表 11-10　海洋工程板块特殊作业清单

| 序号 | 作业清单（括号内为易漏项目） |
|---|---|
| 1 | 大型起重作业 |
| 2 | 大型结构物拖拉装船作业，含 SPMT（自走式模块化平板车）装船作业 |
| 3 | 调试作业（组块及结构物称重、高压用电设备调试、水压及气密实验等） |
| 4 | 气压升顶作业（LNG 储罐穹顶结构） |
| 5 | 结构物下水就位（吊装、浮托等） |
| 6 | 潜水作业 |
| 7 | ROV（遥控无人潜水艇）作业 |
| 8 | 挖掘作业 |
| 9 | 喷砂（漆）作业 |
| 10 | 干燥惰化（容器、管线） |
| 11 | 脚手架作业 |
| 12 | 热工作业 |
| 13 | 受限空间作业 |
| 14 | 高处/舷外作业 |
| 15 | 射线作业 |
| 16 | 电气作业 |

（2）影响设备设施完整性的作业清单（表 11-11）

表 11-11　海洋工程板块影响设备设施完整性的作业清单

| 序号 | 作业清单 |
|---|---|
| 1 | 陆地作业设备检修（大型起重设备、特种设备、检验设备等） |
| 2 | 海上作业设备检修（ROV、打桩锤、灌浆机、挖沟机等） |
| 3 | 船舶设备检修（起重设备、发电机、电动机、救生艇等） |
| 4 | 船舶压载舱开舱、水下检验 |
| 5 | 设备、管线隔离 |

(3)非责任区不影响设备设施完整性的作业清单(表 11-12)

表 11-12　海洋工程板块非责任区不影响设备设施完整性的作业清单

| 序号 | 作业清单 |
|---|---|
| 1 | 已投产生产设施上进行的安装、调试、维修、检验等作业 |
| 2 | 船舶码头靠泊作业 |
| 3 | 单点/FPSO 连接、解脱 |
| 4 | 水下装置及结构物检测 |
| 5 | 工程交接投产后质保期间维护作业 |

(4)责任区不影响设备设施完整性的作业清单(表 11-13)

表 11-13　海洋工程板块责任区不影响设备设施完整性的作业清单

| 序号 | 作业清单 | 特别控制要求 |
|---|---|---|
| 1 | 车间内部、场地平面区域常规作业 | |
| 2 | 成橇总装作业 | |
| 3 | 小型机械加工作业 | |
| 4 | 钢缆插接作业 | |
| 5 | 组块及导管架常规起重作业 | 特种设备操作资质 |
| 6 | 轻/小型起重设备作业 | 特种设备操作资质 |
| 7 | 场地供风、供水、生产供电设备设施、特种车辆使用等 | 特种设备操作资质 |
| 8 | 电气仪表设备组装 | |
| 9 | 船舶航行、拖航、加油、驳油、调载、起抛锚作业 | 航行方案 |
| 10 | 进出港口、码头、船坞及靠/离驳作业 | |
| 11 | 插桩、起桩、打桩、灌浆作业 | |
| 12 | 设备日常操作(DP、张紧器、滚筒等) | |
| 13 | 带缆作业 | |
| 14 | 挖沟作业 | |
| 15 | 人工搬运 | |

续表

| 序号 | 作业清单 | 特别控制要求 |
| --- | --- | --- |
| 16 | 无损检测、测量、理化检验 | 设计方案 |
| 17 | 实验室仪表检测标定 | |
| 18 | 焊接培训与考试 | |
| 19 | 除锈刷漆作业 | |
| 20 | 卫生清洁作业 | |
| 注:通用控制要求:岗位培训/持证上岗、操作规程/维保规程/作业方案、安全检查、PPE、现场应急处置方案 | | |

4. 炼化板块

(1)特殊作业清单(表 11-14)

表 11-14 炼化板块特殊作业清单

| 序号 | 作业清单 |
| --- | --- |
| 1 | 动火作业 |
| 2 | 受限空间作业 |
| 3 | 高处作业 |
| 4 | 吊装作业 |
| 5 | 动土作业 |
| 6 | 盲板抽堵作业 |
| 7 | 临时用电作业 |
| 8 | 断路作业 |
| 9 | 射线作业 |

(2)影响设备设施完整性的作业清单(表 11-15)

表 11-15 炼化板块影响设备设施完整性的作业清单

| 序号 | 作业清单 |
| --- | --- |
| 1 | 装置内所有动静设备检修 |
| 2 | 装置区电气仪表检修 |
| 3 | 报警、连锁投用和切除 |

续表

| 序号 | 作业清单 |
| --- | --- |
| 4 | 防腐保温、砌砖、铺路面等土建施工 |
| 5 | 设备、管线隔离 |

(3)非责任区不影响设备设施完整性的作业清单(表 11-16)

表 11-16　炼化板块非责任区不影响设备设施完整性的作业清单

| 序号 | 作业清单 |
| --- | --- |
| 1 | 解吸剂、酸碱等危险化学品卸车 |
| 2 | 脚手架搭设和拆除 |

(4)责任区不影响设备设施完整性的作业清单(表 11-17)

表 11-17　炼化板块责任区不影响设备设施完整性的作业清单

| 序号 | 作业清单 | 特别控制要求 |
| --- | --- | --- |
| 1 | 生产装置操作 | 消项操作卡 |
| 2 | 动设备润滑油、脂加注 | |
| 3 | 化工助剂及催化剂的加注、更换工作 | |
| 4 | 装置保洁人员清扫地面卫生作业 | |
| 5 | 设备停送电 | 电气作业票 |
| 6 | 特种设备操作(起重、厂内机动车等) | 特种设备操作证、特种设备使用证 |
| 7 | 机泵的测温、测振、盘车 | 工单控制 |
| 8 | 定期切泵 | 消项操作卡 |
| 9 | 排凝,阀门动作实验 | 工单控制 |
| 10 | 脱液、脱水,机泵冷却水排放,除氧水采样冷却器低点排放 | 消项操作卡 |
| 11 | 阀门开关测试 | 消项操作卡 |
| 12 | 管线消压 | 消项操作卡 |
| 13 | 机泵密封油罐、过滤器等排油 | |
| 14 | 化验采样 | |

续表

| 序号 | 作业清单 | 特别控制要求 |
|---|---|---|
| 15 | 检修车间的检修作业 | 特种作业资质 |
| 16 | 装船、装车作业 | 船岸检查表、装车检查表 |
| 注:通用控制要求:岗位培训/持证上岗、操作规程/维保规程/作业方案、安全检查、PPE、现场应急处置方案 | | |

5. 气电板块

(1)特殊作业清单(表 11-18)

表 11-18 气电板块特殊作业清单

| 序号 | 作业清单(括号内为易漏项目) |
|---|---|
| 1 | 动火作业 |
| 2 | 受限空间作业 |
| 3 | 高处作业 |
| 4 | 吊装作业 |
| 5 | 动土作业 |
| 6 | 断路作业 |
| 7 | 盲板抽堵作业 |
| 8 | 临时用电作业 |
| 9 | 射线探伤作业 |
| 10 | 脚手架作业(脚手架搭设和拆除) |
| 11 | 喷砂作业 |
| 12 | 涂装作业 |
| 13 | 切除/恢复连锁与报警作业 |
| 14 | 水上水下作业(水底清淤、水上临边作业) |
| 15 | 发电厂交叉作业 |
| 16 | 发电厂重要检修作业 |
| 17 | 发电厂重大运行操作 |

(2)影响设备设施完整性的作业清单(表 11-19)

表 11-19 气电板块影响设备设施完整性的作业清单

| 序号 | 作业清单 |
| --- | --- |
| 1 | 装置内所有动设备检修 |
| 2 | 装置内所有静设备检修 |
| 3 | 装置区仪表检修 |
| 4 | 除锈、防腐、保温,土建施工 |
| 5 | 设备、管线隔离 |

(3)非责任区不影响设备设施完整性的作业清单(表 11-20)

表 11-20 气电板块非责任区不影响设备设施完整性的作业清单

| 序号 | 作业清单 |
| --- | --- |
| 1 | 防雷、防静电等检测 |
| 2 | 电气仪表系统测试、阀门测试 |

(4)责任区不影响设备设施完整性的作业清单(表 11-21)

表 11-21 气电板块责任区不影响设备设施完整性的作业清单

| 序号 | 作业清单 | 特别控制要求 |
| --- | --- | --- |
| 1 | 设备停送电、倒闸操作 | 电气作业票 |
| 2 | 取样化验 | |
| 3 | 接收站日常操作 | |
| 4 | 设备管道吹扫置换 | |
| 5 | 设备管道升压测漏 | |
| 6 | 设备日常巡检 | |
| 7 | 设备维护保养 | |
| 8 | 长输管道巡线检测作业 | |

续表

| 序号 | 作业清单 | 特别控制要求 |
| --- | --- | --- |
| 9 | 管道阀井积水清理作业 | |
| 10 | 天然气入户开通作业 | |
| 11 | 电气巡检、火气系统检查 | |
| 12 | 发电厂设备在线冲洗及清扫 | |
| 13 | 发电热力系统切换或隔离 | |
| 14 | 发电厂 6 kV 及以下电气开关停送电 | |
| 15 | 检修车间的检修作业 | 特种作业资质 |
| 16 | 装卸船、装卸车作业 | 检查表 |
| 17 | 装置保洁人员清扫地面作业 | |
| 注:通用控制要求:岗位培训/持证上岗、操作规程/维保规程/作业方案、安全检查、PPE、现场应急处置方案 | | |

6. 化工板块

(1)特殊作业清单(表 11-22)

表 11-22 化工板块特殊作业清单

| 序号 | 作业清单(括号内为易漏项目) |
| --- | --- |
| 1 | 动火作业 |
| 2 | 高处作业 |
| 3 | 受限空间作业 |
| 4 | 断路作业 |
| 5 | 临时用电作业 |
| 6 | 盲板抽堵作业 |
| 7 | 动土作业 |
| 8 | 吊装作业(吊装质量大于 10 t) |

(2)影响设备设施完整性的作业清单(表11-23)

表 11-23　化工板块影响设备设施完整性的作业清单

| 序号 | 作业清单 |
| --- | --- |
| 1 | 装置区所有施工和维修(包括装置区电气仪表故障处理、防腐保温、地面硬化、油漆等) |
| 2 | 报警、连锁投用和切除 |
| 3 | 设备、管线隔离 |

(3)非责任区不影响设备设施完整性的作业清单(表11-24)

表 11-24　化工板块非责任区不影响设备设施完整性的作业清单

| 序号 | 作业清单 |
| --- | --- |
| 1 | 车辆进入生产装置区、罐区作业 |
| 2 | 脚手架搭设、拆除 |

(4)责任区不影响设备设施完整性的作业清单(表11-25)

表 11-25　化工板块责任区不影响设备设施完整性的作业清单

| 序号 | 作业清单 | 特别控制要求 |
| --- | --- | --- |
| 1 | 装置开停车 | 确认单 |
| 2 | 工艺、设备日常巡检、操作、故障处理、机泵倒运 | |
| 3 | 电气、仪表日常巡检、操作 | |
| 4 | 危化品装卸作业:汽运、铁运槽车装卸 | 检查表 |
| 5 | 设备置换、清洗、交出 | |
| 6 | 润滑油更换与添加 | |
| 7 | 检修车间的检修作业 | 特种作业资质 |
| 8 | 特种设备操作(起重、厂内机动车等) | 特种设备操作证、特种设备使用证 |
| 9 | 消防水、泡沫、干粉等应急器材应急启用 | |
| 10 | 设备停送电作业、倒闸操作 | 电气作业票 |
| 11 | 低压设备带电作业 | |

续表

| 序号 | 作业清单 | 特别控制要求 |
|---|---|---|
| 12 | 非常规工艺处理 | |
| 13 | 化验室人员取样 | |
| 14 | 装置区卫生清洁 | |
| 注:通用控制要求:岗位培训/持证上岗、操作规程/维保规程/作业方案、安全检查、PPE、现场应急处置方案 | | |

## 7. 港口板块

(1)特殊作业清单(表 11-26)

表 11-26 港口板块特殊作业清单

| 序号 | 作业清单(括号内为易漏项目) |
|---|---|
| 1 | 动火作业 |
| 2 | 高处作业 |
| 3 | 重大件吊装作业(重量在 5 t 或长度在 12 m 以上) |
| 4 | 动土作业 |
| 5 | 受限空间作业 |
| 6 | 断路作业 |
| 7 | 临时用电作业 |
| 8 | 盲板抽堵作业 |

(2)影响设备设施完整性的作业清单(表 11-27)

表 11-27 港口板块影响设备设施完整性的作业清单

| 序号 | 作业清单 |
|---|---|
| 1 | 码头设备设施、电气仪表维修 |
| 2 | 设备设施除锈、刷漆、保温 |
| 3 | 设备、管线隔离 |

(3)非责任区不影响设备设施完整性的作业清单(表 11-28)

表 11-28　港口板块非责任区不影响设备设施完整性的作业清单

| 序号 | 作业清单 |
|---|---|
| 1 | 设备设施维护保养作业 |
| 2 | 货车运输 |

(4)责任区不影响设备设施完整性的作业清单(表 11-29)

表 11-29　港口板块责任区不影响设备设施完整性的作业清单

| 序号 | 作业清单 | 特别控制要求 |
|---|---|---|
| 1 | 特种设备操作(起重、厂内机动车等) | 特种设备操作证、特种设备使用证 |
| 2 | 人工搬运(散货、件货) | 人工搬运安全专项培训 |
| 3 | 货车运输 | 防御驾驶培训 |
| 4 | 设备设施维护保养作业 | |
| 5 | 危险货物装卸船作业 | 船岸检查表 |
| 6 | 拖轮拖带作业 | 船员和船舶证书 |
| 7 | 解系缆作业 | |
| 8 | 工艺管线、电气、仪表等日常巡检、操作 | |
| 9 | 围油栏布设作业 | |
| 10 | 港区日常清洁 | |
| 注:通用控制要求:岗位培训/持证上岗、操作规程/维保规程/作业方案、安全检查、PPE、现场应急处置方案 | | |

8. 矿山板块

(1)特殊作业清单(表 11-30)

表 11-30　矿山板块特殊作业清单

| 序号 | 作业清单(括号内为易漏项目) |
|---|---|
| 1 | 动火作业 |
| 2 | 高处作业 |
| 3 | 吊装作业(质量大于 10 t) |
| 4 | 断路作业 |
| 5 | 临时用电作业 |

(2)影响设备设施完整性的作业清单(表 11-31)

表 11-31 矿山板块影响设备设施完整性的作业清单

| 序号 | 作业清单 |
|---|---|
| 1 | 矿房顶板、巷道支护作业 |
| 2 | 浮石处理作业 |
| 3 | 重要设备、设施检修作业,如井筒、主斜井 |
| 4 | 电机车、矿车、装碴机掉道复位 |
| 5 | 井下爆破 |
| 6 | 露天爆破 |
| 7 | 斜井轨道安装与更换 |
| 8 | 井下风水管安装与拆除 |
| 9 | 三层矿分层开采转层 |
| 10 | 矿房开、竣工回采 |

(3)非责任区不影响设备设施完整性的作业清单(表 11-32)

表 11-32 矿山板块非责任区不影响设备设施完整性的作业清单

| 序号 | 作业清单 |
|---|---|
| 1 | 外来人员入井 |

(4)责任区不影响设备设施完整性的作业清单(表 11-33)

表 11-33 矿山板块责任区不影响设备设施完整性的作业清单

| 序号 | 作业清单 | 特别控制要求 |
|---|---|---|
| 1 | 设备停送电操作、倒闸操作 | 作业票 |
| 2 | 停产复工 | 复工前自查,复查,主管领导审批 |
| 3 | 人员进入采空区 | 总工程师审批 |
| 4 | 电耙转移 | 电耙转移方案 |
| 5 | 爆破器材购买、储存、领退 | 民爆物品申请单、准运证、准购证、申领单 |
| 6 | 斜井下放大型设备及超长材料 | 下放方案 |
| 注:通用控制要求:岗位培训/持证上岗、操作规程/维保规程/作业方案、安全检查、PPE、现场应急处置方案 | | |

## 二、作业许可实施程序

(一)作业许可的实施流程(图 11-2)

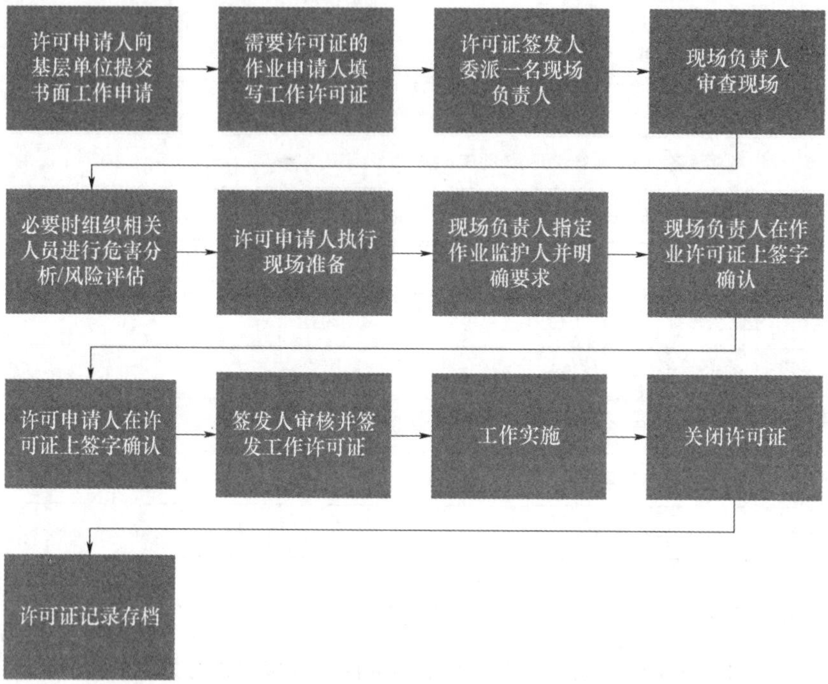


图 11-2 作业许可实施流程图

(二)作业许可的申请

1. 作业许可申请人向基层单位提交书面工作申请

在从事属于工作许可证制度管理的各项作业和活动之前,承包商(作业许可申请人)应向基层单位提交书面工作申请;说明作业的时间、地点、内容、工具(用具),每次作业的人数、人员姓名、作业程序、工作要领和安全措施。

当一项作业同时涉及多种许可作业时,应同时申请多个作业许可证。

2. 需要许可证的作业申请人填写工作许可证

凡需要许可证的作业,在进行作业前,作业许可申请人查看现场和环境状况;并在充分了解与许可证作业相关的要求后,填写作业许可证。

3. 必要时组织相关人员进行危害分析或作业风险评估

必要时作业许可申请人组织人员进行作业安全分析或作业风险评估;填写作业安全分析表或作业风险评估表。

4. 作业许可申请人依据风险评估和控制措施执行现场准备

作业许可申请人依据风险评估和控制措施执行现场准备。在许可申请人完成准备后通知现场负责人对工作区域进行检查,确认是否落实了详细的预防措施。

(三)作业许可的审批

作业许可申请人确保理解许可证所述安全要求,并承诺按照各项要求安全地进行作业后,在许可证上签名,再将许可证呈交签发人。

签发人对许可证的内容和现场进行审核,确认相应的安全保护措施已经到位后,签名批准实施该项作业。

作业审批前,要开展:①作业人员能力评估;②作业安全分析;③设备设施完整性确认;④现场作业环境检查;⑤风险预防措施落实情况核查;⑥特殊作业还应增加特殊作业风险防范措施和管理要求。

(四)作业许可的延长

作业许可证的有效期为12小时,特殊情况需延长的不得超过6小时。如果在许可证有效期内没有完成工作,作业许可申请人可申请延期。作业许可申请人、批准人及相关方应重新核查工作区域,确认所有安全措施仍然有效,作业条件未发生变化。若有新的安全要求(如夜间工作的照明)也应在申请上注明。在新的安全要求都落实以后,作业许可申请人和批准人方可在作业许可证上签字延期。许可证未经批准人和作业许可申请人签字,不得延期。

(五)作业许可的失效

当发生下列任何一种情况时,各方都有责任随时取消作业许可,停止作业。需要继续作业的,应重新办理作业许可证。

(1)作业环境和条件(包括气候及环境等对作业产生的危险条件)发生变化,许可证的风险控制措施无法有效控制时;

(2)作业内容发生改变和人员发生变化时;

(3)实际作业与作业计划发生重大偏离;

(4)发现新增风险无有效措施;

(5)发现重大安全隐患;

(6)紧急情况或事故状态。

应急警报拉响,必须从该区域撤离。

作业许可证批准签发后超过2小时没有开始作业,或作业间断超过2小时,必须重新办理许可证。

取消作业应由作业许可申请人和批准人在许可证正本上签字,副本收回。

一份作业许可证涉及多项作业时,若其中任何一项作业因上述原因被停止,其他相关作业应同时停止,本作业许可证及其涉及的其他许可证也同时被取消。

(六)作业许可的终止

作业完成后,现场负责人要检查作业区域的安全状况。

作业许可申请人应该在许可证上记录作业完成的时间,并把作业状态和作业区域的安全情况通知现场负责人。

在作业完成以及作业区域的安全条件已经恢复正常后，作业许可申请人、现场负责人和签发人必须在许可证上签字以关闭作业许可。

作业完成后，应确保做到“工完、料尽、场地清”，作业区域应恢复正常。作业许可申请人与批准人或其授权人在现场验收合格后，双方签字后方可关闭作业许可。

作业许可申请人及时通知中控值班人员，中控值班人员通过广播系统及时通报作业已正式结束。

(七)作业许可的记录及存档

作业完成后，作业负责人应将完工时间、工作质量和完成情况填写清楚并交签发人存档。作业许可证原件应由专人负责存档，并至少在现场设施上保存1年。

## 三、作业许可的要求

(一)作业许可的一般要求

所属单位应根据本单位管理需要和现场实际情况，参照《中国海油作业许可管理规定(暂行)》的作业活动分类要求，梳理作业活动和作业许可范围，建立作业许可管理体系，内容至少应包括：①许可的分类及适用范围；②许可的申请、审批、延长、终止等管理流程；③许可的管理权限；④相关人员(如许可申请人、作业人员、监护人、审核人和批准人)的职责；⑤风险分析及安全措施；⑥许可的存档管理要求。

所属单位要按照作业活动的类别执行相应的作业许可管理流程，具体参见表11-34。

表11-34　作业活动分类与作业许可类型对应表

| 作业活动分类 | 作业许可类型 |
| --- | --- |
| 第一类至第三类(红区) | 作业许可＋特殊作业许可 |
| 第四类(红区) | 特殊作业许可 |
| 第五类至第七类(黄区) | 作业许可 |
| 第八类(蓝区) | 在明确控制要求后，通常不需要作业许可，各单位有特殊要求的，可自行确定 |

关于第八类作业，各所属单位应明确通用控制要求和特别控制要求：通用控制要求包括岗位培训(持证上岗)、操作规程(维保规程)、作业方案、安全检查、PPE和现场应急处置方案；特别控制要求根据作业内容和风险确定。

所属单位应在作业许可管理体系中明确作业许可证的格式，在实操过程中认真填写、审批作业许可证，并在作业许可证的有效期内实施作业，有效期内未完工的作业须重新申请作业许可证。作业许可证应在满足现场控制要求的前提下，尽可能简单、易于操作。

各所属单位审批作业许可时，应执行一事一审批，当一项作业涉及多项作业许可时，必须同时申请多项作业许可。审批前应开展作业人员能力评估、作业安全分析、设备设施完整性确认、现场作业环境检查、风险预防措施落实情况核查，并识别是否需要特殊作业许可;特殊作业还应增加特殊作业风险防范措施和管理要求。

所属单位在甲方场地作业时,应根据甲方的HSE管理体系要求申办相应的作业许可。所属单位作为甲方时,应对承包商执行的作业许可制度提出明确要求。

作业许可申请人必须现场携带许可证的原件(白色),并告知现场相关作业人员,保证全体人员掌握许可证上的内容。

作业许可申请人应督促、检查、指导作业人员严格依照许可证的要求进行作业。

作业人员应掌握许可证上的内容,懂得使用现场防护和必要的应急设备,掌握HSE控制措施,并严格按照许可证的要求进行作业。

现场监督和作业监护人负责对作业许可制度的执行情况进行监督,确认所进行的全部工作都符合作业许可证制度的要求,监督HSE措施的落实到位和检查施工现场的HSE行为。

全体作业人员和现场单位应密切关注作业环境、作业条件、作业内容和作业人员等,确保满足作业许可证要求。

(二)作业许可的专项要求

1. 作业许可

各所属单位在进行影响设备完整性的作业或在非责任区内进行不影响设备设施完整性的作业时,应结合本单位实际情况,申请作业许可(作业范围参照前面各业务板块作业活动分类基本清单)。

2. 特殊作业许可

各所属单位进行特殊作业时,应申请相应的特殊作业许可。

(1)热工作业许可

作业人员进行直接或间接产生明火的工艺设备以外的禁火区内可能产生火焰、火花或炽热表面的非常规作业(如使用电焊、气焊、气割、喷灯、电钻、砂轮等进行的作业)时,应申请热工作业许可。

(2)高处作业许可

作业人员要在以下区域进行作业时,应申请高处作业许可:

①在距坠落高度基准面2 m及以上有可能坠落的高处;

②在平台或浮式生产储油装置常规保护区域的外侧区域;

③下方有转动机械或堆置了易伤害人的物品的地点。

(3)进入限制空间许可

作业人员需要进入到有毒或易燃气体、烟雾或蒸气已达到危险程度或空气中氧气含量过低或过多的罐、容器及某些空间内进行作业时,应申请进入限制空间作业许可证。如进入油舱、油罐(柜)、各种塔类、沉箱、长距离输油(气)管道、暗沟下水道、化学药剂罐等空间进行作业。

(4)隔离锁定许可

隔离内容主要包括两大类:

第一类是作业隔离，即对进入施工作业区域的能源流进行封隔，保障作业区域人员安全，包括对作业许可要求的隔离与锁定项目和需要进行能源隔离的施工作业。

第二类是故障隔离，即对故障的设备或阀门隔离、标识并锁定，防止误操作引发事故，包括对操作状态异常、失效或泄漏的阀门或开关和使用起来不安全、功能不正常的设备器械的隔离。

(5)吊装作业许可

利用各种吊装机具将设备、工件、器具、材料等吊起并使其发生位置变化的作业，需申请吊装作业许可。

(6)电气作业许可

作业人员对电气设备进行运行、维护、安装、检修、改造、施工、调试等作业(不含电力系统进网作业)时，应申请电气作业许可。

(7)接触危险化学品作业许可

作业人员进行接触具有易燃、易爆、有毒、有害及有腐蚀特性，会对人员、设施、环境造成伤害或损害的化学品的作业时，应申请接触危险化学品作业许可。

(8)动土作业许可

进行深度在0.5 m以上挖土、打桩、钻探、坑探、地锚入土等作业或使用推土机、压路机等施工机械进行填土或平整场地等可能对地下隐蔽设施产生影响的作业时，应申请动土作业许可。

(9)交叉作业许可

当两个或两个以上相对独立的作业在同一区域内同时进行时，应申请交叉作业许可。

(10)其他

作业人员在进行其他对操作者本人、他人及周围建(构)筑物、设备、设施的安全可能造成危害的作业时，应申请相应的特殊作业许可。

## 第二节　作业安全分析

作业安全分析(Job Safety Analysis，JSA)是目前欧美企业在安全管理中使用最普遍的一种作业安全分析与控制的管理工具。它借鉴了国外的半潜式平台风险分析单，通过工作前的过程分析，控制可能遇到的风险，消除导致事故发生的不安全行为和危险因素，努力营造一个不发生事故和伤害的工作环境。

### 一、JSA基本知识

1. JSA的定义

JSA是用来评估任何与确定的活动相关的潜在危害、保证风险最小化、结构简单的方法。

2. JSA 的目的与作用

(1)风险管理能够细化到每一个具体的作业步骤；

(2)由作业者管理自己作业中的风险；

(3)消除重大危害，减少事故的发生；

(4)通过参与对 JSA 的编写、讨论、沟通及修订等，能够提高员工对日常作业中的风险识别能力；

(5)为个人提供安全有效的工作；

(6)员工参与工作区的安全事务；

(7)提供了工作前的安全指引。

3. 哪些作业需要做 JSA

原则上所有现场作业活动都应开展作业安全分析，实施方法可采用书面和口头两种方式。接到作业活动申请后，首先应明确作业活动的内容，确定开展作业安全分析的方式。

风险较小、内容简单、作业场所经常变动的工作，可采用口头的作业安全分析。如：当日或当班要进行的作业、临时性的简单作业、有作业指导书的作业。

风险较大、内容较复杂、人员配合较多的作业应采用书面作业安全分析。如：无作业指导书的作业、偏离标准的作业、新的作业、作业指导书变更的作业、需要编制方案的作业。

4. JSA 由谁来做

JSA 工作开始之前，应确定由谁来做 JSA。一般来说，我们成立作业安全分析(JSA)小组。小组的成立，可以以文件的形式下发，正式成立；也可以寻找相关人员临时非正式成立。小组人数的多少，根据作业具体情况而定。

开展 JSA 时，作业负责人应明确执行 JSA 的人员和工作计划，要求作业负责人、参与作业的人员包括可能受到影响的人员都应参加。根据作业特点，还应邀请有知识和经验的专业人员加入。例如下列一些专业方面。

· 设备专业

能有效解答设备结构或原理等相关问题。

· 工艺、生产专业

熟悉工艺、生产操作过程、作业流程等。

· 仪表、自动控制专业

能回答涉及仪表、自动控制等相关问题。

· 承包商代表

如果作业涉及承包商，承包商人员应参与讨论涉及承包商作业环节的相关问题。

· 安全工程师

熟悉 JSA、安全技术手段、安全要求、监督检查、应急等相关问题。

·综合协调人员

如涉及单位部门间协调管理问题，能有效解决。

·一线作业人员

熟悉一线作业具体情况，能回答相关问题。

另外，在开始前，应该至少对工作现场有一次考察、调研活动。

**二、JSA 实施的基本步骤**

(1)实施作业任务的小组成员负责准备 JSA。将作业任务分解成几个关键的步骤，并将其记录在作业安全分析表中。JSA 小组成员通常为 3～4 人，要求有相关的经验。建议：有 1 位了解作业区域和生产流程设备的操作人员，有 1 位负责实施作业小组的成员和 1 位安全专业人员。

(2)审查每一步作业，分析哪一个环节会出现问题并列出相应的危害。JSA 小组可以使用由专业人员针对具体作业任务而制订的危害检查清单(根据具体作业而制定)。

(3)针对每一个危害，应对现有的控制措施的有效性进行评估。

(4)对于那些需要采取进一步控制措施的危害，可通过提问"针对这项危害如何预防与控制？我们还能做些什么以将风险控制在更低的范围?"，考虑在分析单内增加进一步的控制措施。

(5)审查完所有作业步骤后，安全主管或协调员或经理应将所有已识别的控制措施在安全分析工作表中列出，包括作业危害、控制要求、在作业期间谁负责实施执行等。

(6)安全主管或协调员或经理应将所有 JSA 文件存档，如果某项作业任务以后还可能进行，应考虑建立 JSA 数据库，以备将来审查时借鉴和使用。

(7)负责该项作业任务的监督员应确保在审批该项作业许可证时，作业安全分析表应和作业许可申请单附在一起。

(8)作业任务的监督员负责向所有参与作业的人员介绍作业危害、控制措施和限制(通常通过作业前安全会)，确保所有控制措施都按照 JSA 的要求及时实施。

## 第三节　行为安全观察

行为安全观察(Behavior-Based Safety，BBS)是基于行为安全管理方法提高员工安全意识与安全技能的一套完整的激励方法。美国杜邦公司、英国 BP 等世界知名公司在管理方法的研究基础上，提出 BBS 行为管理方法。针对不安全行为进行现场观察、分析，通过观察、表扬、讨论、沟通、启发、感谢等激励方法，与员工平等地交流讨论安全和不安全行为，促使员工认识不安全行为的危害，自愿接受安全的做法，引导和启发思考更多的安全问题，提高员工的安全意识和技能，阻止不安全行为的发生。

行为安全观察与沟通分为有计划的和随机的，有计划的行为安全观察与沟通结果可作为安全数据统计的来源；随机的行为安全观察与沟通结果不能作为安全数据统计的来源。

有计划的行为安全观察与沟通不宜由个人执行；随机的行为安全观察与沟通可由个人执行，也可以是多人的。

有计划的行为安全观察与沟通应由小组执行，各级管理人员和基层单位班组长都应参与行为安全观察与沟通。

## 一、行为安全观察与沟通的流程

(1)决定：决定行为安全观察与沟通的时间、区域。

(2)停止：靠近正在工作的员工，以致你能很清楚地看到员工正在做什么。

(3)观察：按行为安全观察与沟通报告中的观察分类，以细致和系统的方式查看员工正在做的每一件事，特别注意他们是怎么做的。

(4)行动：阻止——对员工的不安全行为进行阻止；表扬——对员工的安全行为进行表扬；讨论——与员工讨论观察到的不安全行为和可能产生的后果，对员工更为安全的工作方式进行鼓励；沟通——就如何安全地工作与员工取得一致意见，并取得员工的承诺；启发——引导员工讨论工作地点的其他安全问题；感谢——对员工的配合表示感谢。

(5)报告：在行为安全观察与沟通报告上填写观察结果。

## 二、行为安全观察的主要内容

行为安全观察应重点关注可能引发伤害的行为，应综合参考以往的伤害调查、未遂事件调查以及安全观察的结果。其内容为：

(1)人员的反应。人员在看到所在区域内有管理者时，他们是否改变自己的行为(从不安全到安全)；人员在被观察时，有时会做出反应，如改变身体姿势、调整个人防护装备、改用正确工具、抓住扶手、系上安全带等，这些反应通常表明人员知道正确的作业方法，只是由于某种原因没有采用。

(2)人员的位置。人员身体的位置是否有利于减少伤害发生的概率。

(3)个人防护装备。人员使用的个人防护装备是否合适，是否正确使用，个人防护装备是否处于良好状态。

(4)工具和设备。人员使用的工具和设备是否合适，是否正确，是否处于良好状态。

(5)程序和秩序。是否有可用的程序，人员是否理解并遵守这些程序；是否知道秩序标准，是否适合或遵守秩序标准；作业场所是否整洁有序。

(6)人机工程学。人的作业方式、心理状态、作业环境、工具设备是否符合人机工程学原则。

## 三、行为安全观察与沟通的管理要求

(1)部门、班组制订行为安全观察与沟通计划时，应考虑覆盖不同的作业时间段、覆盖所有区域和班次。

(2)部门、班组的管理人员应亲自进行行为安全观察与沟通，不得指派他人代替。

(3)部门、班组应定期、独立地执行日常行为安全观察与沟通，对行为安全观察与沟通结果进行分析、比较。

(4)部门、班组及公司建立“日观察、周分析、月小结”制度。

(5)部门、班组的管理人员每天完成一次行为安全观察与沟通，作业班组长在当班作业中每人完成一次行为安全观察与沟通，班组其他人员当班完成合计不少于一人次的行为安全观察与沟通；项目开展 6 个月以后建议部门之间相互进行行为安全观察与沟通。

(6)部门、班组主要领导每天负责回收 BBS 卡，并进行分类统计。每周召开一次分析会，对发生频次高或重复出现的不安全行为要结合本部门的实际情况制定针对性的整改措施；组织对填写行为安全观察与沟通报告不合格人员进行专项培训。每月对行为安全观察与沟通报告填写情况进行一次全面总结分析，将总结上报公司安全管理部门。

(7)公司、部门对行为安全观察与沟通报告进行统计、分析、评比、交流学习，把行为安全观察与沟通活动作为消除人的不安全行为和物的不安全状态的强有力措施，以减少违章行为，杜绝事故发生。

(8)实行行为安全观察与沟通报告评优活动，以激励全体员工在日常工作中进行行为安全观察与沟通。

(9)部门、班组每周开展一次个人、班组评优活动，公司每月开展一次部门评优活动。

(10)部门、班组对行为安全观察与沟通评优先进个人或班组应给予适当奖励，公司将行为安全观察与沟通活动情况纳入到月度综合管理考核和基层建设等级达标考核之中。

(11)公司每季度对部门、班组行为安全观察与沟通活动予以通报；管理部门每半年对公司行为安全观察与沟通活动予以通报。

第四部分

# 事故管理篇

# 第十二章　事故事件管理

## 第一节　事故事件基本知识

### 一、事故事件的概念

1. 事件

在《安全管理体系 要求》(GB/T 43500—2023)中，对于事件(incident)进行了明确的定义，即事件是指可能或已经导致伤害、健康损害、财产损失或环境破坏的情况。其中，发生伤害、损失或破坏的事件有时被称为“事故”；未发生但有可能发生伤害、损失和破坏的事件在英文中称为“near-miss”“near-hit”或“close call”，在中文中也可以称为“未遂事件”“未遂事故”。

2.“黑天鹅”事件

“黑天鹅”事件一般是指那些出乎意料发生的小概率高风险事件，一旦发生，影响足以颠覆以往任何经验，具有不可预测性。

3.“灰犀牛”事件

“灰犀牛”事件比喻大概率且影响巨大的潜在危机，这个危机有发生变化或改变的可能，是可预测的。

4. 生产安全事故

生产安全事故是指生产经营单位在生产经营活动(包括与生产经营有关的活动)中突然发生的，造成人身伤亡、设备设施损坏、环境破坏，并导致原生产经营活动(包括与生产经营活动有关的活动)暂时中止或永远终止的意外事件。

5. 安全环保事故

根据中国海洋石油集团有限公司企业标准《安全环保事故分级与调查规范》(Q/HS 4018—2021)中释义，所谓安全环保事故，是指生产经营活动中因工作原因造成人员伤害、财产损失、环境污染意外事件的总称。

6. 安全环保事件

根据中国海洋石油集团有限公司《关于安全环保事故事件分级调整及相关事项的通知》(QHSE-2024-011)中释义，安全环保事件是指1～2人轻微伤的人员伤害事件；或直接经济损失5000元以上、10万元以下的财产损失；或因环境污染造成直接经济损失10万元以下、溢油量1 t以下的海上溢油事件。

7. 潜在高后果事件

根据中国海洋石油集团有限公司企业标准《安全环保事故分级与调查规范》(Q/HS 4018—2021)中释义，所谓潜在高后果事件，是指发生多人涉险事件或C级以下事故，但其条件或环境稍有变化可能导致B级以上事故的事件(后续集团公司将在制度文件、应急预案和企业标准中修订相关事故事件统计分级标准)。

可能发生潜在高后果事件的情形包括但不仅限于：

——油气泄漏；

——着火、闪爆；

——起重作业落物或平台落物；

——船舶碰撞、搁浅、触礁；

——平台/船舶遇险；

——设施遭受碰撞造成结构损坏；

——井控事件；

——有毒有害物质泄漏；

——潜水员水下遇险；

——人员高处坠落等。

8. 可记录事件

根据中国海洋石油集团有限公司企业标准《安全环保事故分级与调查规范》(Q/HS 4018—2021)中释义，所谓可记录事件，是指与工作相关的伤害或者疾病事件导致了伤亡、工时损失、工作受限或转岗、专业医疗处理等。

9. 损失工作日事件

根据中国海洋石油集团有限公司企业标准《安全环保事故分级与调查规范》(Q/HS 4018—2021)中释义，所谓损失工作日事件，是指由于与工作相关的(疾病或伤害)导致员工工时损失的事件，损失工时可参考医疗机构出具的建议。注：发生事故的当天不记录在损失工作日之内。途中、评估和等待医疗评估结果的耗时不记录在损失工作日之内。

10. 专业医疗处理

根据中国海洋石油集团有限公司企业标准《安全环保事故分级与调查规范》(Q/HS 4018—2021)中释义，所谓专业医疗处理，是指需要专业处理和治疗的伤害或疾病，未导致工作受限/转岗或损失工作日的事件。

专业医疗处理不包括以下几部分：

——急救处理；

——仅为了观察和咨询病情而寻求医疗机构护理人员的帮助；

——实施诊断程序措施，比如X光、血液检查，包括仅为诊断的目的而服药（如使用为扩大瞳孔的滴眼液）或简单医疗处理措施等。

11. 简单医疗处理事件

根据中国海洋石油集团有限公司企业标准《安全环保事故分级与调查规范》（Q/HS 4018—2021）中释义，简单医疗处理事件（first aid）是指轻微的划痕、切伤、刀伤及擦伤等的治疗，包括且不限于以下：

——使用非处方药浓度的非处方药；

——注射破伤风疫苗（其他疫苗的注射如乙肝疫苗、狂犬病疫苗的注射则认为是专业医疗处理）；

——清洁、冲洗、浸泡皮肤表面的伤口；

——覆盖伤口而使用的绷带、纱垫等（使用其他用来愈合伤口的缝合、固定措施则是专业医疗处理措施）；

——保温或冷冻措施；

——使用非刚性的固定措施，如使用弹性绷带、包扎、非刚性背带等；

——在转移交通事故受伤者时使用的临时性的固定器具（例如薄木条、吊带、颈巾和木板等）；

——为泄压而在手、脚指甲上钻洞，给水泡放液；

——使用眼罩；

——仅用冲洗或棉签去掉眼中的异物；

——使用冲洗、小镊子、棉签或其他简单的方法来去除在眼部以外的异物、碎片；

——使用护指器具；

——使用按摩的方法；

——为减轻中暑而吸食液体。

12. 工作受限/转岗

受职业伤害和职业病的影响，由于身体或精神上的原因，不能完成一项或多项职责中的工作，但仍能完成其他工作：

——员工长期不能完成岗位全部的工作内容；

——员工暂时被安排到另一项工作。

13. 重伤

根据中国海洋石油集团有限公司《关于安全环保事故事件分级调整及相关事项的通知》（QHSE-2024-011）中释义，重伤是指损失工作日达到《企业职工伤亡事故分类》（GB 6441—1986）规定的105日以上的失能伤害，包括人肢体残废、毁人容貌、丧失听觉、丧失视觉、丧失其他器官功能或者其他对于人身健康有重大伤害的损伤，或者经医院诊断证明为重伤。

14. 轻伤

根据中国海洋石油集团有限公司《关于安全环保事故事件分级调整及相关事项的通知》(QHSE-2024-011)中释义，轻伤是指未造成重伤的损失工作日伤害。

15. 轻微伤

根据中国海洋石油集团有限公司《关于安全环保事故事件分级调整及相关事项的通知》(QHSE-2024-011)中释义，轻微伤是指未造成损失工作日的可记录伤害，包括专业医疗处理和工作受限/转岗。

**二、事故的分类**

1. 国家标准分类

《企业职工伤亡事故分类》(GB 6441—1986)将企业工伤事故分为20类，分别为物体打击、车辆伤害、机械伤害、起重伤害、触电、淹溺、灼烫、火灾、高处坠落、坍塌、冒顶片帮、透水、放炮、瓦斯爆炸、火药爆炸、锅炉爆炸、容器爆炸、其他爆炸、中毒和窒息、其他伤害等。

2. 企业标准分类

根据中国海洋石油集团有限公司企业标准《安全环保事故分级与调查规范》(Q/HS 4018—2021)中释义，所谓安全环保事故，包括物体打击、车辆伤害、机械伤害、起重伤害、触电、淹溺、高处坠落、坍塌、中毒和窒息、灼烫、火灾、爆炸、井喷失控、冒顶片帮、透水、爆破、道路交通、水体污染、大气污染、土壤污染、辐射事故、溢油、化学品泄漏、海损、其他伤害等类型。

# 第二节　事故理论原理

**一、事故因果连锁理论**

1. 海因里希因果连锁理论

海因里希在《工业事故预防》一书中提出了著名的“事故因果连锁理论”，海因里希认为，伤害事故的发生是一连串的事件，按照一定的因果关系依次发生的结果。

(1)海因里希把工业伤害事故的发生、发展过程描述为具有一定因果关系的事件的连锁，即：①发生人员伤亡是事故的结果；②事故产生于人的不安全行为和物的不安全状态；③人的不安全行为或物的不安全状态是由于人的缺点造成的；④人的缺点是由于不良环境诱发的，或者是由先天的遗传因素造成的。

(2)海因里希最初提出的事故因果连锁过程包括如下五个因素(图12-1)：

①遗传及社会环境。遗传及社会环境是造成人的性格上缺点的原因。遗传因素可能造成鲁莽、固执等不良性格；社会环境可能妨碍教育、助长性格上的缺点发展。

②人的缺点。人的缺点是使人产生不安全行为或造成机械、物质不安全状态的

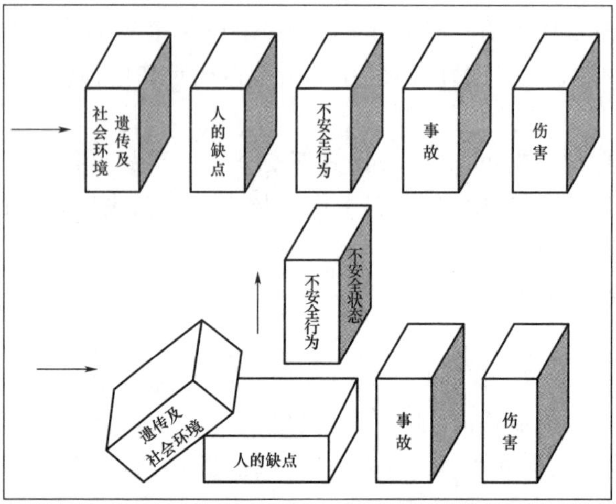


图 12-1　海因里希事故因果连锁过程

原因，它包括鲁莽、固执、过激、神经质、轻率等性格上的先天缺点，以及缺乏安全生产知识和技能等后天缺点。

③人的不安全行为或物的不安全状态。所谓人的不安全行为或物的不安全状态是指那些曾经引起过事故，或可能引起事故的人的行为，或机械、物质的状态，它们是造成事故的直接原因。例如，在起重机的吊钩下停留、不发信号就启动机器、工作时间打闹、拆除安全防护装置等都属于人的不安全行为；没有防护的传动齿轮、裸露的带电体或照明不良等都属于物的不安全状态。

④事故。是指由于物体、物质、人或放射线的作用或反作用，使人员受到伤害或可能受到伤害的、出乎意料的、失去控制的事件。坠落、物体打击等能使人员受到伤害的事件是典型的事故。

⑤伤害。是指直接由于事故产生的人身伤害。他用多米诺骨牌来形象地描述这种事故因果连锁关系，得到多米诺骨牌系列。在多米诺骨牌系列中，第一块倒下（事故的根本原因发生），会引起后面的连锁反应而倒下，其余的几块骨牌相继被碰倒，第五块倒下的就是伤害事故（包括人的伤亡与物的损失）。如果移去连锁中的一块骨牌，则连锁被隔断，发生事故的过程被中止。

该理论的最大价值在于使人认识到：如果抽出了第三块骨牌，也就是消除了人的不安全行为或物的不安全状态，即可防止事故的发生。企业安全工作的中心就是防止人的不安全行为，消除机械的或物质的不安全状态，中断事故连锁的进程而避免事故发生。

海因里希的事故因果连锁理论阐述了工业事故发生的因果连锁关系，人与物的关系，事故发生频率与伤害严重度之间的关系，不安全行为的原因，安全工作与企业其他管理职能之间的关系，以及安全与生产之间的关系等工业安全中最重要、最基本的问题。

2. 博德事故因果连锁理论

博德(Frank Bird)在海因里希事故因果连锁理论的基础上，提出了与现代安全观点更加吻合的事故因果连锁理论。

博德的事故因果连锁过程同样为5个因素，但每个因素的含义与海因里希的有所不同。博德事故因果连锁理论认为：事故的直接原因是人的不安全行为、物的不安全状态；间接原因包括个人因素及与工作有关的因素。根本原因是管理的缺陷，即管理上存在的问题或缺陷导致间接原因，间接原因又导致直接原因，最终导致事故发生。

以下是博德理论的具体解释。

(1)根本原因——控制不足/管理缺陷，该理论的一个最重要的因素是安全管理。企业管理者必须认识到，只要生产没有实现本质化安全，就有发生事故及伤害的可能性。安全管理要随着生产的发展变化而不断调整完善，由于安全管理上的缺陷如未建立和未遵守相关法规及标准，致使能够造成事故的其他原因出现。因此，安全管理系统是企业管理的重要一环。

在安全管理中，企业领导者的安全方针、政策及决策占有十分重要的位置。它包括生产及安全的目标，职工的配备，资料的利用，责任及职权范围的划分，职工的选择、训练、安排、指导及监督，信息传递，设备器材及装置的采购、维修及设计，正常及异常时的操作规程，设备的维修保养等。

(2)基本原因——起源论。为了从根本上预防事故，必须查明事故的基本原因，并针对查明的基本原因采取对策。

基本原因包括个人原因及与工作有关的原因。个人原因包括缺乏安全知识或技能、行为动机不正确、生理或心理有问题等；与工作有关的原因包括安全操作规程不健全，设备、材料不合适，以及存在温度、压力、湿度、粉尘、静电、有毒有害气体、噪声、通风、照明、工作场地状况(如打滑的地面、障碍物、不可靠支撑物、有危险的物体)等有害作业环境因素。

这方面的原因是由于管理缺陷造成的。只有找出并控制这些原因，才能有效地防止后续原因的发生，从而防止事故的发生。

所谓起源论就是在于找出问题的基本、背后的原因，而不仅停留在表面的现象上。

(3)直接原因——人的不安全行为或物的不安全状态是事故的直接原因。这种原因是安全管理中必须重点加以追究的原因。但是，直接原因只是一种表面现象，是深层次原因的表征。在实际工作中，如果只抓住了作为表面现象的直接原因而不深究其背后隐藏的深层原因，就永远不能从根本上杜绝事故的发生。要追究其背后隐藏的管理上的缺陷原因，并采取有效的控制措施，从根本上杜绝事故的发生。

作为安全管理人员，应该能够预测及发现这些作为管理缺陷的征兆的直接原因，采取适当的改善措施；同时，为了在经济上、实际上可能的情况下采取长期的控制对策，必须找出基本原因。

(4)事故——接触。从实用的目的出发，越来越多的人员从能量的观点把事故看作是人的身体、构筑物、设备与超过其阈值的能量的接触，或人体与妨碍正常生理活动的物质接触。因此，防止事故就是防止接触。为了防止接触，可以通过改进装置、材料及设施来防止能量释放，通过培训提高工人识别危险的能力、佩戴个人防护用品来实现。

(5)伤害和损坏——损失。人员伤害及财物损坏统称为损失。人员伤害包括工伤、职业病和精神创伤等。博德模型中的伤害，包括工伤、职业病，也包括了人员精神方面、神经方面或全身性的不利影响。在许多情况下，可以采取恰当的措施使事故造成的损失最大限度地减小。例如，对受伤人员进行迅速正确的抢救，对设备进行抢修以及平时对有关人员进行应急训练等。

博德的事故因果连锁理论的核心是对现场失误的背后原因进行深入研究，这个理论是在海因里希事故因果连锁理论的基础上提出的反映现代安全观点的事故因果连锁理论，是海因里希事故因果连锁理论的发展和完善。

**二、能量意外释放理论**

1961 年吉布森(Gibson)提出，事故是一种不正常的或不希望的能量释放，意外释放的各种形式的能量是构成伤害的直接原因。因此，应该通过控制能量或控制能量载体(能量达及人体的媒介)来预防伤害事故。在吉布森的研究基础上，1966 年美国运输部安全局局长哈登(Hadden)完善了能量意外释放理论，提出“人受伤害的原因只能是某种能量的转移”，并提出了能量逆流于人体造成伤害的分类方法，将伤害分为两类：第一类伤害是由于施加了超过局部或全身性损伤阈值的能量引起的；第二类伤害是由于影响了局部或全身性能量交换引起的，主要指中毒窒息和冻伤。

能量在生产过程中是不可缺少的，人类利用能量做功以实现生产目的。人类为了利用能量做功，必须控制能量。在正常生产过程中，能量受到种种约束和限制，按照人们的意志流动、转换和做功。如果由于某种原因，能量失去了控制，超越了人们设置的约束或限制而意外地逸出或释放，必然造成事故。如果失去控制的、意外释放的能量达及人体，并且能量的作用超过了人们的承受能力，人体必将受到伤害。

根据能量意外释放理论，伤害事故原因是：

(1)接触了超过机体组织(或结构)抵抗力的某种形式的过量的能量；

(2)有机体与周围环境的正常能量交换受到了干扰(如窒息、淹溺等)。

因而，各种形式的能量是构成伤害的直接原因。同时，也常常通过控制能源，或控制达及人体媒介的能量载体来预防伤害事故。机械能(动能和势能统称为机械能)、电能、热能、化学能、电离及非电离辐射、声能和生物能等形式的能量,都可能导致人员伤害,其中前四种形式的能量引起的伤害最为常见。意外释放的机械能是造成工业伤害事故的主要能量形式。处于高处的人员或物体具有较高的势能,当人员具有的势能意外释放时,就会发生坠落或跌落事故;当物体具有的势能意外释放时,将发生物体打击等事故。除了势能外,动能是另一种形式的机械能,各种运输车辆和各种机械设备的运动部分都具有较大的动能,工作人员一旦与之接触,将发生车辆伤害或机械伤害事故。现代化工业生产中广泛利用电能,当人们意外地接近或接触带电体时,可能发生触电事故而受到伤害。工业生产中广泛利用热能,生产中利用的电能、机械能或化学能可以转变为热能,可燃物燃烧时释放出大量的热能,人体在热能的作用下,可能遭受烧灼或发生烫伤。有毒有害的化学物质使人员中毒,是化学能引起的典型伤害事故。

能量意外释放理论揭示了事故发生的物理本质,为人们设计及采取安全技术措施提供了理论依据。

### 三、瑞士奶酪模型

安全管理中有一个重要的瑞士奶酪模型(图 12-2),是英国曼彻斯特大学教授 James Reason 于 1990 年提出的。大体意思是说有几片奶酪叠放在一起,每一片奶酪上都有几个穿透的孔,只有当每片奶酪上的孔正好重叠在一起时,光线才能从第一片奶酪穿透到最后一片。将奶酪片上的每一个孔比喻为安全隐患,每一片奶酪则就是我们各环节的安全管控,当所有管控环节的漏洞重合在一起时,也就是所有的管控环节都失效了,事故的发生就成为必然。

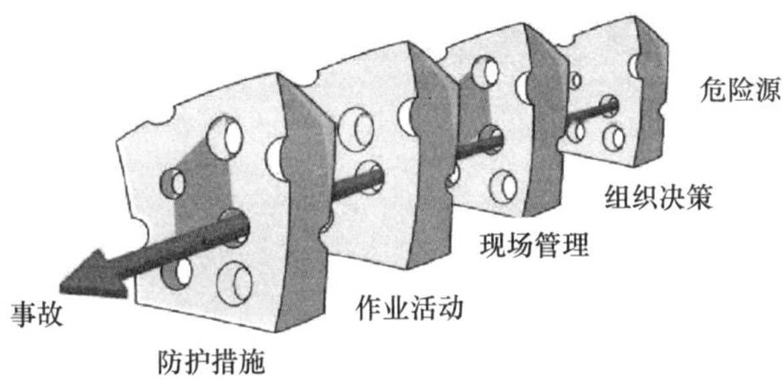


图 12-2　瑞士奶酪模型示意图

该模型认为,组织活动中发生的事故与环境影响、不安全的监督、不安全行为的前兆、不安全的操作行为四个层面的因素有关,每个层面代表一重防御体系,层面上所存在的空洞代表防御体系中存在的漏洞,这些空洞的位置、大小不是固定不变的,不安全因素就像一个不间断的光源,每个层面上的空洞同时处于一条直线上时,危险就会像光源一样瞬间穿过所有漏洞,导致事故发生。这四个层面的因素叠在一起，犹如有孔的奶酪被叠放在一起，所以被称为“瑞士奶酪模型”。

在安全管理中，奶酪理论随处可见，比如在加油站卸油环节，经常性出现静电接地报警器失效、司乘人员未按要求穿防静电服装、灭火器材布置位置不当、卸油管静电不导通等问题，之所以没有发生事故，仅仅是因为这些“奶酪上的孔洞”并没有叠放到一起，一旦达到连通将会发生严重的事故。当1‰的概率一旦出现时，它就成为100%的可能。奶酪理论带给我们三大启示：一是隐患一旦出现，如果不及时封堵，最终就一定会发生事故；二是各环节监管人员不能假定其他监管环节的人已经做了自己应该做的事，而是要把好自己的关口；三是要想保证结果100%受控，首先做到过程的100%达标。所以，管理的目标就是发现并封堵每一片奶酪上的孔洞。

**四、墨菲定律**

“墨菲定律”源于一位名叫墨菲的美国上尉。1949年，墨菲和他的上司斯塔普少校参加美国空军进行的MX981火箭减速超重实验。这个实验的目的是测定人类对加速度的承受极限。

其中有一个实验项目是将16个火箭加速度计悬空装置在受试者上方，当时有两种方法可以将加速度计固定在支架上，而不可思议的是，竟然有人有条不紊地将16个加速度计全部装在错误的位置。

于是墨菲作出这一著名的论断：如果做某项工作有多种方法，而其中有一种方法将导致事故，那么一定有人会按这种方法去做。

“墨菲定律”的内容并不复杂，道理也不深奥。但它被广泛用于安全管理理论中，关键在于它揭示了在安全管理中我们为什么不能忽视小概率事件的科学道理；揭示了安全管理必须发挥警示职能，坚持预防为主原则的重要意义；同时，它对于日常进行安全教育、提高安全管理水平具有通俗易懂的现实意义。

# 第十三章　事故报告及分析

## 第一节　国务院关于事故报告的要求

### 一、事故报告时间的限定

《生产安全事故报告和调查处理条例》(以下简称《条例》)明确规定了3个时间界限：

(1)第一个时间界限：事故发生后，事故现场有关人员应当立即向本单位负责人报告。

(2)第二个时间界限：单位负责人接到报告后，应当于1小时内向事故发生地县级以上人民政府安全生产监督管理部门和负有安全生产监督管理职责的有关部门报告。

(3)第三个时间界限：安全生产监督管理部门和负有安全生产监督管理职责的有关部门逐级上报事故情况，每级上报的时间不得超过2小时。

### 二、事故报告的内容

《条例》第十二条规定，事故报告应当包括下列内容：

(1)事故发生单位概况；

(2)事故发生的时间、地点以及事故现场情况；

(3)事故的简要经过；

(4)事故已经造成或者可能造成的伤亡人数(包括下落不明的人数)和初步估计的直接经济损失；

(5)已经采取的措施；

(6)其他应当报告的情况。

### 三、事故报告的单位和部门

《条例》第九条规定，事故发生后，事故现场有关人员应当立即向本单位负责人报告;单位负责人接到报告后,应当于 1 小时内向县级以上人民政府安全生产监督管理部门和负有安全生产监督管理职责的有关部门报告。情况紧急时,事故现场有关人员可以直接向事故发生地县级以上人民政府安全生产监督管理部门和负有安全生产监督管理职责的有关部门报告。

《条例》第十条规定,安全生产监督管理部门和负有安全生产监督管理职责的有关部门接到事故报告后,应当依照规定上报事故情况,并通知公安机关、劳动保障行政部门、工会和人民检察院。

安全生产监督管理部门和负有安全生产监督管理职责的有关部门依照规定上报事故情况,应当同时报告本级人民政府。国务院安全生产监督管理部门和负有安全生产监督管理职责的有关部门以及省级人民政府接到发生特别重大事故、重大事故的报告后,应当立即报告国务院。

必要时,安全生产监督管理部门和负有安全生产监督管理职责的有关部门可以越级上报事故情况。

“负有安全生产监管理职责的有关部门”一般的理解是指生产经营单位的行业管理机关和负有专业监督管理职责的部门。例如煤矿,它的行业主管部门是国家能源局,行业监督管理部门是国家矿业安全监察局;对于交通事故,交通部门是行业主管部门,交警支队是行业监管部门。

**四、事故补报**

《条例》第十三条规定,事故报告后出现新情况的,应当及时补报。自事故发生之日起 30 日内,事故造成的伤亡人数发生变化的,应当及时补报。道路交通事故、火灾事故自发生之日起 7 日内,事故造成的伤亡人数发生变化的,应当及时补报。

## 第二节 集团公司关于事故事件报告的要求

**一、事故事件报告原则**

按照中国海洋石油集团有限公司《关于安全环保事故事件分级调整及相关事项的通知》(QHSE-2024-011)的要求:

一是坚持“先报后认”原则。各单位在接到职责范围内的事故事件报告后,不论事件的责任方是否明确,不论事件涉及的是雇员、直接承包商、间接承包商或其他各种形式的第三方,不论事件推定是生产中的事故还是其他活动中的事故,事故单位均应在规定时间内进行“初步报告”,第一时间向集团公司应急值班中心进行报告。

二是坚持“快中求准”原则。对事故信息报告能快则快,在接到事故报告后,原则上对重要信息进行了解后立即按要求进行上报。

三是坚持“分别上报”原则。一起事故事件涉及集团公司多家所属单位时,各单位应分别向集团公司上报事故信息。

## 二、初步报告的范围

按照《中国海洋石油集团有限公司事故、事件初步报告细则》(QHSE-01-19-02)的要求:事故、事件报告的范围,包括但不限于以下内容:

(1)人员伤害(死亡、轻伤、失踪);

(2)流行性传染病、急性职业病中毒、疑似职业病等;

(3)火灾(已报警或已使用灭火器具的火险);

(4)道路交通事故(含人员轻伤、没有人员伤害及责任在对方的事故,陆地装车场地内发生的车辆事故);

(5)影响直升机正常飞行的事件、直升机非正常返航、迫降及其他更严重的事件;

(6)船舶碰撞、搁浅、触礁或沉没(造成人员伤害或双方设施非常规损坏);

(7)钻井平台拖航时发生断缆、失控;

(8)设施遭受碰撞造成结构损坏;

(9)井涌、井喷所导致的各种危险事件;

(10)钻井或生产过程中遇硫化氢;

(11)工艺管线、阀门等的破损、断裂、油气泄漏;

(12)海底油气管道、海底电缆损坏;

(13)陆地油气输送管道损坏;

(14)起重作业落物事件或平台落物造成损失;

(15)各种类型的爆炸事故;

(16)放射性物品遗失、溢散或泄漏;

(17)潜水作业中出现的威胁潜水员生命及更严重的事件;

(18)影响设施或人员安全的自然灾害(地震、海啸、台风、冰灾等)事件;

(19)其他可能对安全生产造成影响的事故事件。

## 三、报告形式和渠道

(1)各单位应严格按照集团公司规定的事故事件初报范围,及时上报事故事件。发生井涌井喷、着火爆炸、泄漏中毒、翻船沉船、溢油、人员遇险等正在持续发展或可能进一步恶化的突发事件以及人员死亡事故的,最迟不得晚于事故事件发生半小时通过电话报告至集团公司应急值班中心。其他一般C级及以上事故,须在事故发生后1小时内上报,随后再以书面形式报告。未构成事故等级的安全环保事件,须在事故发生后24小时内以书面形式报告集团公司应急值班中心。对于事故发生后短时间无法界定事故性质和责任的,应按照生产安全事故有关要求报告,再根据实际情况进行级别调整。节假日及特殊敏感时期发生的生产安全事故按照提级管理要求进行信息报送。受灾害影响或发生事故事件的单位须于每日16:00前主动将灾害影响、事故事件最新情况、应对措施等报送集团公司应急值班中心。

(2)各单位事故处理、事故跟踪督办、事故核查、事故统计分析等按照调整后的事故事件分级进行管理。各单位要督促指导所属企业和单位根据新的事故等级标准建立自上而下、及时高效的事故报告和管理机制。各级值班室要及时准确掌握动态信息和事故单位保持有效沟通，一般及以上事故执行首报、续报、终报制度，如发生事件次生情况，应按照上报时效要求进行事件续报；热点事件保持跟踪，随时续报事件最新信息。各所属单位如遇突发事件，可通过电话、微信、邮件等方式先行报告事件简要信息，稍后补报“中国海油事故事件初步报告”。

## 第三节　根本原因分析法

### 一、根本原因分析法的含义

根本原因分析（Root Cause Analysis，RCA），是一项结构化的问题处理法，用以逐步找出问题的根本原因并加以解决，而不是仅仅关注问题的表征。根本原因分析是一个系统化的问题处理过程，包括确定和分析问题原因，找出问题解决办法，并制定问题预防措施。在组织管理领域内，根本原因分析能够帮助利益相关者发现组织问题的症结，并找出根本性的解决方案。

根本原因分析法的目标是找出：①问题（发生了什么）；②原因（为什么发生）；③措施（什么办法能够阻止问题再次发生）。

所谓根本原因，就是导致我们所关注的问题发生的最基本的原因。因为引起问题的原因通常有很多，物理条件、人为因素、系统行为或流程因素等，通过科学分析，有可能发现不止一个根源性原因。

### 二、根本原因分析法的步骤

根本原因分析法最常见的一项内容是，提问为什么会发生当前情况，并对可能的答案进行记录。然后，再逐一对每个答案问一个为什么，并记录下原因。根本原因分析法的目的就是要努力找出问题的作用因素，并对所有的原因进行分析。这种方法通过反复问一个为什么，能够把问题逐渐引向深入，直到你发现根本原因。

找到根本原因后，就要进行下一个步骤：评估改变根本原因的最佳方法，从而从根本上解决问题。这是另一个独立的过程，一般被称之为改正和预防。当我们在寻找根本原因的时候，必须要记住对每一个已找出的原因也要进行评估，给出改正的办法，因为这样做也将有助于整体改善和提高。

根本原因分析作为一般性的术语，存在着一系列不尽相同的结构化的具体方法，用于解决具体的组织问题。

### 三、根本原因分析的工具

1. 因果图

这是一种描述一个结果和所有可能对它有影响的原因之间的关系的方法，其步骤包括:定义问题,作图,描述所有相关的任务,复核图表,确定纠正行动。

收集证据和梳理时间事件链后,尽快开始构思和展示事件因果图。

对“关键因素”(即关键事件与状态)展开三层原因剖析:

(1)针对每一个关键因素,分析直接原因(行为和状态);

(2)针对每一个直接原因,找出间接原因(个人因素和工作因素);

(3)针对每一个间接原因,识别系统原因(管理系统的缺陷)。

“关键因素”是指那些关键的负面的、对事故的发生起推动作用的事件、行为或状态,如果这些因素不存在,可以预防事故的发生,或减少事故的严重性或发生的概率。通常包括人员失误、设备故障、不合适的环境状态、失效的防护屏障和意外的能量流等。

根源分析过程从根本上解决了事故的关键因素“为什么发生”的问题。通过连续的、逐级的、分层的提问“为什么”,层层剥开,入木三分,挖掘埋在组织深处的系统原因,才能斩草除根。

2. 头脑风暴法

头脑风暴法是揭示所有可能的原因和所有的选择方案并推导出纠正措施的最有效的一种方法。

头脑风暴法规则:决不批评任何一个想法;快速地写下每个想法并保持思维流畅;鼓励在他人意见的基础上提出想法;鼓励发散性的思考;将规则张贴在团队成员都能看见的地方。指派一个记录员将各种想法写在纸上,要使讨论充满乐趣,记住即使愚蠢的想法也可能引发他人想出一个有用的点子。

3. 因果分析——鱼骨图

(1)清楚地陈述问题或目标;

(2)确认3～6个主要的原因类别;

(3)运用头脑风暴法在每个类别下填写原因,并将每个原因联系到主要类别上去;

(4)针对每个原因思考可能对其起作用的因素,把这些因素放在从原因出发的一条线上;

(5)讨论每个因素和它如何对某个原因起作用,将该信息列在原因旁;

(6)对最可能的原因达成一致,将它们圈出来,寻找那些重复出现的原因;

(7)统计将采取的步骤,以收集数据确认原因或通过采取纠正措施消除原因。

第五部分

# 应急救援篇

# 第十四章　应急管理概述

## 第一节　突发事件概述

### 一、突发事件的特点

“突发事件”如今已经成为大家耳熟能详的一个词语，从词语构成来看，突发事件包括“突发”和“事件”两个词汇，指突然发生的大事情。“突发”，顾名思义就是突如其来、出乎预料、令人猝不及防；“事件”，按照《辞海》的解释，则是指历史上或社会上发生的大事情。概言之，“突发事件就是人们尚未认识到的在某种必然因素支配下瞬间产生的、给人们和社会造成严重危害、损失且需要立即处理的破坏性事件”。

《中华人民共和国突发事件应对法》(以下简称《突发事件应对法》)第三条规定：“本法所称突发事件，是指突然发生，造成或者可能造成严重社会危害，需要采取应急处置措施予以应对的自然灾害、事故灾难、公共卫生事件和社会安全事件。”根据这个定义，突发事件具有如下特点。

1. 突发性

突发性是从突发事件的发生形式而言的，对应定义中的“突然发生”，也就是古人所谓的“疾雷不及掩耳，迅电不及瞑目”。事件在短时间突然发生，出乎预料，“祸从天降”。在《说文解字》中，东汉语文学家许慎对“突”字的解释是：“犬从穴中暂出也。从犬在穴中。”意为一条狗突然从狗洞里窜出，吓人一跳。突发事件的突发性，表现在人们对何时、何地、因何原因、发生何事、造成哪些危害等，事先缺乏科学全面的认知，因而很难在事前进行准确规划或做好充分准备。

2. 危害性

危害性是从突发事件造成的影响和后果而言的，对应定义中的“造成或者可能造成严重社会危害”。突发事件发生后，会对生命财产、生态环境、社会秩序、公共安全或国家安全造成危害。这些危害包括客观损失(如人员伤亡、经济损失、环境影响、社会秩序破坏等)，也包括主观影响(如政治影响、社会影响、媒体关注度、敏感程度等)。有些危害是暂时的，随着突发事件的结束而逐步消除；有些危害则是长期的，少则几年，多则几十年甚至数百上千年。

3. 紧急性

紧急性是从突发事件应对的要求而言的，对应定义中的“需要采取应急处置措施予以应对”。紧急性，也就是人们所说的“危在旦夕”，必须火速行动，防止事态进一步失控。《突发事件应对法》第一条规定，立法的目的是“控制、减轻和消除突发事件引起的严重社会危害”，“保护人民生命财产安全，维护国家安全、公共安全、环境安全和社会秩序”。

4. 公共性

公共性是从突发事件的影响范围而言的，对应定义中的“自然灾害、事故灾难、公共卫生事件和社会安全事件”。突发事件危及的是公共安全，即对“不特定多数人”的生命安全、身体健康以及财产安全、生态环境安全、经济社会发展甚至国家安全造成威胁，这种威胁覆盖的范围是公域，而不是家庭、企业等私域。

**二、突发事件的分类**

根据《突发事件应对法》第三条规定，突发事件主要包括自然灾害、事故灾难、公共卫生事件和社会安全事件。

1. 自然灾害

自然灾害是指由于自然异常变化造成的人员伤亡、财产损失、社会失稳、资源破坏等现象或一系列事件，主要包括水旱灾害、气象灾害、地震灾害、地质灾害、海洋灾害、生物灾害和森林草原火灾等。自然灾害也就是人们常说的“天灾”，由自然因素直接所致。

2. 事故灾难

事故灾难是指直接由人的生产生活活动引发，在生产生活中突然发生，伤害人身安全和健康、损坏设备设施、造成经济损失或环境污染，导致活动暂时中止或永远终止的意外事件。事故灾难主要包括工矿商贸等企业的各类生产安全事故、交通运输事故、公共设施和设备事故、环境污染和生态破坏事件等。事故灾难一般属于“人祸”，通常由人们无视规则的行为所致。

3. 公共卫生事件

公共卫生事件是指突然发生，造成或者可能造成社会公众健康严重损害的事件，主要包括传染病疫情、群体性不明原因疾病、食品安全和职业危害、动物疫情以及其他严重影响公众健康和生命安全的事件。公共卫生事件通常由自然因素和人为因素共同所致。

4. 社会安全事件

社会安全事件是指突然发生，严重威胁社会治安秩序和公民生命财产安全，需要采取特别措施进行应急处置的事件，主要包括恐怖袭击事件、经济安全事件、涉外突发事件和群体性事件等。社会安全事件通常由一定的社会问题诱发。

需要注意的是，突发事件的分类是相对的。在现代社会，很多突发事件具有交叉关联的特点，相互之间耦合转化、连锁联动，共同构成一个复杂的综合体。一方面，有的突发事件本身具有多重属性，在事件起因、发展过程、影响后果等方面同时兼具自然的、人为的、技术的因素；另一方面，各类突发事件之间相互影响、相互作用，"你中有我，我中有你"，产生各种次生、衍生影响，形成复杂的事件链。

### 三、突发事件的分级

突发事件可以划分为不同的等级，根据《突发事件应对法》第三条，按照社会危害程度、影响范围等因素，自然灾害、事故灾难、公共卫生事件分为特别重大、重大、较大和一般四级。

## 第二节 应急管理

### 一、应急管理的定义

对于应急管理的理解，可以从这个中文术语所蕴含的基本概念入手。这需要依次理清三个层次的概念：急、应急、应急管理。

"急"，有紧急、危急之意。突发事件、危机、紧急事态等概念代表着这样的"急"。可以说，突发事件就是"急"；"急"是应急管理的缘起。

"应急"在中文里是一个新词，在2009年版的《辞海》中并无此词条。对于"应"，根据《辞海》的解释，"应"有应付、对待之意。据此，各种突发事件应对活动（包括技术层面和认识层面的各种方法手段）都是"应急"。可以说，"应急"等同于"突发事件应对"。

由此，"应急管理"，就是对"应急"活动的管理，亦即对各种突发事件应对活动的管理。应急管理既是突发事件应对活动的内在组成部分，也是对其他突发事件应对活动的管理。根据以上分析，并依据《突发事件应对法》的表述，可以给出如下定义：

应急管理是指政府和其他管理主体对突发事件的预防与应急准备、监测与预警、应急处置与救援、事后恢复与重建中的各种应对活动的管理；应急管理也是公共安全管理的一个重要组成部分。

### 二、应急管理组织机构

中海油发布文件《中国海洋石油集团有限公司应急管理办法》提到，集团公司应急管理组织机构分为集团公司应急管理组织、所属单位应急管理组织、各作业单位应急组织、现场应急组织。

集团公司应急管理组织，是为应对重大突发事件，集团公司总部建立应急管理组织机构，由集团公司应急委员会（以下简称"应急委员会"）、集团公司应急委员会办公室(以下简称"应急委员会办公室",下设应急值班中心)、资源协调行动组(根据需要下设专家组)、公共关系法律组、后勤支持保障组、资金保险组、派出工作组(根据需要设置)等组成,集团公司应急委员会是集团公司系统应急响应和危机管理的最高决策机构。

所属单位应急管理组织是突发事件发生时的关键指挥层,是现场处理应急事件的直接领导单位,是所辖范围的最高管理决策机构,在防止事态扩大、防止事件产生严重后果和组织调动当地资源中负有不可替代的作用。各所属单位应针对可能发生的突发事件的性质、特点及潜在的危害,明确规定应急组织体系和职责分工。根据事故类型和应急工作需要,完善应急管理组织机构,可设置相应的应急委员会、应急领导小组、应急工作组等,并明确各组的工作任务及职责。发生突发事件时,根据应急响应工作量、类型和范围以及所需支持部门的类型,按需及时启动相关应急组织。

各作业单位应急组织是应对突发事件的一线组织,大多数事件可以通过各作业单位的努力,达到有效控制事态扩大的目的。

**三、应急管理组织机构职责**

1. 集团公司应急委员会

应急委员会是集团公司系统应急响应和危机管理的最高决策机构,主要职责如下:

(1) 重大事项决策;

(2) 为应急事件提供支持、协调;

(3) 向国家政府部门报告情况;

(4) 组织向社会公众公布事件信息,舆情危机管理;

(5) 公布、修订集团公司应急管理制度及《集团公司综合/专项应急预案》;

(6) 审查所属单位应急预案、应急计划,验收各单位应急指挥中心;

(7) 主要应急管理人员应按照《集团公司综合/专项应急预案》中的职责规定开展应急响应和管理工作。

2. 所属单位

(1) 编制和修订应急预案、应急计划,确定应对各种突发事件的程序;

(2) 建立和更新 24 小时应急值班制度,与集团公司应急值班中心做好衔接;

(3) 建立健全本单位的应急组织机构和应急管理责任制;

(4) 建立和完善应急指挥中心的办公场所;

(5) 定期组织应急培训和演练;

(6) 指挥和协助作业单位处理现场突发事件;

(7) 处置管辖范围的其他突发事件;

(8) 落实和调动可以动用的应急资源;

(9) 向集团公司报告突发事件的动态,按实际情况向集团公司提出支援请求;

(10) 发生应急事件时，各级负责应急响应工作的领导在接到应急事件报告后，必须在第一时间赶到应急指挥中心(应急办公室)或事故现场，组织抢险；

(11) 各单位的应急指挥中心启动或开始应急值班时，应同时通知集团公司应急值班中心或应急委员会办公室；

(12) 按照法律法规要求向当地主管政府部门报告事件(事故)情况，各单位向各级政府主管部门报告的有关健康、安全、环保方面的事件(事故)，应同时报告集团公司质量健康安全环保部；

(13) 依据集团公司授权向当地媒体及公众发布信息；

(14) 贯彻执行集团公司应急委员会的应急决策；

(15) 完整、准确记录应急响应事项，妥善保存相关原始资料和证据；

(16) 应急响应结束后组织恢复工作；

(17) 总结评估应急事件，并向集团公司应急委员会办公室提交报告。

3. 各作业单位、现场

(1) 设立现场指挥部，组织现场应急抢险救助；

(2) 在得到授权时向媒体发布信息；

(3) 及时向上级报告突发事件状况；

(4) 执行上级应急指令；

(5) 完整、准确记录应急响应事件，妥善保存相关原始资料和证据；

(6) 维护现场救生、消防、溢油回收等应急资源，使其处于可用状态；

(7) 定期组织应急培训与演练；

(8) 编制并定期修订应急预案和应急处置方案。

# 第十五章　应急预案及其演练

## 第一节　应急预案概述

### 一、应急预案的含义

根据 2021 年正式实施的《生产经营单位生产安全事故应急预案编制导则》(GB/T 29639—2020),应急预案是指各级政府及其部门、基层组织、企事业单位、社会团体等为依法、迅速、科学、有序应对突发事件,最大限度减少突发事件及其造成的损害而预先制定的工作方案。

### 二、应急预案的分类

《生产经营单位生产安全事故应急预案编制导则》中规定,生产经营单位的应急预案体系主要由综合应急预案、专项应急预案和现场处置方案构成。生产经营单位应根据有关法律、法规和相关标准,结合本单位组织管理体系、生产规模和可能发生的事故特点,科学合理确立本单位的应急预案体系,并注意与其他类别应急预案相衔接。

1. 综合应急预案

综合应急预案是生产经营单位为应对各种生产安全事故而制定的综合性工作方案,是本单位应对生产安全事故的总体工作程序、措施和应急预案体系的总纲。

2. 专项应急预案

专项应急预案是生产经营单位为应对某一种或多种类型生产安全事故,或者针对重要生产设施、重大危险源、重大活动防止生产安全事故而制定的专项工作方案。

专项应急预案与综合应急预案中的应急组织机构、应急响应程序相近时,可不编写专项应急预案,相应的应急处置措施并入综合应急预案。

3. 现场处置方案

现场处置方案是生产经营单位根据不同生产安全事故类型,针对具体的场所、装置或设施所制定的应急处置措施。现场处置方案重点规范事故风险描述、应急工作职责、应急处置措施和注意事项，应体现自救互救、信息报告和先期处置的特点。

**三、应急预案的定位**

集团公司综合/专项应急预案是综合性的场外预案，是公司总体、全面的预案，以场外指挥与集中协调为主，侧重在应急响应的组织协调、向国家主管部门报告、法律、商务及媒体管理。

所属单位的应急预案是区域性综合性预案及专项预案的结合，是针对某一特定区域或某一专业领域的突发事件，侧重组织对现场突发事件的减损、救助、抢险和灾后恢复。应急预案应充分利用社会应急资源，与地方政府预案、上级主管单位以及相关部门的预案相衔接。所属单位的应急预案由综合应急预案和专项应急预案构成。

各作业单位、现场的应急处置预案属场(厂)内应急预案，是以现场设施、活动或场所为具体目标，针对某一重大工业危险源、特大工程项目、施工现场或拟组织的一项大规模公众集聚活动，要求具体、简单、针对性强，强调具体的应急救援对象和应急活动的实践性。场(厂)内应急预案由综合(专项)应急预案和现场应急处置方案组成，现场处置方案应根据风险评估及危险性控制措施逐一编制，应编制重点岗位应急处置卡，做到相关人员应知应会，熟练掌握，并通过应急演练，做到迅速反应、正确处置。

## 第二节　应急预案编制与修订

**一、应急预案编制**

《中国海洋石油集团有限公司应急管理办法》明确指出，编制应急预案前，编制单位应当进行事故风险辨识和评估、应急资源调查和应急能力评估。预案制定应当在评价与潜在风险相适应的应急资源和能力的基础上，选择最现实、最有效的应急策略，包括可调度的应急资源和保障。

风险辨识和评估针对不同事故种类及特点，识别存在的危险有害因素，分析事故可能产生的直接后果以及次生、衍生后果，评估各种后果的危害程度和影响范围，提出防范和控制事故风险措施的过程。风险辨识和评估是应急预案编制的基础和关键过程，应结合作业现场实际组织开展，可参考专业评价和分析报告中的相关内容。

应急资源调查，是全面调查本地区、本单位第一时间可以调用的应急资源状况和合作区域内可以请求援助的应急资源状况，并结合事故风险评估结论制定应急措施的过程。应急资源调查包括应急人员、应急设施(设备)、装备和物资等。

依据风险辨识和评估的结果，对已有的应急资源和应急能力进行评估，明确应急救援的需求和不足。应急能力包括应急组织机构、响应、指挥和联动机制、人员的技术、经验和接受的培训等。

《生产经营单位生产安全事故应急预案编制导则》(GB/T 29639—2020)明确指出，生产经营单位应急预案编制程序包括成立应急预案编制工作组、资料收集、风险评估、应急资源调查、应急预案编制、桌面推演、应急预案评审和批准实施八个步骤。

1. 成立应急预案编制工作组

结合本单位职能和分工，成立以单位有关负责人为组长，单位相关部门人员(如生产、技术、设备、安全、行政、人事、财务人员)参加的应急预案编制工作组，明确工作职责和任务分工，制订工作计划，组织开展应急预案编制工作。预案编制工作组中，应邀请相关救援队伍以及周边相关企业、单位或社区代表参加。

2. 资料收集

应急预案编制工作组应收集下列相关资料：

(1)适用的法律法规、部门规章、地方性法规和政府规章、技术标准及规范性文件；

(2)企业周边地质、地形、环境情况及气象、水文、交通资料；

(3)企业现场功能区划分、建(构)筑物平面布置及安全距离资料；

(4)企业工艺流程、工艺参数、作业条件、设备装置及风险评估资料；

(5)本企业历史事故与隐患、国内外同行业事故资料；

(6)属地政府及周边企业、单位应急预案。

3. 风险评估

开展生产安全事故风险评估，撰写评估报告，其内容包括但不限于：

(1)辨识生产经营单位存在的危险有害因素，确定可能发生的生产安全事故类别；

(2)分析各种事故类别发生的可能性、危害后果和影响范围；

(3)评估确定相应事故类别的风险等级。

4. 应急资源调查

全面调查和客观分析本单位以及周边单位和政府部门可请求援助的应急资源状况，撰写应急资源调查报告，其内容包括但不限于：

(1)本单位可调用的应急队伍、装备、物资、场所；

(2)针对生产过程及存在的风险可采取的监测、监控、报警手段；

(3)上级单位、当地政府及周边企业可提供的应急资源；

(4)可协调使用的医疗、消防、专业抢险救援机构及其他社会化应急救援力量。

5. 应急预案编制

应急预案编制应当遵循以人为本、依法依规、符合实际、注重实效的原则，以应急处置为核心，体现自救互救和先期处置的特点，做到职责明确、程序规范、措施科学,尽可能简明化、图表化、流程化。应急预案编制工作包括但不限于下列：

(1)依据事故风险评估及应急资源调查结果,结合本单位组织管理体系、生产规模及处置特点,合理确立本单位应急预案体系；

(2)结合组织管理体系及部门业务职能划分,科学设定本单位应急组织机构及职责分工；

(3)依据事故可能的危害程度和区域范围,结合应急处置权限及能力,清晰界定本单位的响应分级标准,制定相应层级的应急处置措施；

(4)按照有关规定和要求,确定事故信息报告、响应分级与启动、指挥权移交、警戒疏散方面的内容,落实与相关部门和单位应急预案的衔接。

6. 桌面推演

按照应急预案明确的职责分工和应急响应程序,结合有关经验教训,相关部门及其人员可采取桌面演练的形式,模拟生产安全事故应对过程,逐步分析讨论并形成记录,检验应急预案的可行性,并进一步完善应急预案。

7. 应急预案评审

(1)评审形式

应急预案编制完成后,生产经营单位应按法律法规有关规定组织评审或论证。参加应急预案评审的人员可包括有关安全生产及应急管理方面的、有现场处置经验的专家。应急预案论证可通过推演的方式开展。

(2)评审内容

应急预案评审内容主要包括风险评估和应急资源调查的全面性、应急预案体系设计的针对性、应急组织体系的合理性、应急响应程序和措施的科学性、应急保障措施的可行性、应急预案的衔接性。

(3)评审程序

应急预案评审程序包括下列步骤：

①评审准备。成立应急预案评审工作组,落实参加评审的专家,将应急预案、编制说明、风险评估、应急资源调查报告及其他有关资料在评审前送达参加评审的单位或人员。

②组织评审。评审采取会议审查形式,企业主要负责人参加会议,会议由参加评审的专家共同推选出的组长主持,按照议程组织评审；表决时,应有不少于出席会议专家人数的三分之二同意方为通过；评审会议应形成评审意见(经评审组组长签字),附参加评审会议的专家签字表。表决的投票情况应以书面材料记录在案,并作为评审意见的附件。

③修改完善。生产经营单位应认真分析研究,按照评审意见对应急预案进行修订和完善。评审表决不通过的,生产经营单位应修改完善后按评审程序重新组织专家评审,生产经营单位应写出根据专家评审意见的修改情况说明,并经专家组组长签字确认。

8. 批准实施

通过评审的应急预案，由生产经营单位主要负责人签发实施。

**二、应急预案修订**

根据《中国海洋石油集团有限公司应急管理办法》要求，原则上集团公司和各所属单位应至少每 3 年修订一次应急预案。现场应急处置方案依据演练和实际情况修订。

有下列情形之一的，所属单位应当对应急预案及时修订并备案：

(1)依据的法律、法规、规章、标准及上位预案中的有关规定发生重大变化的；

(2)应急指挥机构及其职责发生调整的；

(3)安全生产面临的风险发生重大变化的；

(4)重要应急资源发生重大变化的；

(5)预案中的其他重要信息发生变化的；

(6)在应急演练和事故应急救援中发现需要修订预案的重大问题的；

(7)编制单位认为应当修订的其他情况。

## 第三节　应急演练

**一、应急演练的概念与目的**

1. 应急演练的概念

国务院应急管理办公室发布的《突发事件应急演练指南》将应急演练定义为：各级人民政府及其部门、企事业单位、社会团体等组织相关单位及人员，依据有关应急预案，模拟应对突发事件的活动。

2. 应急演练的目的

依据《突发事件应急演练指南》，演练的目的包括：

(1)检验预案。通过开展应急演练，查找应急预案中存在的问题，进而完善应急预案，提高应急预案的实用性和可操作性。

(2)完善准备。通过开展应急演练，检查应对突发事件所需应急队伍、物资、装备、技术等方面的准备情况，发现不足并及时予以调整补充，做好应急准备工作。

(3)锻炼队伍。通过开展应急演练，增强演练组织单位、参与单位和人员等对应急预案的熟悉程度，提高其应急处置能力。

(4)磨合机制。通过开展应急演练，进一步明确相关单位和人员的职责任务，理顺工作关系，完善应急机制。

(5)科普宣教。通过开展应急演练，普及应急知识，提高公众风险防范意识和自救互救等灾害应对能力。

**二、应急演练的基本类型**

应急演练按组织形式划分可分为桌面演练、实战演练、指挥演练、综合演练；按内容划分，应急演练可分为单项演练和综合演练；按目的与作用划分，应急演练可分为检验性演练、示范性演练和研究性演练。不同类型的演练相互组合，可以形成单项桌面演练、综合桌面演练、单项实战演练、综合实战演练、示范性单项演练、示范性综合演练等。

桌面演练适用于应急指挥、处置救援、基层公众等各类人员和组织的演练。桌面演练是指演练组织方利用文字、图片、地图、沙盘、视频资料等方式描述突发事件场景，引导参演人员口头或书面提出应急决策意见或行动意见的方式。桌面演练通常在室内完成。

实战演练适用于基层自救互救演练、救援队伍操练和拉练、媒体沟通演练、突发事件现场服务、突发事件信息报告演练等。实战演练是指演练组织方构建或描述一定的突发事件场景，参演人员实际开展必要的处置与沟通行动的方式。实战演练需要在模拟的或真实的突发事件处置或沟通的场地进行。

指挥演练适用于针对各级应急指挥机构或多机构组成的应急指挥体系的演练，是指挥部组成人员、指挥部工作人员、保障人员参加的演练。指挥演练是指演练组织方广泛使用文字材料、流程图、地图、沙盘、计算机模拟、视频会议、相关人员角色扮演等各种方式，动态模拟虚拟的突发事件场景，引导参演人员演练应急处置决策、沟通、执行等行动。指挥演练通常在模拟的或真实的突发事件应对指挥中心、指挥车、现场搭建的指挥场地进行。

综合演练是将实战演练和指挥演练融合在一起的演练。综合演练是指演练组织方通过布置生动逼真的突发事件现场，引导参演的指挥机构人员、现场处置救援人员、受影响的群众等利用应急处置相关工具和物资，通过实际决策、行动和操作，完成真实应急响应。综合演练需要在模拟或真实的应急指挥场所、模拟的突发事件发生场所等地点举行。

**三、应急演练的实施**

为规范演练设计和推动无脚本、高挑战性的应急演练，在进行演练场景设计时，有必要区分演练底本和演练脚本两个概念。演练底本是初始场景信息、动态信息、预期行动的信息集，是检验研究性演练的组织方向参演人员注入演练信息的依据。演练脚本既包括对突发事件场景的描述，也包括对参演人员语言行为的详细规定，是展示示范性演练所依据的“剧本”，是演练参演人员照说照做的依据。只有突出演练底本、淡化演练脚本的重要性，才能尽快扭转重演轻练的倾向，也才能使“双盲演练”“红蓝对抗演练”等创新性演练形式规范化、科学化。

1. 制订演练计划

演练计划由文案组编制，经策划部审查后报演练领导小组批准。主要内容包括：

(1)确定演练目的。明确举办应急演练的原因、演练要解决的问题和期望达到的效果等。

(2)分析演练需求。在对事先设定事件的风险及应急预案进行认真分析的基础上,确定需调整的演练人员、需锻炼的技能、需检验的设备、需完善的应急处置流程和需进一步明确的职责等。

(3)确定演练范围。根据演练需求、经费、资源和时间等条件的限制,确定演练事件类型、等级、地域、参演机构及人数、演练方式等。演练需求和演练范围往往相互影响。

(4)安排演练准备与实施的日程计划。包括各种演练文件编写与审定的期限、物资器材准备的期限、演练实施的日期等。

(5)编制演练经费预算。明确演练经费筹措渠道。

2. 设计演练方案

演练方案由文案组编写,通过评审后由演练领导小组批准,必要时还需报有关主管单位同意并备案。主要内容包括:

(1)确定演练目标

演练目标是需完成的主要演练任务及其达到的效果,一般说明"由谁在什么条件下完成什么任务,依据什么标准,取得什么效果"。演练目标应简单、具体、可量化、可实现。一次演练一般有若干项演练目标,每项演练目标都要在演练方案中有相应的事件和演练活动予以实现,并在演练评估中有相应的评估项目判断该目标的实现情况。

(2)设计演练情景与实施步骤

演练情景要为演练活动提供初始条件,还要通过一系列的情景事件引导演练活动继续,直至演练完成。演练情景包括演练场景概述和演练场景清单。

①演练场景概述。要对每一处演练场景的概要进行说明,主要说明事件类别、发生的时间地点、发展速度、强度与危险性、受影响范围、人员和物资分布、已造成的损失、后续发展预测、气象及其他环境条件等。

②演练场景清单。要明确演练过程中各场景的时间顺序列表和空间分布情况。演练场景之间的逻辑关联依赖于事件发展规律、控制消息和演练人员收到控制消息后应采取的行动。

(3)设计评估标准与方法

演练评估是通过观察、体验和记录演练活动,比较演练实际效果与目标之间的差异,总结演练成效和不足的过程。演练评估应以演练目标为基础。每项演练目标都要设计合理的评估项目方法、标准。根据演练目标的不同,可以用选择项(如:是/否判断,多项选择)、主观评分(如:1—差,3—合格,5—优秀)、定量测量(如:响应时间、被困人数、获救人数)等方法进行评估。

为便于演练评估操作,通常事先设计好评估表格,包括演练目标、评估方法、评价标准和相关记录项等。有条件时还可以采用专业评估软件等工具。

(4)编写演练方案文件

演练方案文件是指导演练实施的详细工作文件。根据演练类别和规模的不同，演练方案可以编为一个或多个文件。编为多个文件时可包括演练人员手册、演练控制指南、演练评估指南、演练宣传方案、演练脚本等，分别发给相关人员。对涉密应急预案的演练或不宜公开的演练内容，还要制定保密措施。

①演练人员手册。内容主要包括演练概述、组织机构、时间、地点、参演单位、演练目的、演练情景概述、演练现场标识、演练后勤保障、演练规则、安全注意事项、通信联系方式等，但不包括演练细节。演练人员手册可发放给所有参加演练的人员。

②演练控制指南。内容主要包括演练情景概述、演练事件清单、演练场景说明、参演人员及其位置、演练控制规则、控制人员组织结构与职责、通信联系方式等。演练控制指南主要供演练控制人员使用。

③演练评估指南。内容主要包括演练情景概述、演练事件清单、演练目标、演练场景说明、参演人员及其位置、评估人员组织结构与职责、评估人员位置、评估表格及相关工具、通信联系方式等。演练评估指南主要供演练评估人员使用。

④演练宣传方案。内容主要包括宣传目标、宣传方式、传播途径、主要任务及分工、技术支持、通信联系方式等。

⑤演练脚本。对于重大综合性示范演练，演练组织单位要编写演练脚本，描述演练事件场景、处置行动、执行人员、指令与对白、视频背景与字幕、解说词等。

(5)演练方案评审

对综合性较强、风险较大的应急演练，评估组要对文案组制定的演练方案进行评审，确保演练方案科学可行，以确保应急演练工作的顺利进行。

3. 演练动员与培训

在演练开始前要进行演练动员和培训，确保所有演练参与人员掌握演练规则、演练情景和各自在演练中的任务。

所有演练参与人员都要经过应急基本知识、演练基本概念、演练现场规则等方面的培训。对控制人员要进行岗位职责、演练过程控制和管理等方面的培训；对评估人员要进行岗位职责、演练评估方法、工具使用等方面的培训；对参演人员要进行应急预案、应急技能及个体防护装备使用等方面的培训。

4. 应急演练保障

(1)人员保障

演练参与人员一般包括演练领导小组、演练总指挥、总策划、文案人员、控制人员、评估人员、保障人员、参演人员、模拟人员等，有时还会有观摩人员等其他人员。在演练的准备过程中，演练组织单位和参与单位应合理安排工作，保证相关人员参与演练活动的时间；通过组织观摩学习和培训，提高演练人员的素质和技能。

(2)经费保障

演练组织单位每年要根据应急演练规划编制应急演练经费预算，纳入该单位的年度财政(财务)预算,并按照演练需要及时拨付经费。对经费使用情况进行监督检查,确保演练经费专款专用,节约高效。

(3)场地保障

根据演练方式和内容,经现场勘察后选择合适的演练场地。桌面演练一般可选择会议室或应急指挥中心等;实战演练应选择与实际情况相似的地点,并根据需要设置指挥部、集结点、接待站、供应站、救护站、停车场等设施。演练场地应有足够的空间,良好的交通、生活、卫生和安全条件,尽量避免干扰公众生产生活。

(4)物资和器材保障

根据需要,准备必要的演练材料、物资和器材,制作必要的模型设施等,主要包括:

①信息材料。主要有应急预案和演练方案的纸质文本、演示文档、图表、地图、软件等。

②物资设备。主要有各种应急抢险物资、特种设备、办公设备、录音摄像设备、信息显示设备等。

③通信器材。主要有固定电话、移动电话、对讲机、海事电话、传真机、计算机、无线局域网、视频通信器材和其他配套器材,尽可能使用已有通信器材。

④演练情景模型。搭建必要的模拟场景及装置设施。

(5)通信保障

应急演练过程中应急指挥机构、总策划、控制人员、参演人员、模拟人员等之间要有及时可靠的信息传递渠道。根据演练需要,可以采用多种公用或专用通信系统,必要时可组建演练专用通信与信息网络,确保演练控制信息的快速传递。

(6)安全保障

演练组织单位要高度重视演练组织与实施全过程的安全保障工作。大型或高风险演练活动要按规定制定专门应急预案,采取预防措施,并对关键部位和环节可能出现的突发事件进行针对性演练。根据需要为演练人员配备个体防护装备,购买商业保险。对可能影响公众生活、易于引起公众误解和恐慌的应急演练,应提前向社会发布公告,告示演练内容、时间、地点和组织单位,并做好应对方案,避免造成负面影响。

演练现场要有必要的安保措施,必要时对演练现场进行封闭或管制,保证演练安全进行。演练出现意外情况时,演练总指挥与其他领导小组成员会商后可提前终止演练。

5. 应急演练实施

演练正式启动前一般要举行简短的仪式,由演练总指挥宣布演练开始并启动演练活动。

(1)演练指挥与行动

演练总指挥负责演练实施全过程的指挥控制。当演练总指挥不兼任总策划时,一般由总指挥授权总策划对演练过程进行控制。

按照演练方案要求，应急指挥机构指挥各参演队伍和人员，开展对模拟演练事件的应急处置行动，完成各项演练活动。

演练控制人员应充分掌握演练方案，按总策划的要求，熟练发布控制信息，协调参演人员完成各项演练任务。

参演人员根据控制消息和指令，按照演练方案规定的程序开展应急处置行动，完成各项演练活动。

模拟人员按照演练方案要求，模拟未参加演练的单位或人员的行动，并作出信息反馈。

(2)演练过程控制

总策划负责按演练方案控制演练过程。

①桌面演练过程控制

在讨论式桌面演练中，演练活动主要是围绕对所提出问题进行讨论。由总策划以口头或书面形式，部署引入一个或若干个问题。参演人员根据应急预案及有关规定，讨论应采取的行动。

在角色扮演或推演式桌面演练中，由总策划按照演练方案发出控制消息，参演人员接收到事件信息后，通过角色扮演或模拟操作，完成应急处置活动。

②实战演练过程控制

在实战演练中，要通过传递控制消息来控制演练进程。总策划按照演练方案发出控制消息，控制人员向参演人员和模拟人员传递控制消息。参演人员和模拟人员接收到信息后，按照发生真实事件时的应急处置程序，或根据应急行动方案，采取相应的应急处置行动。

控制消息可由人工传递，也可以用对讲机、电话、手机、传真机、网络等方式传送，或者通过特定的声音、标志、视频等呈现。演练过程中，控制人员应随时掌握演练进展情况，并向总策划报告演练中出现的各种问题。

(3)演练解说

在演练实施过程中，演练组织单位可以安排专人对演练过程进行解说。解说内容一般包括演练背景描述、进程讲解、案例介绍、环境渲染等。对于有演练脚本的大型综合性示范演练，可按照脚本中的解说词进行讲解。

(4)演练记录

演练实施过程中，一般要安排专门人员，采用文字、照片和音像等手段记录演练过程。文字记录一般可由评估人员完成，主要包括演练实际开始与结束时间、演练过程控制情况、各项演练活动中参演人员的表现、意外情况及其处置等内容，尤其要详细记录可能出现的人员“伤亡”(如进入“危险”场所而无安全防护，在规定的时间内不能完成疏散等)及财产“损失”等情况。

照片和音像记录可安排专业人员和宣传人员在不同现场、不同角度进行拍摄，尽可能全方位反映演练实施过程。

(5)演练宣传报道

演练宣传组按照演练宣传方案做好演练宣传报道工作。认真做好信息采集、媒体组织、广播电视节目现场采编和播报等工作，扩大演练的宣传教育效果。对涉密应急演练要做好相关保密工作。

6. 演练结束与终止

演练完毕，由总策划发出结束信号，演练总指挥宣布演练结束。演练结束后所有人员停止演练活动，按预定方案集合进行现场总结讲评或者组织疏散。保障部负责组织人员对演练场地进行清理和恢复。

演练实施过程中出现下列情况，经演练领导小组决定，由演练总指挥按照事先规定的程序和指令终止演练：①出现真实突发事件，需要参演人员参与应急处置时，要终止演练，使参演人员迅速回归其工作岗位，履行应急处置职责；②出现特殊或意外情况，短时间内不能妥善处理或解决时，可提前终止演练。

**四、应急演练评估与总结**

1. 演练评估

演练评估是在全面分析演练记录及相关资料的基础上，对比参演人员表现与演练目标要求，对演练活动及其组织过程作出客观评价，并编写演练评估报告的过程。所有应急演练活动都应进行演练评估。

演练结束后可通过组织评估会议、填写演练评价表和对参演人员进行访谈等方式，也可要求参演单位提供自我评估总结材料，进一步收集演练组织实施的情况。

演练评估报告的主要内容一般包括演练执行情况、预案的合理性与可操作性、应急指挥人员的指挥协调能力、参演人员的处置能力、演练所用设备装备的适用性、演练目标的实现情况、演练的成本效益分析、对完善预案的建议等。

2. 演练总结

演练总结可分为现场总结和事后总结。

(1)现场总结

在演练的一个或所有阶段结束后，由演练总指挥、总策划、专家评估组长等在演练现场有针对性地进行讲评和总结。内容主要包括本阶段的演练目标、参演队伍及人员的表现、演练中暴露的问题、解决问题的办法等。

(2)事后总结

在演练结束后，由文案组根据演练记录、演练评估报告、应急预案、现场总结等材料，对演练进行系统和全面的总结，并形成演练总结报告。演练参与单位也可对本单位的演练情况进行总结。

演练总结报告的内容包括演练目的、时间和地点、参演单位和人员、演练方案概要、发现的问题与原因、经验和教训以及改进有关工作的建议等。

# 第十六章　应急救援技术

## 第一节　应急处置与救援概述

### 一、应急处置与救援的概念

国内有学者认为，应急处置与救援主要是指在突发事件发生后采取行动对其影响进行处置。应急响应的核心功能和任务包括接警与通知、指挥与控制、警报和紧急公告、通信、事态监测与评估、警戒与治安、人群疏散与安置、医疗与卫生、公共关系、应急人员安全、消防和抢险等。这些核心功能具有一定的独立性，但相互之间又密切联系，构成了应急响应的有机整体。

我国《突发事件应对法》第四十八条规定："突发事件发生后，履行统一领导职责或者组织处置突发事件的人民政府应当针对其性质、特点和危害程度，立即组织有关部门，调动应急救援队伍和社会力量，依照本章的规定和有关法律、法规、规章的规定采取应急处置措施。"根据该规定，可以把应急处置与救援定义为：在突发事件发生后，根据突发事件的级别与类别，相应的人民政府与相关的突发事件分类管理部门，立即组织有关部门，调动应急救援队伍和社会力量，采取有效措施，最大限度地减少损害、防止突发事件的扩大和次生灾害的发生。

### 二、应急救援的目的与任务

1. 应急救援的目的

(1)抢救受害人员，减少人员伤亡；

(2)减少财产损失；

(3)控制、减轻和消除突发事件造成的危害。

2. 应急救援的任务

(1)抢救受害人员是突发事件应急救援的首要任务。应立即组织营救受害人员，组织撤离或者采取其他措施保护危害区域内的其他人员。在应急救援行动中，快速、有序、有效地实施现场急救与安全转送伤员是降低伤亡率的关键。重大突发事件发生突然、扩散迅速、涉及范围广、危害大，应及时指导和组织群众采取各种措施进行自我防护，必要时迅速撤离出危险区或可能受到危害的区域，并在撤离过程中，积极组织群众开展自救和互救工作。

(2)迅速控制危险源(危险状况)，并对突发事件造成的危害进行检测、监测，测定危害区域、危害性质及危害程度。及时控制造成突发事件的危险源(危险状况)是应急救援工作的重要任务，只有及时控制住危险源(危险状况)，防止突发事件的继续扩展，才能及时、有效地进行救援。

(3)做好现场清洁和恢复，消除危害后果。针对突发事件对人体、动植物、土壤、水源、空气等造成的现实危害和可能的危害，迅速采取封闭、隔离、洗消等技术措施。

**三、应急救援的原则**

1. 安全第一，以人为本

应急救援最重要的原则是保证人的安全。坚持以人为本，坚持人民至上、生命至上，就是坚持“先救人、后救物”，在任何情况下都要确保人的生命安全和身体健康，绝对不能拿生命冒险。在应急救援过程中，最优先的目标和最重要的举措都要首先保证人身安全。同时，要十分注意保护应急救援队伍自身的安全，因为在极端危险的情况下，保护不了自己的安全，就无法救助别人。每一个应急指挥员，都有责任保障应急救援队伍的安全，任何一级指挥员都没有权力因为财产等物质原因让应急救援人员冒生命危险。

2. 属地为主，先期处置

不论发生哪一个级别的突发事件，各级政府都要遵循属地为主的原则，及时地展开先期处置，以防止突发事件事态进一步扩大、升级，尽可能地减少突发事件给公众生命、财产和健康安全带来的损失。突发事件一旦发生，时间就是生命，应急响应速度与事故后果的严重程度密切相关，对事件受害人早期的抢险救治对于保障生命、减轻伤害具有决定性意义。同时，如果先期处置不够及时，可能导致事件扩大和激化。属地政府熟悉事发地情况，属地应急力量可以在第一时间赶到突发事件现场，有助于突发事件的先期处置。

3. 统一指挥，协调一致

应急指挥在组织结构上可分为多种形式，但无论采用哪一类指挥系统都必须坚持统一指挥的原则，无论涉及的应急救援活动单位的行政级别和隶属关系如何不同，都必须服从应急指挥部的统一指挥协调、统一号令，步调一致，令行禁止。应急指挥的最基本功能就是统一指挥协调执行应急救援任务，使各参与单位既能充分发挥自己的作用，又能相互配合，提高整体效能。一般情况下，在同一时间、地区执行应急任务的各专业队伍都应紧密配合执行主要任务的队伍行动；尤其是在跨行业、跨领域、跨地区乃至跨国界的重大突发事件中，更应强调在一个共同的指挥系统内实现高度统一的协调指挥。

4. 政府主导，多方协作

“政府主导，多方协作”已经成为发达国家应急管理工作的基本原则。政府应急处置工作需要整合和协调机制：从协调对象上看，包括其他地方政府、军队、企业、公共服务组织、运输经营单位以及社会公众等各方面力量参与应急处置工作；从协调内容上看，有应急处置所需设备、设施、场地、交通工具和其他物资的征用。

5. 依靠科学，专业处置

应急处置必须科学有序进行。一是必须充分利用和借鉴各种高科技成果，特别是发挥先进信息技术和有效应急装备在应急处置中的重要作用；二是要充分发挥各类应急专家的外部作用，制定科学合理的应急处置方案；三是要充分发挥专业应急处置力量的作用，因为专业应急处置力量具有丰富的处置经验和熟练使用各种救援装备的能力。

## 第二节　火灾爆炸事故专项应急预案

在石油勘探开发、生产作业以及油气储运过程中，有可能发生各种情景下的火灾或爆炸事故，造成人员伤亡、设备财产损失、环境污染等后果。本节描述的应急预案引用2022年版中海石油（中国）有限公司天津分公司《应急预案》中的《火灾爆炸事故专项应急预案》。

现场发生火灾爆炸时，应第一时间发出警报，开展应急处置。涉及现场联合作业时应同时通知联合作业相关方，并向分公司应急值班室报告。

现场单位研判如发展超出现场单元应急救援能力或火灾爆炸达到或可能达到C级及以上级别时，向分公司提出应急支援。

天津分公司应急值班室接收到上述信息立即上报应急协调办公室。应急协调办公室及时向应急指挥中心常务副主任、主任报告，并根据指令向上级公司应急协调办公室及相关政府部门报告。应急指挥中心主任根据情况启动天津分公司级应急响应，召开应急会议，进行工作部署。如现场发生溢油、人员伤害等衍生事故，同步启动相应专项应急预案，开展应急响应。火灾爆炸事件应急响应程序如图16-1所示。

分公司级应急响应启动后，应急协调办公室负责持续收集整理现场相关信息，并根据应急指挥中心主任指令，向上级公司应急协调办公室持续报告情况，要求至少每两小时向上级公司应急协调办公室报告一次事态进展情况，情况发生重大变化时应随时报告。

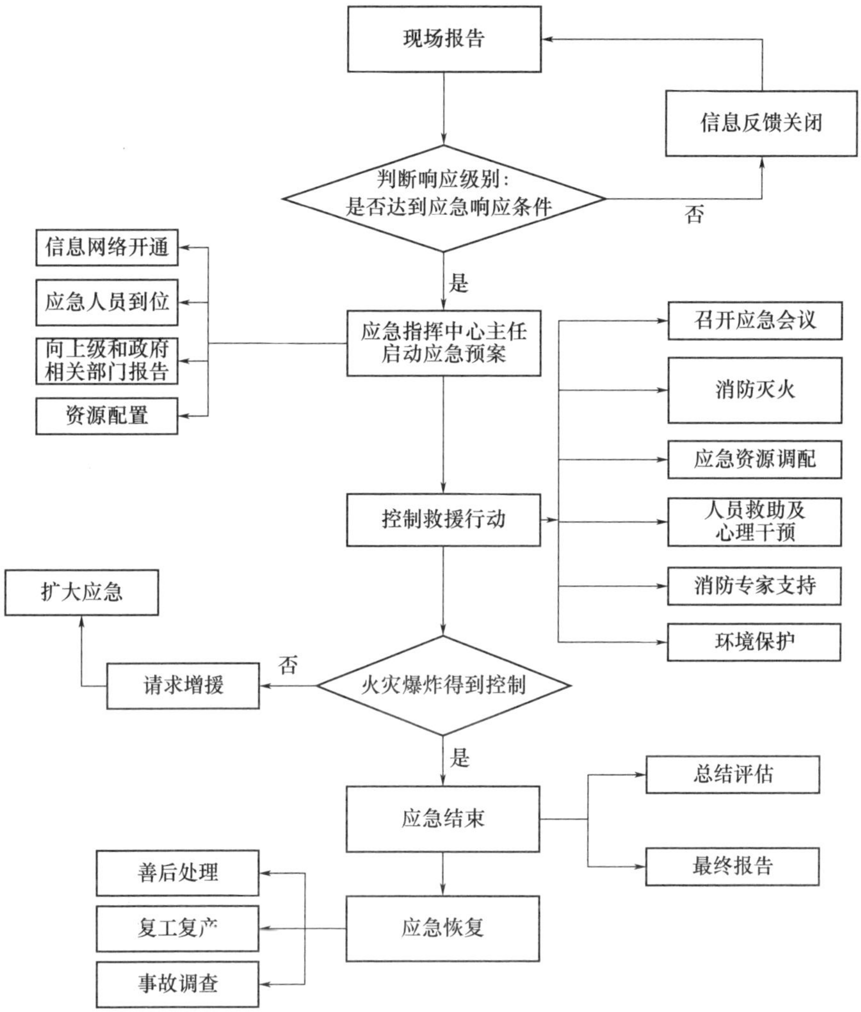


图 16-1　火灾或爆炸应急处置流程图

## 一、火灾爆炸应急会议召开

1. 首次应急会议召开

根据应急指挥中心主任指令，应急协调办公室通知应急指挥中心成员、各应急小组组长及事发单位主要负责人，如可能连线现场参加首次应急会议，秘书组负责会议记录。会议内容包括但不限于：

(1)命名此次应急活动；

(2)通报事件最新情况，协调力量进行失踪人员寻找及伤员医疗转运；

(3)对事故发展趋势作出初步研判，及时撤离/疏散受影响区域人员；

(4)根据现场情况制定应急救援目标，按照应急优先级作好排序；

(5)根据现场情况落实应急任务，制定应急行动方案，支持现场应急救援，应急指挥中心主任审批方案；

(6)根据应急任务资源需求，初步判定所需内外部应急资源；

(7)确定是否需要派人员赶赴应急现场。如需要，派出人员应包含生产相关主管领导、专家；

(8)初步确定应急费用来源。

2. 适时再次召开应急响应会议

应急协调办公室根据事件进展适时再次召集应急会议，沟通传达相关信息，跟踪应急任务落实情况。应急响应会议由秘书组专人负责记录并留存。应急响应过程中如现场发生重大变化，可以更改应急救援目标。

**二、资源协调**

应急协调办公室通知附近具有消防功能三用工作船进行消防支援，通知井控中心同步协调消防模块赴现场，同时，调动车辆、船舶、直升机等运输资源全力保障应急物资抵达现场。

通信保障组搭建应急通信网络，保障现场画面实时回传至陆地应急指挥中心，确保现场、陆地应急指挥中心及上级单位通信畅通。

技术专家组组织火灾爆炸相关专家赴公司应急指挥中心，制定消防应急处置策略，并根据策略提出应急物资需求，报应急指挥中心主任审批。

服务支持组安排陆地指挥中心应急人员交通食宿，保障派出现场指挥人员及专家组顺利抵达现场。

**三、信息公开**

按照综合应急预案信息公开要求执行。

**四、后勤及财力保障**

资金保障组申请应急资金，为应急物资紧急采办提供资金保障支持，协助现场单元开展灾害定损及保险赔付。

如有人员受伤，服务支持组跟踪伤员治疗情况，提供医疗资源协调支持，如有人员遇难，负责与家属联络。同时服务支持组负责为遇难家属、伤员及其他事故经历人员提供心理干预支持。

陆地终端发生火灾爆炸事故造成周边社区及企业疏散，服务支持组协助属地政府部门保障疏散人员的临时安置及食宿。

事发单位负责事发设施人员撤离工作及海上撤离人员到陆地后的安排，应急协调办公室及服务支持组协调交通、食宿工具支持。

**五、处置措施**

1. 处置原则

现场发生火灾或爆炸事故时，应急处置应遵循“优先保障员工生命安全，重点防范环境污染，努力保护公司财产”原则。

2. 现场处置要求

现场应根据火灾类型、火灾发生区域环境、火情大小和潜在风险后果，在保障灭火人员安全的情况下，迅速组织开展灭火工作。不同类型火灾采用的灭火设施可参考表 16-1，火灾先期处置策略可参考表 16-2。

表 16-1　不同类型火灾对应的灭火设施

| 火灾类型 | 燃烧物类型 | 适用范围 | 可选灭火器种类 | 可选择灭火设施 | 严禁选择 |
| --- | --- | --- | --- | --- | --- |
| A 类火灾 | 固体物质 | 木材、棉、毛、麻、纸张等固体物质 | 清水灭火器、水基型泡沫灭火器、水基型水雾灭火器、ABC 干粉灭火器 | 自动喷水灭火系统、水喷雾灭火系统、细水雾灭火系统、二氧化碳灭火系统、七氟丙烷灭火系统、IG541 灭火系统、泡沫灭火系统、干粉灭火系统 | |
| B 类火灾 | 液体或可熔化的固体物质 | 柴油、原油、甲醇、乙醇、沥青等液体或可熔化的固体物质 | 水基型泡沫灭火器、水基型水雾灭火器、干粉灭火器、洁净气体灭火器 | 水喷雾灭火系统、细水雾灭火系统、二氧化碳灭火系统、七氟丙烷灭火系统、IG541 灭火系统、泡沫灭火系统、干粉灭火系统 | |
| C 类火灾 | 气体 | 天然气、甲烷、乙炔、煤制气、氢气等气体 | 干粉灭火器、水基型水雾灭火器、二氧化碳灭火器、洁净气体灭火器 | 二氧化碳灭火系统、七氟丙烷灭火系统、IG541 灭火系统、干粉灭火系统 | |
| D 类火灾 | 金属 | 钾、钠、锂、镁、镁铝合金等金属 | 7150 灭火器 | 7150 灭火系统、专用干粉灭火系统 | 水 |
| E 类火灾 | 带电物体 | 变压器、控制柜、机房、中控等电气 | 二氧化碳灭火器、洁净气体灭火器、干粉灭火器、水基型水雾灭火器 | 水喷雾灭火系统、细水雾灭火系统、二氧化碳灭火系统、七氟丙烷灭火系统、IG541 灭火系统、干粉灭火系统 | |
| F 类火灾 | 烹饪器具内的烹饪物 | 动物油脂、植物油脂 | BC 类干粉灭火器、水基型泡沫灭火器、水基型水雾灭火器 | 泡沫灭火系统、干粉灭火系统 | |

表 16-2　不同类型火灾快速处置策略

| 序号 | 火灾爆炸事故/事件 | 事故/事件发现时状态 | | | 现场快速应急处置策略 | | |
| --- | --- | --- | --- | --- | --- | --- | --- |
| | | 初期（3 分钟内） | 中期（3～10 分钟） | 后期（10 分钟后） | 初期（3 分钟内） | 中期（3～10 分钟） | 后期（10 分钟后） |
| 1 | A 类火灾事故 | 潜在产生有毒有害气体 | 潜在人员伤亡 | 潜在人员伤亡严重后果 | 组织灭火，非应急人员撤离准备 | 组织灭火，救助受伤人员，非应急人员撤离 | 火势得到有效控制，则继续组织灭火；火势未得到有效控制，则人员全部撤离 |

续表

| 序号 | 火灾爆炸事故/事件 | 事故/事件发现时状态 | | | 现场快速应急处置策略 | | |
|---|---|---|---|---|---|---|---|
| | | 初期(3分钟内) | 中期(3～10分钟) | 后期(10分钟后) | 初期(3分钟内) | 中期(3～10分钟) | 后期(10分钟后) |
| 2 | B类火灾事故 | 潜在产生有毒有害气体,潜在环境污染次生灾害,潜在爆燃,潜在人员伤亡 | 潜在人员伤亡及环境污染 | 潜在造成人员伤亡及环境污染严重后果 | 组织灭火,组织关阀断料,非应急人员撤离准备 | 组织灭火,救助受伤人员,非应急人员撤离 | 火势得到有效控制,则继续组织灭火;火势未得到有效控制,则人员全部撤离 |
| 3 | C类火灾事故 | 潜在产生有毒有害气体,潜在爆炸,潜在人员伤亡 | 潜在人员伤亡 | 潜在造成人员伤亡严重后果 | 组织切断气源,组织灭火,非应急人员撤离准备 | 组织灭火,救助受伤人员,非应急人员撤离 | 火势得到有效控制,则继续组织灭火;火势未得到有效控制,则人员全部撤离 |
| 4 | D类火灾事故 | 潜在爆炸,潜在产生有毒有害气体 | 潜在爆炸,潜在人员伤亡 | 潜在爆炸,潜在造成人员伤亡严重后果 | 组织灭火,非应急人员撤离准备 | 组织灭火,救助受伤人员,非应急人员撤离 | 火势得到有效控制,则继续组织灭火;火势未得到有效控制,则人员全部撤离 |
| 5 | E类火灾事故 | 潜在爆炸,出现有毒有害气体 | 潜在人员伤亡 | 潜在造成人员伤亡严重后果 | 切断电源,组织灭火,非应急人员撤离准备 | 组织灭火,救助受伤人员,非应急人员撤离 | 火势得到有效控制,则继续组织灭火;火势未得到有效控制,则人员全部撤离 |
| 6 | F类火灾事故 | 潜在产生有毒有害气体 | 潜在人员伤亡 | 潜在造成人员伤亡严重后果 | 组织灭火,非应急人员撤离准备 | 组织灭火,救助受伤人员,非应急人员撤离 | 火势得到有效控制,则继续组织灭火;火势未得到有效控制,则人员全部撤离 |
| 7 | 机舱、库房等复杂场所火灾 | 潜在产生有毒有害气体,潜在人员伤亡及环境污染 | 潜在人员伤亡及环境污染 | 潜在造成人员伤亡及环境污染严重后果 | 组织灭火,非应急人员撤离准备 | 组织灭火,救助受伤人员,非应急人员撤离 | 火势得到有效控制,则继续组织灭火;火势未得到有效控制,则人员全部撤离 |

续表

| 序号 | 火灾爆炸事故/事件 | 事故/事件发现时状态 | | | 现场快速应急处置策略 | | |
|---|---|---|---|---|---|---|---|
| | | 初期(3分钟内) | 中期(3～10分钟) | 后期(10分钟后) | 初期(3分钟内) | 中期(3～10分钟) | 后期(10分钟后) |
| 8 | 锅炉爆炸 | 潜在引发火灾,潜在人员伤亡,潜在造成设施及管线泄漏 | 潜在人员伤亡 | 潜在造成人员伤亡严重后果 | 救助受伤人员,处置次生灾害 | 救助受伤人员,处置次生灾害,非应急人员撤离准备 | 继续救助受伤人员;若次生灾害无法得到有效控制,组织全部人员撤离 |
| 9 | 射孔器材爆炸 | 潜在引发火灾 | 潜在人员伤亡 | 潜在人员伤亡 | 救助受伤人员 | 无潜在次生灾害,救助受伤人员;有潜在次生灾害,则救助受伤人员,组织非应急人员撤离 | 继续救助受伤人员;有潜在次生灾害,则救助受伤人员,并组织关键人员撤离准备 |
| 10 | 井筒天然气/甲烷泄漏爆炸起火 | 潜在出现有毒有害气体,引发火灾,潜在人员伤亡 | 潜在人员伤亡 | 潜在造成人员伤亡严重后果 | 救助受伤人员,井下关断,全员人员撤离准备 | 救助受伤人员,非应急人员撤离 | 救助受伤人员,人员全部撤离 |
| 11 | 乙炔与空气或氧气混合爆炸 | 潜在引发火灾 | 潜在人员伤亡 | 潜在造成人员伤亡严重后果 | 救助受伤人员,组织灭火 | 无潜在次生灾害,则继续救助受伤人员;有潜在次生灾害,则救助受伤人员,组织隔离乙炔及灭火,并组织非应急人员撤离 | 继续救助受伤人员;有潜在次生灾害,则救助受伤人员,并视风险及公司应急决策决定关键人员继续应急处置还是撤离 |
| 12 | 电气爆炸 | 潜在出现有毒有害气体,引发火灾,潜在人员伤亡 | 潜在人员伤亡 | 潜在造成人员伤亡严重后果 | 切断电源,组织灭火,非应急人员撤离准备 | 组织灭火,救助受伤人员,非应急人员撤离 | 火势得到有效控制,则继续组织灭火;火势未得到有效控制,则人员全部撤离 |

续表

| 序号 | 火灾爆炸事故/事件 | 事故/事件发现时状态 | | | 现场快速应急处置策略 | | |
|---|---|---|---|---|---|---|---|
| | | 初期（3分钟内） | 中期（3～10分钟） | 后期（10分钟后） | 初期（3分钟内） | 中期（3～10分钟） | 后期（10分钟后） |
| 13 | 压力容器爆炸 | 潜在引发火灾 | 潜在人员伤亡 | 潜在造成人员伤亡严重后果 | 救助受伤人员 | 无潜在次生灾害，则继续救助受伤人员；有潜在次生灾害，则救助受伤人员，组织灭火，并组织非应急人员撤离 | 继续救助受伤人员；有潜在次生灾害，则救助受伤人员，并视风险及公司应急决策决定关键人员继续救火还是撤离 |
| 14 | 爆炸产生有毒有害气体 | 潜在引发火灾 | 潜在人员伤亡 | 潜在造成人员伤亡严重后果 | 救助受伤人员 | 继续救助受伤人员；有潜在次生灾害，则救助受伤人员，组织灭火，并组织非应急人员撤离 | 继续救助受伤人员；有潜在次生灾害，则救助受伤人员，并视风险及公司应急决策决定关键人员继续应急处置还是撤离 |
| 15 | 井筒天然气/甲烷泄漏着火并潜在爆炸 | 潜在出现有毒有害气体，爆炸，潜在人员伤亡 | 潜在人员伤亡 | 潜在造成人员伤亡严重后果 | 救助受伤人员，井下关断，全员人员撤离准备 | 救助受伤人员，非应急人员撤离 | 救助受伤人员，人员全部撤离 |
| 16 | 电气火灾并造成爆炸 | 潜在出现有毒有害气体 | 潜在人员伤亡 | 潜在造成人员伤亡严重后果 | 切断电源，组织灭火，非应急人员撤离准备 | 组织灭火，救助受伤人员，非应急人员撤离 | 火势得到有效控制，则继续组织灭火；火势未得到有效控制，则人员全部撤离 |
| 17 | 火灾并引起乙炔与空气或氧气混合爆炸 | 潜在人员伤亡 | 潜在人员伤亡 | 潜在造成人员伤亡严重后果 | 救助受伤人员，组织灭火 | 继续救助受伤人员；有潜在次生灾害，则救助受伤人员，组织隔离乙炔及灭火，并组织非应急人员撤离 | 继续救助受伤人员；有潜在次生灾害，则救助受伤人员，并视风险及公司应急决策决定关键人员继续应急处置还是撤离 |

续表

| 序号 | 火灾爆炸事故/事件 | 事故/事件发现时状态 | | | 现场快速应急处置策略 | | |
|---|---|---|---|---|---|---|---|
| | | 初期（3分钟内） | 中期（3～10分钟） | 后期（10分钟后） | 初期（3分钟内） | 中期（3～10分钟） | 后期（10分钟后） |
| 18 | 火灾并引起射孔器材爆炸 | 潜在人员伤亡 | 潜在人员伤亡 | 潜在造成人员伤亡严重后果 | 救助受伤人员，组织灭火 | 继续救助受伤人员，组织灭火，并组织非应急人员撤离 | 继续救助受伤人员；有潜在次生灾害，则救助受伤人员，并视风险及公司应急决策决定关键人员继续应急处置还是撤离 |
| 19 | 火灾并引起压力容器爆炸 | 潜在人员伤亡 | 潜在人员伤亡 | 潜在造成人员伤亡严重后果 | 救助受伤人员，组织灭火 | 继续救助受伤人员，组织灭火，并组织非应急人员撤离 | 继续救助受伤人员；有潜在次生灾害，则救助受伤人员，并视风险及公司应急决策决定关键人员继续应急处置还是撤离 |

现场应科学研判事故影响及发展，尽快组织关断及隔离附近可燃物（依据火灾类型迅速采取断气、断电、断阀等手段切断可燃物来源，并组织转移可燃物，可燃物不能转移时进行消防喷淋保护）。如火灾可能引发爆炸事故，则进行可燃气体探测，严防发生爆炸事故，进行爆炸风险评估，及时撤离救援人员。

如发生爆炸，须研判爆炸后环境，评估救援环境安全性及二次爆炸的可能性。在现场救援环境安全的前提下，采取积极措施，防止二次爆炸。

同时应第一时间开展伤员救助、失踪人员搜寻，及时通知政府及企业。

现场在组织做好关断隔离、伤员救助、灭火等应急处置工作的同时，第一时间做好人员全部撤离准备，还需根据不同火灾和爆炸情景采取针对性应急处置措施：

（1）乙炔、丙烷、氧气等气瓶存放区域发生火灾和爆炸，应第一时间组织人员撤离到安全区，做好人员弃平台应急准备，立即启动固定式消防水系统设备进行灭火，最大限度地控制火灾爆炸影响范围。

（2）电控间、配电间、变压器间等电气设备集中区域发生火灾和爆炸（电气爆炸）时，应立即组织对相应区域或设备断电，利用固定式灭火系统、水喷雾灭火系统、细水雾灭火系统、二氧化碳灭火系统、七氟丙烷灭火系统、IG541灭火系统、干粉灭火系统等进行灭火。

(3)生产工艺系统压力容器、油气管道、柴油储罐，以及井口采油树区域发生火灾和爆炸时，应第一时间进行生产关断，必要时进行最高级别关断。组织利用消防水系统进行灭火并对周边压力容器、油/气储罐、井口采油树进行防火降温处置，控制火灾扩大的同时，协调现场具有消防能力值班船舶进行消防支持。

(4)当火灾引起射孔器材爆炸，现场人员应尽快远离射孔器材存放区；同时立即组织隔离爆炸影响区通道。

3. 弃平台/终端

现场生产/作业设施第一责任人，当发生火灾爆炸事故严重威胁人员生命安全时，在下列情况下，有权第一时间组织全部人员弃平台/终端：

(1)当井筒油气泄漏、工艺流程中原油气泄漏引发火灾，极可能造成人员伤亡时，作业现场应第一时间组织非应急人员撤离平台。

(2)当现场火灾失控或极大可能引发气体泄漏、产生大量有毒有害气体、潜在爆炸等次生灾害时，现场应第一时间启动弃平台/终端应急程序。

(3)当生产设施原油储罐、FPSO 油舱发生火灾和爆炸时，现场应第一时间进行最高级别关断并立即组织人员弃平台/终端。

(4)当钻/完/修井、试油、采油工艺措施等作业或井筒完整性原因发生井喷失控，并诱发火灾和爆炸时，现场应第一时间进行最高级别关断，同时立即组织人员弃平台。

(5)当现场生产/作业设施第一责任人认为火灾爆炸事故后果严重时，需要组织人员撤离。

现场设施(海上)弃平台/终端后，为后续顺利开展事故应急抢险处置，在现场具备条件的情况下，应保持与应急指挥中心通信联系，收集现场风向、浪高、流向等天气和海况信息，录取现场影像资料，并向应急指挥中心汇报。

4. 周边人员安置

如火灾爆炸事故造成周边社区、企业疏散，公司应根据政府部门要求，全力提供人员临时安置点支持。

5. 消防处置

协调具有消防能力、溢油回收处理能力的船舶赴现场进行火情控制，防范出现溢油污染。

协调应急直升机和无人机进行空中踏勘，了解火灾或爆炸对设施的损毁以及火情。

做好协调周边内/外部应急资源进行抢险的准备工作。

为最大限度防范抢险人员登平台导致次生人员伤亡事故，应急指挥中心应根据勘察情况，结合风向、流向等因素，选择适宜的方向登平台，原则上从上风向登设施，最初试登设施的人员不超过两人。

应急指挥中心收集现场信息，核实现场情况后，组织技术专家组人员和其他消防专家讨论应急救援方案。针对火灾或爆炸事故，制定应急救援方案时，要考虑的重点内容包括但不限于以下几个方面：

(1)确定火灾爆炸发生原因、位置、人员伤亡和救助情况；

(2)确定引起火灾爆炸的物质、存量、理化特性、危害和防护方法等；

(3)所需的火灾应急救援处置技术和专家；

(4)明确火灾爆炸发生区域的周围环境和危险源分布；

(5)确定火灾扑救的基本方法；

(6)分析火灾(含火灾与爆炸伴随发生可能性)可能导致的后果(含对周围区域、环境的影响)；

(7)火灾爆炸可能导致后果的主要控制措施(控制火灾蔓延、工艺隔离和泄放、人员疏散、医疗救护、环境保护等)；

(8)可能需要调动的应急救援力量；

(9)应急人员的消防员战斗服、防毒面具、呼吸器、气体探测仪等个体防护措施；

(10)防止环境污染等次生灾害。

**六、应急保障**

单位现场发生火灾或爆炸时，首先依托现场自有消防设备进行灭火，若火势进一步扩大，公司可协调具备消防功能三用工作船进行灭火；若出现人员受伤情况，公司可协调直升机或船舶进行伤员转移，并联系周边医院进行伤员救治。

附录

# 相关法律法规摘录

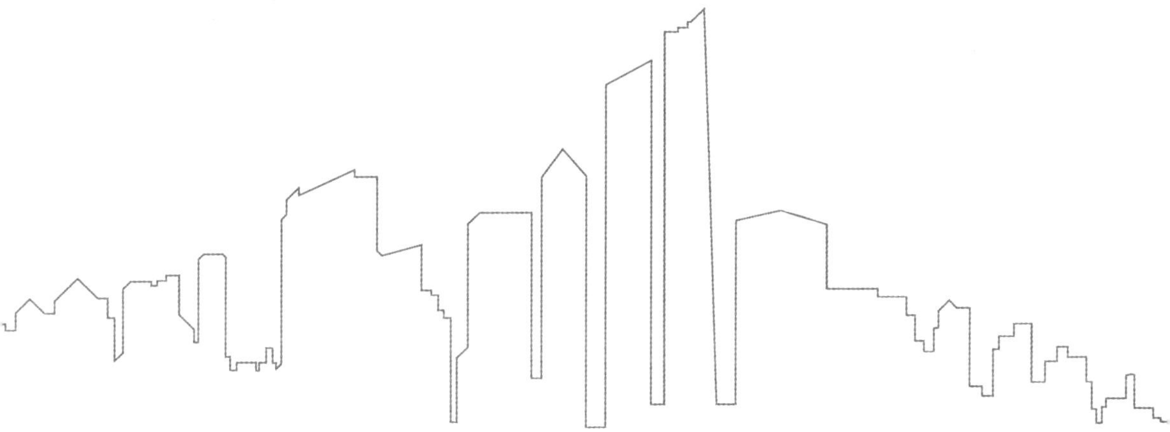

- 附录一　中华人民共和国安全生产法（摘录）
- 附录二　中华人民共和国特种设备安全法（摘录）
- 附录三　最高人民法院 最高人民检察院关于办理危害生产安全刑事案件适用法律若干问题的解释（二）（摘录）
- 附录四　海洋石油安全生产规定（摘录）
- 附录五　海洋石油安全管理细则（摘录）
- 附录六　海洋石油有人值守平台安全包保责任制办法（试行）（摘录）

# 附录一　中华人民共和国安全生产法(摘录)

(2002年6月29日第九届全国人民代表大会常务委员会第二十八次会议通过，根据2021年6月10日第十三届全国人民代表大会常务委员会第二十九次会议《关于修改〈中华人民共和国安全生产法〉的决定》第三次修正)

## 第一章　总　则

**第五条**　生产经营单位的主要负责人是本单位安全生产第一责任人，对本单位的安全生产工作全面负责。其他负责人对职责范围内的安全生产工作负责。

## 第二章　生产经营单位的安全生产保障

**第二十五条**　生产经营单位的安全生产管理机构以及安全生产管理人员履行下列职责：

(一)组织或者参与拟订本单位安全生产规章制度、操作规程和生产安全事故应急救援预案；

(二)组织或者参与本单位安全生产教育和培训，如实记录安全生产教育和培训情况；

(三)组织开展危险源辨识和评估，督促落实本单位重大危险源的安全管理措施；

(四)组织或者参与本单位应急救援演练；

(五)检查本单位的安全生产状况，及时排查生产安全事故隐患，提出改进安全生产管理的建议；

(六)制止和纠正违章指挥、强令冒险作业、违反操作规程的行为；

(七)督促落实本单位安全生产整改措施。

生产经营单位可以设置专职安全生产分管负责人，协助本单位主要负责人履行安全生产管理职责。

**第二十六条**　生产经营单位的安全生产管理机构以及安全生产管理人员应当恪尽职守，依法履行职责。

生产经营单位作出涉及安全生产的经营决策，应当听取安全生产管理机构以及安全生产管理人员的意见。

生产经营单位不得因安全生产管理人员依法履行职责而降低其工资、福利等待遇或者解除与其订立的劳动合同。

**第二十七条**　生产经营单位的主要负责人和安全生产管理人员必须具备与本单位所从事的生产经营活动相应的安全生产知识和管理能力。

危险物品的生产、经营、储存、装卸单位以及矿山、金属冶炼、建筑施工、运输单位的主要负责人和安全生产管理人员,应当由主管的负有安全生产监督管理职责的部门对其安全生产知识和管理能力考核合格。考核不得收费。

**第三十条**　生产经营单位的特种作业人员必须按照国家有关规定经专门的安全作业培训,取得相应资格,方可上岗作业。

**第四十三条**　生产经营单位进行爆破、吊装、动火、临时用电以及国务院应急管理部门会同国务院有关部门规定的其他危险作业,应当安排专门人员进行现场安全管理,确保操作规程的遵守和安全措施的落实。

**第四十六条**　生产经营单位的安全生产管理人员应当根据本单位的生产经营特点,对安全生产状况进行经常性检查;对检查中发现的安全问题,应当立即处理;不能处理的,应当及时报告本单位有关负责人,有关负责人应当及时处理。检查及处理情况应当如实记录在案。

生产经营单位的安全生产管理人员在检查中发现重大事故隐患,依照前款规定向本单位有关负责人报告,有关负责人不及时处理的,安全生产管理人员可以向主管的负有安全生产监督管理职责的部门报告,接到报告的部门应当依法及时处理。

## 第三章　从业人员的安全生产权利义务

**第五十三条**　生产经营单位的从业人员有权了解其作业场所和工作岗位存在的危险因素、防范措施及事故应急措施,有权对本单位的安全生产工作提出建议。

**第五十四条**　从业人员有权对本单位安全生产工作中存在的问题提出批评、检举、控告;有权拒绝违章指挥和强令冒险作业。

**第五十五条**　从业人员发现直接危及人身安全的紧急情况时,有权停止作业或者在采取可能的应急措施后撤离作业场所。

**第五十七条**　从业人员在作业过程中,应当严格落实岗位安全责任,遵守本单位的安全生产规章制度和操作规程,服从管理,正确佩戴和使用劳动防护用品。

**第五十八条**　从业人员应当接受安全生产教育和培训,掌握本职工作所需的安全生产知识,提高安全生产技能,增强事故预防和应急处理能力。

**第五十九条**　从业人员发现事故隐患或者其他不安全因素,应当立即向现场安全生产管理人员或者本单位负责人报告;接到报告的人员应当及时予以处理。

**第六十一条**　生产经营单位使用被派遣劳动者的,被派遣劳动者享有本法规定的从业人员的权利,并应当履行本法规定的从业人员的义务。

## 第五章　生产安全事故的应急救援与调查处理

**第八十三条**　生产经营单位发生生产安全事故后，事故现场有关人员应当立即报告本单位负责人。

**第八十五条**　任何单位和个人都应当支持、配合事故抢救，并提供一切便利条件。

**第八十八条**　任何单位和个人不得阻挠和干涉对事故的依法调查处理。

## 第六章　法律责任

**第九十六条**　生产经营单位的其他负责人和安全生产管理人员未履行本法规定的安全生产管理职责的，责令限期改正，处一万元以上三万元以下的罚款；导致发生生产安全事故的，暂停或者吊销其与安全生产有关的资格，并处上一年年收入百分之二十以上百分之五十以下的罚款；构成犯罪的，依照刑法有关规定追究刑事责任。

**第九十七条**　生产经营单位有下列行为之一的，责令限期改正，处十万元以下的罚款；逾期未改正的，责令停产停业整顿，并处十万元以上二十万元以下的罚款，对其直接负责的主管人员和其他直接责任人员处二万元以上五万元以下的罚款：

（一）未按照规定设置安全生产管理机构或者配备安全生产管理人员、注册安全工程师的；

（二）危险物品的生产、经营、储存、装卸单位以及矿山、金属冶炼、建筑施工、运输单位的主要负责人和安全生产管理人员未按照规定经考核合格的；

（三）未按照规定对从业人员、被派遣劳动者、实习学生进行安全生产教育和培训，或者未按照规定如实告知有关的安全生产事项的；

（四）未如实记录安全生产教育和培训情况的；

（五）未将事故隐患排查治理情况如实记录或者未向从业人员通报的；

（六）未按照规定制定生产安全事故应急救援预案或者未定期组织演练的；

（七）特种作业人员未按照规定经专门的安全作业培训并取得相应资格，上岗作业的。

**第九十九条**　生产经营单位有下列行为之一的，责令限期改正，处五万元以下的罚款；逾期未改正的，处五万元以上二十万元以下的罚款，对其直接负责的主管人员和其他直接责任人员处一万元以上二万元以下的罚款；情节严重的，责令停产停业整顿；构成犯罪的，依照刑法有关规定追究刑事责任：

（一）未在有较大危险因素的生产经营场所和有关设施、设备上设置明显的安全警示标志的；

（二）安全设备的安装、使用、检测、改造和报废不符合国家标准或者行业标准的；

（三）未对安全设备进行经常性维护、保养和定期检测的；

(四)关闭、破坏直接关系生产安全的监控、报警、防护、救生设备、设施，或者篡改、隐瞒、销毁其相关数据、信息的；

(五)未为从业人员提供符合国家标准或者行业标准的劳动防护用品的；

(六)危险物品的容器、运输工具，以及涉及人身安全、危险性较大的海洋石油开采特种设备和矿山井下特种设备未经具有专业资质的机构检测、检验合格，取得安全使用证或者安全标志，投入使用的；

(七)使用应当淘汰的危及生产安全的工艺、设备的；

(八)餐饮等行业的生产经营单位使用燃气未安装可燃气体报警装置的。

**第一百零一条**　生产经营单位有下列行为之一的，责令限期改正，处十万元以下的罚款；逾期未改正的，责令停产停业整顿，并处十万元以上二十万元以下的罚款，对其直接负责的主管人员和其他直接责任人员处二万元以上五万元以下的罚款；构成犯罪的，依照刑法有关规定追究刑事责任：

(一)生产、经营、运输、储存、使用危险物品或者处置废弃危险物品，未建立专门安全管理制度、未采取可靠的安全措施的；

(二)对重大危险源未登记建档，未进行定期检测、评估、监控，未制定应急预案，或者未告知应急措施的；

(三)进行爆破、吊装、动火、临时用电以及国务院应急管理部门会同国务院有关部门规定的其他危险作业，未安排专门人员进行现场安全管理的；

(四)未建立安全风险分级管控制度或者未按照安全风险分级采取相应管控措施的；

(五)未建立事故隐患排查治理制度，或者重大事故隐患排查治理情况未按照规定报告的。

**第一百零二条**　生产经营单位未采取措施消除事故隐患的，责令立即消除或者限期消除，处五万元以下的罚款；生产经营单位拒不执行的，责令停产停业整顿，对其直接负责的主管人员和其他直接责任人员处五万元以上十万元以下的罚款；构成犯罪的，依照刑法有关规定追究刑事责任。

**第一百零四条**　两个以上生产经营单位在同一作业区域内进行可能危及对方安全生产的生产经营活动，未签订安全生产管理协议或者未指定专职安全生产管理人员进行安全检查与协调的，责令限期改正，处五万元以下的罚款，对其直接负责的主管人员和其他直接责任人员处一万元以下的罚款；逾期未改正的，责令停产停业。

**第一百零五条**　生产经营单位有下列行为之一的，责令限期改正，处五万元以下的罚款，对其直接负责的主管人员和其他直接责任人员处一万元以下的罚款；逾期未改正的，责令停产停业整顿；构成犯罪的，依照刑法有关规定追究刑事责任：

(一)生产、经营、储存、使用危险物品的车间、商店、仓库与员工宿舍在同一座建筑内，或者与员工宿舍的距离不符合安全要求的；

(二)生产经营场所和员工宿舍未设有符合紧急疏散需要、标志明显、保持畅通的出口、疏散通道，或者占用、锁闭、封堵生产经营场所或者员工宿舍出口、疏散通道的。

**第一百零七条** 生产经营单位的从业人员不落实岗位安全责任，不服从管理，违反安全生产规章制度或者操作规程的，由生产经营单位给予批评教育，依照有关规章制度给予处分；构成犯罪的，依照刑法有关规定追究刑事责任。

## 第七章 附 则

**第一百一十七条** 本法下列用语的含义：

危险物品，是指易燃易爆物品、危险化学品、放射性物品等能够危及人身安全和财产安全的物品。

重大危险源，是指长期地或者临时地生产、搬运、使用或者储存危险物品，且危险物品的数量等于或者超过临界量的单元（包括场所和设施）。

# 附录二　中华人民共和国特种设备安全法（摘录）

（2013年6月29日第十二届全国人民代表大会常务委员会第三次会议通过）

## 第一章　总　则

**第二条**　特种设备的生产（包括设计、制造、安装、改造、修理）、经营、使用、检验、检测和特种设备安全的监督管理，适用本法。

本法所称特种设备，是指对人身和财产安全有较大危险性的锅炉、压力容器（含气瓶）、压力管道、电梯、起重机械、客运索道、大型游乐设施、场（厂）内专用机动车辆，以及法律、行政法规规定适用本法的其他特种设备。

## 第二章　生产、经营、使用

### 第一节　一般规定

**第十四条**　特种设备安全管理人员、检测人员和作业人员应当按照国家有关规定取得相应资格，方可从事相关工作。特种设备安全管理人员、检测人员和作业人员应当严格执行安全技术规范和管理制度，保证特种设备安全。

### 第四节　使　用

**第四十一条**　特种设备安全管理人员应当对特种设备使用状况进行经常性检查，发现问题应当立即处理；情况紧急时，可以决定停止使用特种设备并及时报告本单位有关负责人。

特种设备作业人员在作业过程中发现事故隐患或者其他不安全因素，应当立即向特种设备安全管理人员和单位有关负责人报告；特种设备运行不正常时，特种设备作业人员应当按照操作规程采取有效措施保证安全。

## 第三章　检验、检测

**第五十一条**　特种设备检验、检测机构的检验、检测人员应当经考核，取得检验、检测人员资格，方可从事检验、检测工作。

特种设备检验、检测机构的检验、检测人员不得同时在两个以上检验、检测机构中执业；变更执业机构的，应当依法办理变更手续。

**第五十二条** 特种设备检验、检测工作应当遵守法律、行政法规的规定，并按照安全技术规范的要求进行。

特种设备检验、检测机构及其检验、检测人员应当依法为特种设备生产、经营、使用单位提供安全、可靠、便捷、诚信的检验、检测服务。

**第五十三条** 特种设备检验、检测机构及其检验、检测人员应当客观、公正、及时地出具检验、检测报告，并对检验、检测结果和鉴定结论负责。

特种设备检验、检测机构及其检验、检测人员在检验、检测中发现特种设备存在严重事故隐患时，应当及时告知相关单位，并立即向负责特种设备安全监督管理的部门报告。

**第五十五条** 特种设备检验、检测机构及其检验、检测人员对检验、检测过程中知悉的商业秘密，负有保密义务。

特种设备检验、检测机构及其检验、检测人员不得从事有关特种设备的生产、经营活动，不得推荐或者监制、监销特种设备。

## 第五章 事故应急救援与调查处理

**第七十条** 特种设备发生事故后，事故发生单位应当按照应急预案采取措施，组织抢救，防止事故扩大，减少人员伤亡和财产损失，保护事故现场和有关证据，并及时向事故发生地县级以上人民政府负责特种设备安全监督管理的部门和有关部门报告。

与事故相关的单位和人员不得迟报、谎报或者瞒报事故情况，不得隐匿、毁灭有关证据或者故意破坏事故现场。

## 第六章 法律责任

**第九十二条** 违反本法规定，特种设备安全管理人员、检测人员和作业人员不履行岗位职责，违反操作规程和有关安全规章制度，造成事故的，吊销相关人员的资格。

**第九十三条** 违反本法规定，特种设备检验、检测机构及其检验、检测人员有下列行为之一的，责令改正，对机构处五万元以上二十万元以下罚款，对直接负责的主管人员和其他直接责任人员处五千元以上五万元以下罚款；情节严重的，吊销机构资质和有关人员的资格：

（一）未经核准或者超出核准范围、使用未取得相应资格的人员从事检验、检测的；

（二）未按照安全技术规范的要求进行检验、检测的；

（三）出具虚假的检验、检测结果和鉴定结论或者检验、检测结果和鉴定结论严重失实的；

(四)发现特种设备存在严重事故隐患，未及时告知相关单位，并立即向负责特种设备安全监督管理的部门报告的；

(五)泄漏检验、检测过程中知悉的商业秘密的；

(六)从事有关特种设备的生产、经营活动的；

(七)推荐或者监制、监销特种设备的；

(八)利用检验工作故意刁难相关单位的。

违反本法规定，特种设备检验、检测机构的检验、检测人员同时在两个以上检验、检测机构中执业的，处五千元以上五万元以下罚款；情节严重的，吊销其资格。

**第九十七条**　违反本法规定，造成人身、财产损害的，依法承担民事责任。

违反本法规定，应当承担民事赔偿责任和缴纳罚款、罚金，其财产不足以同时支付时，先承担民事赔偿责任。

**第九十八条**　违反本法规定，构成违反治安管理行为的，依法给予治安管理处罚；构成犯罪的，依法追究刑事责任。

## 第七章　附　则

**第一百条**　军事装备、核设施、航空航天器使用的特种设备安全的监督管理不适用本法。

铁路机车、海上设施和船舶、矿山井下使用的特种设备以及民用机场专用设备安全的监督管理，房屋建筑工地、市政工程工地用起重机械和场(厂)内专用机动车辆的安装、使用的监督管理，由有关部门依照本法和其他有关法律的规定实施。

# 附录三　最高人民法院 最高人民检察院关于办理危害生产安全刑事案件适用法律若干问题的解释(二)(摘录)

(2022 年 9 月 19 日最高人民法院审判委员会第 1875 次会议、2022 年 10 月 25 日最高人民检察院第十三届检察委员会第一百零六次会议通过，自 2022 年 12 月 19 日起施行)

**第一条**　明知存在事故隐患，继续作业存在危险，仍然违反有关安全管理的规定，有下列情形之一的，属于刑法第一百三十四条第二款规定的“强令他人违章冒险作业”：

(一)以威逼、胁迫、恐吓等手段，强制他人违章作业的；

(二)利用组织、指挥、管理职权，强制他人违章作业的；

(三)其他强令他人违章冒险作业的情形。

明知存在重大事故隐患，仍然违反有关安全管理的规定，不排除或者故意掩盖重大事故隐患，组织他人作业的，属于刑法第一百三十四条第二款规定的“冒险组织作业”。

**第二条**　刑法第一百三十四条之一规定的犯罪主体，包括对生产、作业负有组织、指挥或者管理职责的负责人、管理人员、实际控制人、投资人等人员，以及直接从事生产、作业的人员。

**第三条**　因存在重大事故隐患被依法责令停产停业、停止施工、停止使用有关设备、设施、场所或者立即采取排除危险的整改措施，有下列情形之一的，属于刑法第一百三十四条之一第二项规定的“拒不执行”：

(一)无正当理由故意不执行各级人民政府或者负有安全生产监督管理职责的部门依法作出的上述行政决定、命令的；

(二)虚构重大事故隐患已经排除的事实，规避、干扰执行各级人民政府或者负有安全生产监督管理职责的部门依法作出的上述行政决定、命令的；

(三)以行贿等不正当手段，规避、干扰执行各级人民政府或者负有安全生产监督管理职责的部门依法作出的上述行政决定、命令的。

有前款第三项行为，同时构成刑法第三百八十九条行贿罪、第三百九十三条单位行贿罪等犯罪的，依照数罪并罚的规定处罚。

认定是否属于“拒不执行”，应当综合考虑行政决定、命令是否具有法律、行政法规等依据，行政决定、命令的内容和期限要求是否明确、合理，行为人是否具有按照要求执行的能力等因素进行判断。

**第五条**　在生产、作业中违反有关安全管理的规定，有刑法第一百三十四条之一规定情形之一，因而发生重大伤亡事故或者造成其他严重后果，构成刑法第一百三十四条、第一百三十五条至第一百三十九条等规定的重大责任事故罪、重大劳动安全事故罪、危险物品肇事罪、工程重大安全事故罪等犯罪的，依照该规定定罪处罚。

**第十条**　有刑法第一百三十四条之一行为，积极配合公安机关或者负有安全生产监督管理职责的部门采取措施排除事故隐患，确有悔改表现，认罪认罚的，可以依法从宽处罚；犯罪情节轻微不需要判处刑罚的，可以不起诉或者免予刑事处罚；情节显著轻微危害不大的，不作为犯罪处理。

# 附录四　海洋石油安全生产规定(摘录)

(2006 年 2 月 7 日国家安全生产监督管理总局令第 4 号公布，根据 2013 年 8 月 29 日国家安全生产监督管理总局令第 63 号第一次修正，根据 2015 年 5 月 26 日国家安全生产监督管理总局令第 78 号第二次修正)

## 第一章　总　则

**第三条**　海洋石油作业者和承包者是海洋石油安全生产的责任主体。

本规定所称作业者是指负责实施海洋石油开采活动的企业，或者按照石油合同的约定负责实施海洋石油开采活动的实体。

本规定所称承包者是指向作业者提供服务的企业或者实体。

**第四条**　国家安全生产监督管理总局(以下简称安全监管总局)对海洋石油安全生产实施综合监督管理。

安全监管总局设立海洋石油作业安全办公室(以下简称海油安办)作为实施海洋石油安全生产综合监督管理的执行机构。海油安办根据需要设立分部，各分部依照有关规定实施具体的安全监督管理。

## 第二章　安全生产保障

**第七条**　作业者和从事物探、钻井、测井、录井、试油、井下作业等活动的承包者及海洋石油生产设施的主要负责人、安全管理人员应当按照安全监管总局的规定，经过安全资格培训，具备相应的安全生产知识和管理能力，经考核合格取得安全资格证书。

**第八条**　作业者和承包者应当对从业人员进行安全生产教育和培训，保证从业人员具备必要的安全生产知识，熟悉有关的安全生产规章制度和安全操作规程，掌握本岗位的安全操作技能。

**第九条**　出海作业人员应当接受海洋石油作业安全救生培训，经考核合格后方可出海作业。

临时出海人员应接受必要的安全教育。

**第十条**　特种作业人员应当按照安全监管总局有关规定经专门的安全技术培

训,考核合格取得特种作业操作资格证书后方可上岗作业。

**第十五条** 作业者和承包者应当向作业人员如实告知作业现场和工作岗位存在的危险因素和职业危害因素,以及相应的防范措施和应急措施。

**第十六条** 作业者和承包者应当为作业人员提供符合国家标准或者行业标准的劳动防护用品,并监督、教育作业人员按照使用规则佩戴、使用。

**第十七条** 作业者和承包者应当制定海洋石油作业设施、生产设施及其专业设备的安全检查、维护保养制度,建立安全检查、维护保养档案,并指定专人负责。

**第十八条** 作业者和承包者应当加强防火防爆管理,按照有关规定划分和标明安全区与危险区;在危险区作业时,应当对作业程序和安全措施进行审查。

**第十九条** 作业者和承包者应当加强对易燃、易爆、有毒、腐蚀性等危险物品的管理,按国家有关规定进行装卸、运输、储存、使用和处置。

**第二十一条** 海洋石油作业设施首次投入使用前或者变更作业区块前,应当制订作业计划和安全措施。

作业计划和安全措施应当在开始作业前 15 日报海油安办有关分部备案。

**第二十二条** 作业者和承包者应当建立守护船值班制度,在海洋石油生产设施和移动式钻井船(平台)周围应备有守护船值班。无人值守的生产设施和陆岸结构物除外。

**第二十三条** 作业者或者承包者在编制钻井、采油和井下作业等作业计划时,应当根据地质条件与海域环境确定安全可靠的井控程序和防硫化氢措施。

打开油(气)层前,作业者或者承包者应当确认井控和防硫化氢措施的落实情况。

**第二十四条** 作业者和承包者应当保存安全生产的相关资料,主要包括作业人员名册、工作日志、培训记录、事故和险情记录、安全设备维修记录、海况和气象情况等。

**第二十五条** 在海洋石油生产设施的设计、建造、安装以及生产的全过程中,实施发证检验制度。

海洋石油生产设施的发证检验包括建造检验、生产过程中的定期检验和临时检验。

## 第四章 应急预案与事故处理

**第三十四条** 作业者应当建立应急救援组织,配备专职或者兼职救援人员,或者与专业救援组织签订救援协议,并在实施作业前编制应急预案。

承包者在实施作业前应编制应急预案。

应急预案应当报海油安办有关分部和其他有关政府部门备案。

**第三十五条** 应急预案应当包括以下主要内容:作业者和承包者的基本情况、危险特性、可利用的应急救援设备;应急组织机构、职责划分、通信联络;应急预案启动、应急响应、信息处理、应急状态中止、后续恢复等处置程序;应急演习与训练。

**第三十六条**　应急预案应充分考虑作业内容、作业海区的环境条件、作业设施的类型、自救能力和可以获得的外部支援等因素，应能够预防和处置各类突发性事故和可能引发事故的险情，并随实际情况的变化及时修改或者补充。

事故和险情包括以下情况：井喷失控、火灾与爆炸、平台遇险、飞机或者直升机失事、船舶海损、油（气）生产设施与管线破损/泄漏、有毒有害物质泄漏、放射性物质遗散、潜水作业事故；人员重伤、死亡、失踪及暴发性传染病、中毒；溢油事故、自然灾害以及其他紧急情况等。

**第三十七条**　当发生事故或者出现可能引发事故的险情时，作业者和承包者应当按应急预案的规定实施应急措施，防止事态扩大，减少人员伤亡和财产损失。

当发生应急预案中未规定的事件时，现场工作人员应当及时向主要负责人报告。主要负责人应当及时采取相应的措施。

**第三十八条**　事故和险情发生后，当事人、现场人员、作业者和承包者负责人、各分部和海油安办根据有关规定逐级上报。

**第四十条**　无人员伤亡事故、轻伤、重伤事故由作业者和承包者负责人或其指定的人员组织生产、技术、安全等有关人员及工会代表参加的事故调查组进行调查。

## 第五章　罚　则

**第四十三条**　作业者和承包者有下列行为之一的，给予警告，并处3万元以下的罚款：

（一）未按规定执行发证检验或者用非法手段获取检验证书的；

（二）未按规定配备守护船，或者使用不满足有关规定要求的船舶做守护船，或者守护船未按规定履行登记手续的；

（三）未按照本规定第三十四条的规定履行备案手续的；

（四）未按有关规定制订井控措施和防硫化氢措施，或者井控措施和防硫化氢措施不落实的。

## 第六章　附　则

**第四十五条**　本规定下列用语的定义：

（一）石油，是指蕴藏在地下的、正在采出的和已经采出的原油和天然气。

（二）石油合同，是指中国石油企业与外国企业为合作开采中华人民共和国海洋石油资源，依法订立的石油勘探、开发和生产的合同。

（三）海洋石油开采活动，是指在本规定第二条所述海域内从事的石油勘探、开发、生产、储运、油田废弃及其有关的活动。

（四）海洋石油作业设施，是指用于海洋石油作业的海上移动式钻井船（平台）、物探船、铺管船、起重船、固井船、酸化压裂船等设施。

（五）海洋石油生产设施，是指以开采海洋石油为目的的海上固定平台、单点系泊、浮式生产储油装置、海底管线、海上输油码头、滩海陆岸、人工岛和陆岸终端等海上和陆岸结构物。

(六)专业设备,是指海洋石油开采过程中使用的危险性较大或者对安全生产有较大影响的设备,包括海上结构、采油设备、海上锅炉和压力容器、钻井和修井设备、起重和升降设备、火灾和可燃气体探测、报警及控制系统、安全阀、救生设备、消防器材、钢丝绳等系物及被系物、电气仪表等。

**第四十六条**　内陆湖泊的石油开采的安全生产监督管理,参照本规定相应条款执行。

# 附录五　海洋石油安全管理细则(摘录)

（2009 年 9 月 7 日国家安全生产监督管理总局令第 25 号公布，根据 2013 年 8 月 29 日国家安全生产监督管理总局令第 63 号第一次修正，根据 2015 年 5 月 26 日国家安全生产监督管理总局令第 78 号第二次修正）

## 第一章　总　则

**第三条**　海洋石油作业者和承包者是海洋石油安全生产的责任主体，对其安全生产工作负责。

**第四条**　国家安全生产监督管理总局海洋石油作业安全办公室（以下简称海油安办）对全国海洋石油安全生产工作实施监督管理；海油安办驻中国海洋石油总公司、中国石油化工集团公司、中国石油天然气集团公司分部（以下统称海油安办有关分部）分别负责中国海洋石油总公司、中国石油化工集团公司、中国石油天然气集团公司的海洋石油安全生产的监督管理。

## 第三章　生产作业的安全管理

### 第一节　基本要求

**第十八条**　按照设施不同区域的危险性，划分三个等级的危险区：

（一）0 类危险区，是指在正常操作条件下，连续出现达到引燃或者爆炸浓度的可燃性气体或者蒸气的区域；

（二）1 类危险区，是指在正常操作条件下，断续地或者周期性地出现达到引燃或者爆炸浓度的可燃性气体或者蒸气的区域；

（三）2 类危险区，是指在正常操作条件下，不可能出现达到引燃或者爆炸浓度的可燃性气体或者蒸气；但在不正常操作条件下，有可能出现达到引燃或者爆炸浓度的可燃性气体或者蒸气的区域。

设施的作业者或者承包者应当将危险区等级准确地标注在设施操作手册的附图上。对于通往危险区的通道口、门或者舱口，应当在其外部标注清晰可见的中英文“危险区域”“禁止烟火”和“禁带火种”等标志。

**第十九条**　设施的作业者或者承包者应当建立动火、电工作业、受限空间作业、高空作业和舷(岛)外作业等审批制度。

从事前款规定的作业前,作业单位应当提出书面申请,说明作业的性质、地点、期限及采取的安全措施等,经设施负责人批准签发作业通知单后,方可进行作业。作业通知单应当包含作业内容、有关检测报告、作业要求、安全程序、个体防护用品、安全设备和作业通知单有效期限等内容。

作业单位接到作业通知单后,应当按通知单的要求采取有关措施,并制定详细的检查和作业程序。

作业期间,如果施工条件发生重大变化的,应当暂停施工并立即报告设施负责人,得到准予施工的指令后方可继续施工。

作业完成后,作业负责人应当在作业通知单上填写完成时间、工作质量和安全情况,并交付设施负责人保存。作业通知单的保存期限至少1年。

**第二十五条**　起重作业应当符合下列规定:

(一)操作人员持有特种作业人员资格证书,熟悉起重设备的操作规程,并按规程操作;

(二)起重设备明确标识安全起重负荷;若为活动吊臂,标识吊臂在不同角度时的安全起重负荷;

(三)按规定对起重设备进行维护保养,保证刹车、限位、起重负荷指示、报警等装置齐全、准确、灵活、可靠;

(四)起重机及吊物附件按规定定期检验,并记录在起重设备检验簿上。

设施的载人吊篮作业,除符合第一款规定的要求外,还应当符合下列规定:

(一)限定乘员人数;

(二)乘员按规定穿救生背心或者救生衣;

(三)只允许用于起吊人员及随身物品;

(四)指定专人维护和检查,定期组织检验机构对其进行检验;

(五)当风速超过15米/秒或者影响吊篮安全起放时,立即停止使用;

(六)起吊人员时,尽量将载人吊篮移至水面上方再升降,并尽可能减少回转角度。

**第二十六条**　高处及舷(岛)外作业应当符合下列规定:

(一)高处及舷(岛)外作业人员佩戴安全帽和安全带,舷(岛)外作业人员穿救生衣,并采取其他必要的安全措施;

(二)风速超过15米/秒等恶劣天气时,立即停止作业。

**第二十七条**　危险物品管理应当符合下列规定:

(一)设施上任何危险物品(包括爆炸品、压缩气体和液化气体、易燃液体、易燃固体、自燃物品和遇湿易燃物品、氧化剂和有机过氧化物、有毒品和腐蚀品等)必须存放在远离危险区和生活区的指定地点和容器内,并将存放地点标注在设施操作手册的附图上;个人不得私自存放危险物品;

（二）设有专人负责危险物品的管理，并建立和保存危险物品入库、消耗和使用的记录；

（三）在通往危险物品存放地点的通道口、舱口处，设有醒目的中英文“危险物品”标识。

**第二十九条** 劳动防护应当符合下列规定：

（一）设施上所有工作人员配备符合相关安全标准的劳动防护用品；

（二）设施上的工作场所按照国家有关规定和设计要求配备劳动防护设备，并定期进行检测；

（三）按照国家有关职业病防治的规定，定期对从事有毒有害作业的人员进行职业健康体检，对职业病患者进行康复治疗。

## 第二节 守护船管理

**第三十四条** 守护船应当在距离所守护设施 5 海里之内的海区执行守护任务，不得擅自离开。在守护船的守护能力范围内，多座被守护设施可以共用一条守护船。

**第三十五条** 守护船应当服从被守护设施负责人的指挥，能够接纳所守护设施全部人员，并配备可以供守护设施全部人员 1 日所需的救生食品和饮用水。

**第三十八条** 守护船船员应当符合下列条件：

（一）具有船员服务簿和适任证书等有效证件；

（二）至少有 3 名船员从事落水人员营救工作；

（三）至少有 2 名船员可以操纵救助艇；

（四）至少有 2 名船员经过医疗急救培训，能够承担急救处置、包扎和人工呼吸等工作；

（五）定期参加营救演习。

## 第四节 电气管理

**第四十九条** 电气管理应当符合下列规定：

（一）按照国家规定配备和使用电工安全用具，并按规定定期检查和校验；

（二）遇停电、送电、倒闸、带电作业和临时用电等情况，按照有关作业许可制度进行审批。临时用电作业结束后，立即拆除增加的电气设备和线路；

（三）按照国家标准规定的颜色和图形，对电气设备和线路作出明显、准确的标识；

（四）电气设备作业期间，至少有 1 名电气作业经验丰富的监护人进行实时监护；

（五）电气设备按照铭牌上规定的额定参数（电压、电流、功率、频率等）运行，安装必要的过载、短路和漏电保护装置并定期校验。金属外壳（安全电压除外）有可靠的接地装置；

（六）在触电危险性较大的场所，手提灯、便携式电气设备、电动工具等设备工具按照国家标准的规定使用安全电压。确实无法使用安全电压的，经设施负责人批

准,并采用有效的防触电措施;

(七)安装在不同等级危险区域的电气设备符合该等级的防爆类型。防爆电气设备上的部件不得任意拆除,必须保持电气设备的防爆性能;

(八)定期对电气设备和线路的绝缘电阻、耐压强度、泄漏电流等绝缘性能进行测定。长期停用的电气设备,在重新使用前应当进行检查,确认具备安全运行条件后方可使用;

(九)在带电体与人体、带电体与地面、带电体与带电体、带电体与其他设备之间,按照有关规范和标准的要求保持良好的绝缘性能和足够的安全距离;

(十)对生产和作业设施采取有效的防静电和防雷措施。

## 第五节 井控管理

**第五十二条** 钻井作业应当符合下列规定:

(一)钻井装置在新井位就位前,作业者和承包者应收集和分析相应的地质资料。如有浅层气存在,安装分流系统等;

(二)钻井作业期间,在钻台上备有与钻杆相匹配的内防喷装置;

(三)下套管时,防喷器尺寸与所下套管尺寸相匹配,并备有与所下套管丝扣相匹配的循环接头;

(四)防喷器所用的橡胶密封件应当按厂商的技术要求进行维护和储存,不得将失效和技术条件不符的密封件安装到防喷器中;

(五)水龙头下部安装方钻杆上旋塞,方钻杆下部安装下旋塞,并配备开关旋塞的扳手。顶部驱动装置下部安装手动和自动内防喷器(考克)并配备开关防喷器的扳手;

(六)防喷器组由环形防喷器和闸板防喷器组成,闸板防喷器的闸板关闭尺寸与所使用钻杆或者管柱的尺寸相符。防喷器的额定工作压力不得低于钻井设计压力,用于探井的不得低于 70 MPa;

(七)防喷器及相应设备的安装、维护和试验,满足井控要求;

(八)经常对防喷系统进行安全检查。检查时,优先使用防喷系统安全检查表。

**第六十条** 完井、试油和修井作业应当符合下列规定:

(一)配备与作业相适应的防喷器及其控制系统;

(二)按计划储备井液材料,其性能符合作业要求;

(三)井控要求参照钻井作业有关规定执行;

(四)滩海陆岸井控装置至少配备 1 套控制系统。

## 第六节 硫化氢防护管理

**第六十六条** 在可能含有硫化氢地层进行钻井作业时,应当采取下列硫化氢防护措施:

(一)在可能含有硫化氢地区的钻井设计中,标明含硫化氢地层及其深度,估算硫化氢的可能含量，以提醒有关作业人员注意，并制定必要的安全和应急措施；

（二）当空气中硫化氢浓度达到 15 mg/m$^3$（10 ppm）时，及时通知所有平台人员注意，加密观察和测量硫化氢浓度的次数，检查并准备好正压式空气呼吸器；

（三）当空气中硫化氢浓度达到 30 mg/m$^3$（20 ppm）时，在岗人员迅速取用正压式空气呼吸器，其他人员到达安全区。通知守护船在平台上风向海域起锚待命；

（四）当空气中硫化氢浓度达到 150 mg/m$^3$（100 ppm）时，组织所有人员撤离平台；

（五）使用适合于钻遇含硫化氢地层的井液，钻井液的 pH 值保持在 10 以上。净化剂、添加剂和防腐剂等有适当的储备。钻井液中脱出的硫化氢气体集中排放，有条件情况下，可以点火燃烧；

（六）钻遇含硫化氢地层，起钻时使用钻杆刮泥器。若将湿钻杆放在甲板上，必要时，作业人员佩戴正压式空气呼吸器。钻进中发现空气中含硫化氢浓度达到 30 mg/m$^3$（20 ppm）时，立即暂时停止钻进，并循环井液；

（七）在含硫化氢地层取芯，当取芯筒起出地面之前 10～20 个立柱，以及从岩芯筒取出岩芯时，操作人员戴好正压式空气呼吸器。运送含硫化氢岩芯时，采取相应包装措施密封岩芯，并标明岩芯含硫化氢字样。在井液录井中若发现有硫化氢显示时，及时向钻井监督报告；

（八）在预计含硫化氢地层进行中途测试时，测试时间尽量安排在白天，测试器具附近尽量减少操作人员。严禁采用常规的中途测试工具对深部含硫化氢的地层进行测试；

（九）钻穿含硫化氢地层后，增加工作区的监测频率，加强硫化氢监测；

（十）对于在含硫化氢地层进行试油，试油前召开安全会议，落实人员防护器具和人员急救程序及应急措施。在试油设备附近，人员减少到最低限度。

**第六十九条** 在可能含有硫化氢地层进行生产作业时，应当采取下列硫化氢防护措施：

（一）生产设施上配备 6 套正压式空气呼吸器。在已知存在含硫油气生产设施上，全员配备正压式空气呼吸器，并配备一定数量的备用气瓶及 1 台呼吸器空气压缩机；

（二）生产设施上配备 2 至 3 套便携式硫化氢探测仪、1 套便携式比色指示管探测仪和 1 套便携式二氧化硫探测仪。在已知存在硫化氢的生产装置上，安装硫化氢报警装置；

（三）当空气中硫化氢浓度达到 15 mg/m$^3$（10 ppm）或者二氧化硫浓度达到 5.4 mg/m$^3$（2 ppm）时，作业人员佩戴正压式空气呼吸器；

（四）装置上配有用于处理硫化氢中毒的医疗用品、心肺复苏器和氧气瓶；

（五）在油气井投产前，采取有效措施，加强对硫化氢、二氧化硫和二氧化碳的防护；

(六)用于油气生产的设备、设施和管道等具有抗硫化氢腐蚀的性能。

## 第七节　系物管理

**第七十一条**　作业者和承包者应当制定系物器具和被系器具的安全管理责任制,明确各岗位和各工种责任制;应当制定系物器具和被系器具的使用管理规定,对系物器具和被系器具进行经常性维护、保养,保证正常使用。维护、保养应当作好记录,并由有关人员签字。

**第七十六条**　系物器具和被系器具有下列情形之一的,应当停止使用:

(一)已达到报废标准而未报废,或者已经报废的;

(二)未标明检验日期的;

(三)超过规定检验期限的。

## 第八节　危险物品管理

**第七十七条**　作业者、承包者应当建立放射性、爆炸性物品(以下简称危险物品)的领取和归还制度。危险物品的领取和归还应当遵守下列规定:

(一)领取人持有领取单领取相应的危险物品。领取单详细记载危险物品的种类和数量;

(二)领取和归还危险物品时,使用专用的工具。放射性源盛装在罐内,爆炸性物品存放在箱内;

(三)出入库的放射性源罐,配有浮标或者其他示位器具;

(四)危险物品出入库有记录,领取人和库管员在出入库单上签字;

(五)未用完的危险物品,及时归还。

**第七十八条**　危险物品的运输,应当符合下列规定:

(一)符合国家有关法律、法规、规章、标准的要求,并有专人押运;

(二)有可靠的安全措施和应急措施;

(三)符合有关运输手续,有明显的危险物品运输标识。

**第七十九条**　危险物品的使用,应当符合下列规定:

(一)作业前,按照有关规定申请使用许可证。取得使用许可证后,方可使用危险物品。使用有详细记录。使用后,及时将未使用完的危险物品回收入库;

(二)作业时,制定安全可靠的作业规程。有关作业人员熟悉并遵守作业规程;

(三)现场设有明显、清晰的危险标识,以防止非作业人员进入作业区;

(四)现场至少配备1台便携式放射性强度测量仪;

(五)按照国家有关标准的要求,对放射源与载源设备的性能进行检验。

**第八十条**　危险物品的存放,应当符合下列规定:

(一)存放场所远离生活区、人员密集区及危险区,并标有明显的“危险品”标识;

(二)采取有效的防火安全措施;

(三)不得将爆炸性物品中的炸药与雷管或者放射性物品存放在同一储存室内。

**第八十一条** 对失效的或者外壳泄漏试验不合格(超过 185 Bq)的放射源,应当采取安全的方式妥善处置。

**第八十二条** 作业人员使用放射性物品的,应当采取下列防护措施:

(一)配有个人辐照剂量检测用具,并建立辐照剂量档案;

(二)每年至少进行一次体检,体检结果存档;

(三)发现作业人员受到放射性伤害的,立即调离其工作岗位,并按照有关规定进行治疗和康复;

(四)作业人员调动工作的,其辐照剂量档案和体检档案随工作岗位一起调动。

### 第九节 弃井管理

**第八十五条** 对于永久性弃井的,应当符合下列要求:

(一)在裸露井眼井段,对油、气、水等渗透层进行全封,在其上部打至少 50 米水泥塞,以封隔油、气、水等渗透层,防止互窜或者流出海底。裸眼井段无油、气、水时,在最后一层套管的套管鞋以下和以上各打至少 30 米水泥塞;

(二)已下尾管的,在尾管顶部上下 30 米的井段各打至少 30 米水泥塞;

(三)已在套管或者尾管内进行了射孔试油作业的,对射孔层进行全封,在其上部打至少 50 米的水泥塞;

(四)已切割的每层套管内,保证切割处上下各有至少 20 米的水泥塞;

(五)表层套管内水泥塞长度至少有 45 米,且水泥塞顶面位于海底泥面下 4 米至 30 米之间。

对于临时弃井的,应当符合下列要求:

(一)在最深层套管柱的底部至少打 50 米水泥塞;

(二)在海底泥面以下 4 米的套管柱内至少打 30 米水泥塞。

## 第四章 安全培训

**第八十七条** 作业者和承包者的主要负责人和安全生产管理人员应当具备相应的安全生产知识和管理能力,经海油安办考核合格。

**第八十八条** 作业者和承包者应当组织对海上石油作业人员进行安全生产培训。未经培训并取得培训合格证书的作业人员,不得上岗作业。

作业者和承包者应当建立海上石油作业人员的培训档案,加强对出海作业人员(包括在境外培训的人员)的培训证书的审查。未取得培训合格证书的,一律不得出海作业。

**第八十九条** 出海人员必须接受“海上石油作业安全救生”的专门培训,并取得培训合格证书。

安全培训的内容和时间应当符合下列要求:

(一)长期出海人员接受“海上石油作业安全救生”全部内容的培训,培训时间不少于 40 课时。每 5 年进行一次再培训；

(二)短期出海人员接受“海上石油作业安全救生”综合内容的培训，培训时间不少于 24 课时。每 3 年进行一次再培训；

(三)临时出海人员接受“海上石油作业安全救生”电化教学的培训，培训时间不少于 4 课时。每 1 年进行一次再培训；

(四)不在设施上留宿的临时出海人员可以只接受作业者或者承包者现场安全教育；

(五)没有直升机平台或者已明确不使用直升机倒班的海上设施人员，可以免除“直升机遇险水下逃生”内容的培训；

(六)没有配备救生艇筏的海上设施作业人员，可以免除“救生艇筏操纵”的培训。

**第九十条**　海上油气生产设施兼职消防队员应当接受“油气消防”的培训，培训时间不少于 24 课时。每 4 年应当进行一次再培训。

**第九十一条**　从事钻井、完井、修井、测试作业的监督、经理、高级队长、领班，以及司钻、副司钻和井架工、安全监督等人员应当接受“井控技术”的培训，培训时间不少于 56 课时，并取得培训合格证书。每 4 年应当进行一次再培训。

**第九十二条**　稳性压载人员(含钻井平台、浮式生产储油装置的稳性压载、平台升降的技术人员)应当接受“稳性与压载技术”的培训，培训时间不少于 36 课时，并取得培训合格证书。每 4 年应当进行一次再培训。

**第九十三条**　在作业过程中已经出现或者可能出现硫化氢的场所从事钻井、完井、修井、测试、采油及储运作业的人员，应当进行“防硫化氢技术”的专门培训，培训时间不少于 16 课时，并取得培训合格证书。每 4 年应当进行一次再培训。

**第九十四条**　无线电技术操作人员应当按政府有关主管部门的要求进行培训，取得相应的资格证书。

**第九十五条**　属于特种作业人员范围的特种作业人员应当按照有关法律法规的要求进行专门培训，取得特种作业操作资格证书。

## 第五章　应急管理

**第一百零一条**　作业者和承包者应当组织生产和作业设施的相关人员定期开展应急预案的演练，演练期限不超过下列时间间隔的要求：

(一)消防演习：每倒班期一次。

(二)弃平台演习：每倒班期一次。

(三)井控演习：每倒班期一次。

(四)人员落水救助演习：每季度一次。

(五)硫化氢演习：钻遇含硫化氢地层前和对含硫化氢油气井进行试油或者修井作业前，必须组织一次防硫化氢演习；对含硫化氢油气井进行正常钻井、试油或者修井作业，每隔 7 日组织一次演习；含硫化氢油气井正常生产时，每倒班期组织一次演习。不含硫化氢的，每半年组织一次。

各类应急演练的记录文件应当至少保存1年。

**第一百零二条** 事故发生后，作业现场有关人员应当及时向所属作业者和承包者报告；接到报告后，应当立即启动相应的应急预案，组织开展救援活动，防止事故扩大，减少人员伤亡和财产损失。

## 第六章 事故报告和调查处理

**第一百零四条** 在海上石油天然气勘探、开发、生产、储运及油田废弃等作业中，发生下列生产安全事故，作业现场有关人员应当立即向所属作业者和承包者报告；作业者和承包者接到报告后，应当立即按规定向海油安办有关分部的地区监督处、当地政府和海事部门报告：

（一）井喷失控；

（二）火灾与爆炸；

（三）平台遇险（包括平台失控漂移、拖航遇险、被碰撞或者翻沉）；

（四）飞机事故；

（五）船舶海损（包括碰撞、搁浅、触礁、翻沉、断损）；

（六）油（气）生产设施与管线破损（包括单点系泊、电气管线、海底油气管线等的破损、泄漏、断裂）；

（七）有毒有害物品和气体泄漏或者遗散；

（八）急性中毒；

（九）潜水作业事故；

（十）大型溢油事故（溢油量大于100吨）；

（十一）其他造成人员伤亡或者直接经济损失的事故。

## 第九章 附 则

**第一百一十六条** 本细则中下列用语的含义：

（一）海洋石油作业设施，是指用于海洋石油作业的海上移动式钻井船（平台）、物探船、铺管船、起重船、固井船、酸化压裂船等设施；

（二）海洋石油生产设施，是指以开采海洋石油为目的的海上固定平台、单点系泊、浮式生产储油装置（FPSO）、海底管线、海上输油码头、滩海陆岸、人工岛和陆岸终端等海上和陆岸结构物；

（三）滩海陆岸石油设施，是指最高天文潮位以下滩海区域内，采用筑路或者栈桥等方式与陆岸相连接，从事石油作业活动中修筑的滩海通井路、滩海井台及有关石油设施；

（四）专业设备，是指海洋石油开采过程中使用的危险性较大或者对安全生产有较大影响的设备，包括海上结构、采油设备、海上锅炉和压力容器、钻井和修井设备、起重和升降设备、火灾和可燃气体探测、报警及控制系统、安全阀、救生设备、消防器材、钢丝绳等系物及被系物、电气仪表等；

(五)海底长输油(气)管线，是指从一个海上油(气)田外输油(气)的计量点至陆岸终端计量点或者至海上输油(气)终端计量点的长输管线，包括管段、立管、附件、控制系统、仪表及支撑件等互相连接的系统和中间泵站等；

(六)延长测试作业，是指在油层参数或者早期地质油藏资料不能满足工程需要的情况下，为获取这些数据资料，在原钻井装置或者井口平台上实施，并有油轮或者浮式生产装置作为储油装置的测试作业；

(七)延长测试设施，是指延长测试作业时，在原钻井装置或井口平台上临时安装的配套工艺设备以及油轮或浮式生产储油装置(FPSO)等设施的总称。

(八)长期出海人员，是指每次在海上作业 15 日以上(含 15 日)，或者年累计在海上作业 30 日以上(含 30 日)，负责海上石油设施管理、操作、维修等作业的人员；

(九)短期出海人员，是指每次在海上作业 5～15 日以下(含 5 日)，或者年累计出海时间在 10～30 日(含 10 日)的海上石油作业人员；

(十)临时出海人员，是指每次出海在 5 日以下的人员，或者年累计 10 日以下；

(十一)海上油气生产设施兼职消防队员，是指海上油(气)生产设施上，直接从事消防设备操作、现场灭火指挥的关键人员；

(十二)“海上石油作业安全救生”培训，是指“海上求生”“海上平台消防”“救生艇筏操纵”“海上急救”“直升机遇险水下逃生”5 项内容的培训；

(十三)弃井作业，是指为了防止海洋污染、保证油井和海上运输安全而对油井采取的防止溢油和碰撞的一系列措施，包括永久性弃井作业和临时弃井作业。永久性弃井，是指对废弃的井进行封堵井眼及回收井口装置的作业；临时弃井，是指对正在钻井，因故中止作业或者对已完成作业的井需保留井口而进行的封堵井眼、戴井口帽及设置井口信号标志的作业。

# 附录六　海洋石油有人值守平台安全包保责任制办法(试行)(摘录)

(中华人民共和国应急管理部海油安监办 2023 年 4 月 11 日印发)

## 第一章　总　则

**第二条**　本办法适用于有人值守的海洋石油平台和设施,包括海上固定平台、移动式钻井(修井、采油)平台、浮式生产储油装置等。

**第三条**　陆地负责人应当由油田分公司领导班子成员、职能部门负责人、油田作业公司(作业区或采油厂)领导班子成员或相应职级的人员担任,移动式钻井(修井、采油)平台运营单位参照执行。

海上负责人应当由平台海上总监(经理)等现场当班负责人担任。

## 第二章　包保责任

**第四条**　海洋石油有人值守平台的陆地负责人,对所包保的平台负有下列安全职责:

(一)宣传安全生产法律法规以及国家关于安全生产工作的重大决策部署,如会议传达、宣讲教育、政策解读等;

(二)了解包保平台安全生产情况,每季度听取一次现场安全生产相关工作的汇报,督促包保平台健全落实安全生产责任制、执行安全生产规章制度和操作规程、做好风险防控措施落实和隐患排查治理工作;

(三)每年至少登临一次包保平台,组织或参加现场安全检查,并与现场员工开展座谈或交流;

(四)每年至少参加一次包保平台的安全活动,如安全知识宣讲、事故警示教育、事故应急演练、安全知识竞赛等;

(五)及时查收推送的安全风险监测预警信息,对有关问题隐患督促协调解决;

(六)收集现场反映的安全生产问题或困难,及时向包保单位安委会反馈报告(反馈表示例见附件 1,略),并跟踪问题或困难解决。

**第五条**　海洋石油有人值守平台的海上负责人,对所包保的平台负有下列安全职责：

(一)督促现场员工落实全员安全生产责任制并组织考核；

(二)检查督促现场员工执行安全生产规章制度和操作规程；

(三)组织实施安全生产教育和培训计划,确保如实记录安全生产教育和培训情况；

(四)安排专人对高风险、非常规作业进行监督检查,督促落实相关安全管控措施；

(五)组织制定平台安全风险管控清单和隐患排查治理清单,每月组织一次安全隐患排查,及时采取措施消除事故隐患；

(六)负责生产安全事故应急救援预案的演练,按计划组织开展应急演练,并对演练情况进行评估；

(七)组织使用安全风险监测预警系统,对预报、预警信息及时进行处置；

(八)负责跟踪和落实平台安全风险评估和老龄化设施主结构安全评估的问题整改。

## 第五章 附 则

**第十一条** 本办法下列用语的含义：

(一)安全包保,是指包保单位按照本办法要求,专门为海洋石油有人值守平台指定陆地负责人和海上负责人,并由其保证平台安全管理措施落实到位的一种安全生产责任制。

(二)包保单位,是指负责实施海洋石油开采活动的油田分公司、按照石油合同的约定负责实施海洋石油开采活动的实体和提供移动式钻井(修井、采油)平台服务的工程公司(事业部)。